Analisi del Merito di Credito

a cura di Paolo Biffis

Analisi del Merito di Credito

a cura di Paolo Biffis

Seconda edizione

Scritti di:

M.S. Avi, P. Biffis, G. Tagliavini, F. Zen

Università Ca' Foscari, Venezia

Avvertenze

Nota sul Copyright

Riconoscimenti

L'*editing* si avvale di LaTeX 2$_\varepsilon$, dei consigli reperiti nel forum del gᵤIt (Gruppo Utilizzatori Italiani di TeX: *http://www.guitex.org/*).

Errori e carenze sono imputabili esclusivamente agli Autori che ringraziano fin d'ora per qualsiasi segnalazione utile a migliorare questo testo.

EIF-e.Book (*www.eifebook.com/*) – ISBN 978-88-96639-25-2
2ª ed.: Dicembre 2014, ristampa.

Indice

Presentazione

Il processo di valutazione del merito di credito della clientela delle banche commerciali, cruciale premessa di qualsiasi finanziamento, è il cardine di questo lavoro. Tale processo ruota intorno alle informazioni che l'impresa dovrebbe offrire e di cui la banca dovrebbe disporre.

Le informazioni vengono selezionate, organizzate e interpretate dalla banca attraverso procedure informatizzate che possono rendere rapidamente disponibili le conclusioni sulla base di dati appalesati inequivocabilmente, una volta inseriti nel sistema informativo. I dati numerici, però, non sono esaurienti di per se stessi e vanno affiancati dalla collaborazione dei manager delle imprese per 'far parlare' il bilancio e da informazioni qualitative, che pure entrano nel sistema e che consentono di filtrare i valori numerici desunti dai bilanci.

L'analisi che segue tende dunque a soffermarsi sulla qualità dei dati, sui problemi finanziari delle imprese, percepibili da una circostanziata analisi del rendiconto finanziario per cui necessita un ampliaento del paradigma nell'analisi del bilancio ('capacità di reddito è capacità di credito' e *cash is the king, profit is an opinion*'), sui problemi e sulle procedure delle banche, che hanno la necessità di decidere la quantità e la qualità dei prestiti in funzione dei fondi propri e mediando fra rischio e rendimento di ogni singola esposizione nonché del portafoglio rischi nel suo complesso.

Paolo Biffis

Università Ca' Foscari Venezia, Dicembre 2014.

Capitolo 1

Introduzione

di *Paolo Biffis*

L'attività bancaria consiste nel concedere credito e, per tal via, raccogliere depositi presso il pubblico. «Concedere credito», in altri termini, significa «affidare i richiedenti», cioè consentire al richiedente di utilizzare del potere d'acquisto per i motivi più vari. Tale «potere d'acquisto» può essere utilizzato dall'affidato tramite alcuni mezzi di pagamento e cioè attraverso le banconote emesse dalla banca centrale ovvero attraverso assegni e bonifici tratti sui conti accesi a suo favore.

Oggi, i mezzi di pagamento maggiormente utilizzati sono i bonifici, cioè i trasferimenti del potere d'acquisto disponibile fra il conto corrente del compratore e quello del venditore. Ne segue che chi ha a disposizione del potere d'acquisto, sia egli affidato o depositante, se ne priva a favore del venditore.

Così, in caso di compra-vendita, il potere d'acquisto di un depositante-compratore diminuisce a favore del depositante-venditore e, analogamente, il potere d'acquisto di un affidato-compratore diminuisce a favore del venditore, sia egli affidato o depositante: nel primo caso il venditore vedrà diminuire la propria esposizione bancaria, nel secondo caso vedrà aumentare la propria disponibilità.

Poiché nei conti delle banche vengono censiti i prestiti utilizzati a valere sugli affidamenti concessi, è evidente che un prestito (la componente utilizzata di un affidamento, di un fido) è istantaneamente un deposito del beneficiario del pagamento o una riduzione dell'esposizione di un affidato, beneficiario del medesimo pagamento.

Il circuito dei pagamenti, così sinteticamente descritto, può dunque iniziare indifferentemente da chi già dispone di potere d'acquisto, ad esempio, da un depositante che ne dispone a titolo di proprietà, oppure da un affidato che ne dispone a titolo di credito.

Nel saggio che segue si intende esaminare in quale modo le banche consentono ai clienti di disporre di potere d'acquisto a titolo di credito; o, più semplicemente, con quali criteri le banche tendano a concedere credito. La questione è annosa e di difficile precisazione perché le variabili in gioco sono sempre moltissime e possono essere considerate delle costanti per periodi relativamente brevi, dato che l'ambiente (i settori industriali, le singole aziende, i mercati e le condizioni di convenienza) varia incessantemente.

Ciononostante, può non essere inutile richiamare l'attenzione sui criteri che presiedono alla concessione del credito da parte delle banche e nell'interesse delle banche stesse, la cui salvaguardia in termini di «sana e prudente gestione» costituisce un formidabile volano per lo sviluppo di un'economia attenta agli sprechi e/o al sottoutilizzo di risorse scarse.

Circuito dei pagamenti, si diceva; ma siccome un pagamento effettuato con un mezzo diverso dalla moneta legale, cioè avente il potere liberatorio negli scambi, è, in realtà, una promessa di pagare in moneta legale diviene, quasi implicito, il richiamo al breve periodo nel corso del quale tale promessa può 'stare in piedi': una promessa di pagamento, infatti, corrisponde ad una prestazione, monetaria o reale, attuale con controprestazione monetaria futura, il che implica immediatamente il richiamo al breve termine, cioè ad un orizzonte economico abbastanza prevedibile, pena l'impossibilità di mantenere la promessa alla scadenza contrattuale per l'avvenuta modifica delle condizioni ambientali.

E oggi la promessa di pagamento più diffusa è, per l'appunto, il bonifico bancario: transitando attraverso i conti correnti di corrispondenza bancari, il bonifico viene abitualmente considerato come avente il potere liberatorio negli scambi, il che non è, almeno fino a quando non dà luogo ad uno scambio di base monetaria (cioè di moneta di banca centrale) fra le banche interessate dalle autonome decisioni dei clienti.

Il bonifico, così, richiama l'attenzione sulle banche commerciali, le quali hanno la facoltà esclusiva di intrattenere rapporti di corrispondenza con il pubblico, tramite il conto corrente.

Così in questa sede ci si occuperà esclusivamente del credito concesso dalle banche commerciali, cioè del credito «a breve termine», e non del credito «a medio e lungo termine» che implica analisi del merito di credito maggiormente circostanziate in quanto, a fronte di una prestazione, la controprestazione monetaria contrattualmente prestabilita avverrà in tempi futuri, maggiormente assoggettati a cambiamenti ambientali più difficili da prevedere.

Capitolo 2

L'affidamento della clientela

di *Paolo Biffis*

2.1 Le variabili di decisione della banca.

Le variabili di decisione sulle quali una banca può far leva possono venire raggruppate in due comparti:

i) *variabili economico-finanziarie*, riguardanti cioè *qualità, quantità* e *prezzi* di acquisto e di vendita dei mezzi monetari e finanziari oggetto dell'attività caratteristica;

ii) *variabili operative* che consentono di svolgere l'attività tipica (risorse umane e organizzative, risorse informatiche e tecnologiche, impianti e macchinari, ecc.).

Relativamente al primo gruppo di variabili, vanno annotate due questioni:

1) anzitutto, le banche tendono a non agire prevalentemente sulle variabili di quantità del passivo, ma ad agire sui prezzi, sulla quantità e sulla qualità che interessano l'attivo e il netto patrimoniale, dati i vincoli di interdipendenza che li collegano;

2) in secondo luogo, inoltre, esse vedono accentuato il problema della regolazione delle disponibilità liquide: i movimenti monetari e finanziari, infatti, sono ingenti perché connessi con la circostanza che i beni caratteristici negoziati appartengono alla categoria dei *crediti* e dei *debiti monetari*, che vengono cioè utilizzati essi stessi con funzioni monetarie.

Tutto ciò implica che gran parte delle *decisioni* delle banche sono *correnti*, sia perché sono quelle che influiscono su di un arco temporale relativamente ridotto e hanno la necessitàdi essere riviste sistematicamente, sia perché tale attività di revisione o di monitoraggio non può non appartenere alla gestione caratteristica dell'azienda di credito (Caprara 1954: 196-204). A maggior ragione se si considera che ogni decisione attuale deve venire considerata un fattore ereditario per le decisioni future; è importante allora tenere presente che i calcoli di convenienza sono relativi ad un orizzonte economico con forti connotazioni previsionali sulle quali incidono, contemporaneamente, diverse variabili ciascuna delle quali è stata preceduta da altri eventi causali.

Fra i più difficili problemi di convenienza corrente della banca vi è la *valutazione del merito di credito* per la concessione dei fidi alla clientela: si tratta di problemi di convenienza nell'impiego in prestiti a singoli clienti e di gestione degli impieghi in prestiti esistenti, quasi sempre interconnessi con questioni riguardanti operazioni di raccolta e altri servizi bancari in contropartita con i medesimi clienti.

Con riferimento alle variabili di decisione, merita accennare a tre questioni generali: l'una relativa alla loro flessibilità e manovrabilità; l'altra relativa alle loro connessioni; la terza, relativa alla difficoltà di utilizzarle per reagire con tempestività adeguata alle variazioni ambientali.

Se riferita ai *prezzi* e alle loro modalità di applicazione (tassi, commissioni, provvigioni, giorni di valuta), la flessibilità delle variabili di decisione è massima, quando riguarda, ad esempio, i *fidi a revoca*, o i *depositi a vista*: a tali variabili corrispondono ricavi e costi variabili, per cui gli effetti economici delle condizioni applicate andranno misurate rispetto alla consistenza media degli impieghi (o della raccolta). Tale flessibilità si riduce se riferita, ad esempio, ai *fidi a scadenza*, o ai *depositi a tempo*, per i quali sarà necessario attendere, appunto, la scadenza del contratto per rivedere le condizioni contrattuali.

Se riferita alle *quantità* di credito, invece, la flessibilità delle variabili di decisione risulta alquanto ridimensionata. È necessario segnalare, infatti, che per il primo periodo economico vi è la possibilità di decidere la quantità di credito con elevata flessibilità, mentre per i periodi successivi tale elasticità si riduce. In particolare, la riduzione della quantità di credito accordato risulta alquanto problematica perché il credito è sempre investito nel ciclo produttivo dell'affidato: *ça va sens dire*, se il credito è stato utilizzato ed è quindi investito nell'impresa; perché fa parte dell'orizzonte economico dell'impresa, se non ancora utilizzato. Se il merito di credito originario dell'affidato, ad un determinato momento, risulta ridimensionato, inoltre, la flessibilità della variabile *quantità di credito* risulta molto condizionata dalla possibilità di traslare sui concorrenti il maggior rischio sopravvenuto, data l'estrema rischiosità della revoca di un affidamento; sotto questo punto di vista, ad esempio, la pratica dei *fidi multipli* (v. *ultra*) può agevolare le banche più accorte le quali, riuscendo a valutare per tempo un deterioramento della situazione economica e finanziaria degli affidati, riescono a ridurre la loro esposizione a scapito dei concorrenti.

L'accennata scarsa flessibilità delle variabili di decisione relative alle quantità di credito e ai prezzi dei *fidi a scadenza* può ben rappresentare anche la seconda questione e cioè quella relativa alla *connessione temporale fra decisioni e fra problemi di convenienza*. Sarà infatti necessario accentuare l'attenzione sul connotato di ereditarietà che ogni decisione incorpora e che si ripercuote sulle decisioni successive: vi saranno perciò variabili che possono essere manovrate e variabili che vanno considerate costanti per più periodi. Ad esempio, molto sovente i tassi di interesse sono prefissati per un determinato periodo (un anno, diciotto mesi, qualche anno, ecc.): in tal caso si tratta di variabili da considerare costanti; quando i tassi sono riferiti ad operazioni a revoca, invece, si tratterà di variabili di decisone manovrabili. Sotto questo aspetto le variabili di quantità sono scarsamente flessibili.

Si giunge così alla terza questione generale: la capacità della banca di *reagire tempestivamente alle variazioni ambientali*, congiunturali oppure relative al modificarsi delle situazioni economiche dei singoli clienti. Sotto questo aspetto è necessario tenere conto che l'adeguamento riguarderà solo la parte residua degli effetti delle decisioni precedentemente assunte. Se gli effetti residui sono di periodo non breve, vi sarà difficoltà ad adeguarsi alla nuova situazione: in ogni caso il processo di aggiustamento richiede un'analisi delle variabili manovrabili e dei momenti di esecuzione delle nuove decisioni. Ad esempio, un mutuo a dieci anni, consente una scarsissima possibilità di manovrare le variabili di prezzo nel corso del periodo di vita residua dell'operazione, dato che esse vengono tutte predeterminate, compresa l'eventuale indicizzazione dei tassi e del capitale da rimborsare; al contrario, un'apertura di credito in conto corrente *a revoca*. In quest'ultimo caso, tuttavia, la manovrabilità delle variabili, contrattualmente molto elevata, andrà rapportata alle condizioni complessive della relazione di clientela. Ancora, le variabili di quantità possono essere scarsamente utilizzate.

Analoghe considerazioni valgono per le diverse fonti di provvista, a seconda della scadenza pattuita.

2.2   I fidi bancari.

Si utilizza la locuzione 'fido bancario' per indicare in sintesi la facoltà di un soggetto di fruire dell'insieme dei crediti concessi dalle banche, attraverso determinate forme tecniche.

Con la medesima locuzione ci si riferisce, poi, nel linguaggio corrente, a molteplici aspetti dei finanziamenti bancari: la valutazione dell'affidabilità del richiedente; la quantità di credito concesso e/o concedibile; la forma tecnica di utilizzo del prestito (fido in conto corrente, fido per 'cassa', 'di firma', 'indiretto', 'diretto'); la scadenza dei prestiti (fidi a breve, a medio o a lungo termine); il 'rischio di credito', diretto e indiretto, assunto da una banca in contropartita con un cliente[1]; l'esposizione totale di un cliente in un dato momento; ecc.

A fronte di una richiesta, dunque, il fido che una banca concede ad un cliente può essere rappresentato dall'insieme dei finanziamenti di cui un cliente può disporre presso quella stessa banca. Le modalità tecniche attraverso le quali tale insieme di finanziamenti può o deve venire utilizzato sono rappresentate invece dai contratti bancari tipici (previsti dalle norme) o atipici (in quanto si rifanno alle norme solo indirettamente). Ne segue che la configurazione di fido bancario ha una connotazione prevalentemente di ordine economico, mentre le forme tecniche del credito bancario hanno una connotazione anche di ordine giuridico.

Merita altresì segnalare che, dal punto di vista del cliente, il 'fido bancario' è la somma di tutti i prestiti ottenuti dalle banche con le quali

---

[1]Per 'cliente' si intende «il singolo soggetto ovvero il 'gruppo di clienti connessi' nei cui confronti la banca assume rischi [...]; si considera 'gruppo di clienti connessi' due o più soggetti che costituiscono un insieme unitario sotto il profilo del rischio in quanto: a. uno di essi ha un potere di controllo sull'altro o sugli altri (connessione 'giuridica') ovvero b. indipendentemente dall'esistenza dei rapporti di controllo di cui alla precedente lettera a., esistono, tra i soggetti considerati, legami tali che, con tutta probabilità, se uno di essi si trova in difficoltà finanziarie, l'altro, o tutti gli altri, potrebbero incontrare difficoltà di rimborso dei debiti (connessione 'economica') [...]» v. Circ. n. 263, Titolo II, Cap. 1, pag. 5 e Titolo V, Cap. 1, pag. 3.

si intrattengono relazioni: sotto questo profilo un'impresa può negoziare fidi, indipendenti gli uni dagli altri, con numerose banche e si parla, in tal caso, di *fidi multipli*; qualora, invece, l'impresa ottenga un unico fido da più banche si parla di *fidi in pool* e, di regola, essi vengono gestiti da una sola banca che funge da capofila.

Può essere utile attirare l'attenzione su altre locuzioni di uso corrente alle quali è tuttavia necessario fare riferimento in modo corretto per non correre il rischio di intendere eventi economici diversi da quelli cui ci si vuole riferire. In tema di fidi, di credito, è sempre necessario ribadire, infatti, che essi vengono fronteggiati dalla situazione economica, finanziaria e patrimoniale complessiva dell'affidato ed è a questa situazione complessiva che l'insieme dei finanziamenti va rapportato.

Vi è anzitutto da distinguere fra 'fido accordato' e 'fido utilizzato': la locuzione 'fido accordato', in realtà, è un sinonimo di 'fido bancario', dato che sta ad indicare la facoltà del cliente di utilizzare, secondo determinate modalità, i fidi ottenuti e la locuzione 'fido utilizzato' indica invece l'esercizio della facoltà indicata e quindi i prestiti effettivi di cui un cliente è fruitore. Di norma i fidi utilizzati rappresentano una quota abbastanza elevata dei fidi concessi. È da segnalare, tuttavia, che gli utilizzi che si avvicinano con sistematicità al cento per cento dell'accordato possono entrare nell'ambito delle 'posizioni anomale', analogamente a quanto può accadere per i fidi con utilizzi molto scarsi rispetto all'accordato. Da un punto di vista economico, le anomalie dovute ad eccessi di utilizzo presentano aumenti del grado di rischio, mentre le anomalie dovute a scarso utilizzo possono rappresentare un inutile eccesso di impegni della banca. In entrambi i casi sarà necessario tenerne conto, avvertendo che l'urgenza maggiore riguarda le anomalie del primo tipo (v. *ultra*).

Vi è poi la locuzione 'fidi per cassa' che si contrappone ai 'fidi di firma' o ai 'fidi non per cassa'. Con 'cassa' non si intende certamente riferirsi ai movimenti di contante della banca, né a quelli dell'affidato: in realtà si intende riferirsi alla possibilità dell'affidato di utilizzare il credito per il tramite del conto corrente bancario, cioè di utilizzare il prestito ottenuto come 'mezzo di pagamento'.

I 'fidi di firma' (tipicamente le accettazioni, gli avalli e le fideiussioni prestate dalla banca ai propri clienti), invece, non consentono la movimentazione dei conti correnti da parte della clientela, se non in casi particolari. Essi non possono, cioè, venire utilizzati come mezzi di pagamento da parte dei clienti che li hanno ottenuti. Questi fidi possono trasformarsi 'per cassa' solo a seguito di determinati eventi che stanno alla base dei motivi che hanno consigliato il rilascio dell'accettazione, dell'avallo o della fideiussione.

Quando si vuole sinteticamente segnalare il 'rischio di credito' che la banca sta correndo, si utilizzano locuzioni del tipo: fidi 'di prima (seconda, terza, ...) categoria'. A queste locuzioni ciascuna banca attribuisce contenuti specifici e, di regola, valevoli esclusivamente a fini di controllo interno, appunto per governare la rischiosità del portafoglio prestiti. Ad esempio, nei fidi di 'primo rischio' o di prima categoria, potranno appartenere, con riferimento al singolo soggetto, esclusivamente i fidi per cassa mentre, alla seconda categoria, potranno appartenere i fidi 'di firma'. Oppure, sempre con riferimento al medesimo soggetto, alla prima categoria potranno appartenere i fidi per cassa e di firma concessi a fronte di *collaterals* quali i titoli di Stato aventi un largo mercato; alla seconda categoria, invece, potranno appartenere i fidi per smobilizzo di crediti commerciali; alla terza categoria potranno appartenere i fidi senza alcuna garanzia o con garanzie ritenute alquanto precarie (ad esempio su pegno di titoli azionari con scarso mercato); ecc.

Dalle esemplificazioni addotte, ciascuna banca tenderà a costruire una serie di categorie di rischio adeguate a ricomprendere la propria clientela al fine di controllare e di dare conto dei propri comportamenti, di standardizzare i comportamenti fra gli sportelli, al fine di agevolare alcune valutazioni essenziali alla misurazione del valore di realizzo dei crediti in sede di redazione del bilancio e delle segnalazioni di vigilanza, come si osserverà in seguito.

2.3 Aspetti organizzativi.

L'esercizio del credito si realizza per il tramite di un processo decisionale che tende a dare ordine organizzativo alle decisioni che precedono e seguono le operazioni di finanziamento. L'ordine organizzativo cui si fa riferimento viene attualmente agevolato da procedure elettroniche.

Il processo di affidamento tende ad essere collegato con la politica dei fidi stabilita dagli organi aziendali che hanno competenza in materia (Direttore generale e/o Amministratore delegato, Comitato esecutivo, Consiglio di amministrazione) (v. CRR, Parte I).

Tali scelte (espansione globale degli affidamenti, distribuzione settoriale e geografica, frazionamento dei rischi, standard di affidabilità della clientela, ecc.) tendono ad essere portate a conoscenza dell''Area Affari' che, a sua volta, ne rende partecipi i responsabili delle diverse unità operative, *in primis* degli sportelli.

Da un punto di vista organizzativo, anzitutto va segnalato che i fidi bancari debbono venire richiesti dalla clientela ad uno sportello della banca, secondo forme che variano da banca a banca ma che non possono prescindere dalla forma scritta. Le domande di affidamento, pertanto, saranno innanzitutto esaminate rispetto alla politica dei prestiti. Le richieste non compatibili con tali scelte, o che contrastino con i vincoli più generali (statutari, legislativi e amministrativi), vengono escluse dalla successive fasi che qui si riassumono, e seguono percorsi organizzativi *ad hoc*.

Le domande di affidamento compatibili con le regole e con le politiche, invece, percorrono un sentiero volto a salvaguardare gli interessi della banca. L'assetto organizzativo dell'Area Affari di una banca ha, infatti, l'obiettivo di rendere dialettica la decisione di concessione del credito attraverso la scissione della *fase istruttoria*, della *fase deliberativa* e della *fase di gestione* dei prestiti.

Per difendere la banca dalle perdite su crediti, infatti, si ritiene più efficace scindere organizzativamente le tre fasi dell'affidamento con l'obiettivo di favorire il confronto dialettico fra i diversi responsabili, piuttosto che concentrare le tre fasi citate in un unico soggetto o ufficio. Si osserva anche che, nonostante possa essere previsto e attuato un modello organizzativo formalmente ineccepibile, è necessario verificare il suo funzionamento attraverso la sua applicazione reale: la collusione fra le tre fasi citate, infatti, contribuisce ad agevolare il deterioramento delle partite di credito e rende la banca più vulnerabile e attaccabile dalle aspettative della clientela.

Le fasi citate, allora, vengono articolate per il tramite un sistema formalizzato di deleghe[2] che risponde all'esigenza di garantire il massimo di autonomia dei diversi responsabili: ad esempio il soggetto o l'ufficio che valuta la richiesta di affidamento, di regola è diverso dal soggetto che decide l'affidamento. Il primo è allora il *soggetto proponente*, mentre

---

[2]Presso le banche «i poteri e le responsabilità per ogni livello decisionale [debbono essere] precisamente definiti, anche mediante un chiaro sistema di deleghe» (D. M. 5 agosto 2004, n. 1419, in G.U. del 26.8.2004, n. 200).

il secondo è il *soggetto deliberante* e il meccanismo delle deleghe tende a distinguere le responsabilità fra i diversi soggetti. Più in generale, questo elemento organizzativo tende a scindere la responsabilità fra coloro che dettano le regole, coloro che debbono attenervisi e coloro che possono esercitare la discrezionalità all'interno delle regole date.

È necessario avvertire allora che gli affidamenti possono essere concessi esclusivamente da coloro che nella banca hanno i *poteri in materia di concessione del credito*. Dal punto di vista del Consiglio di Amministrazione, tali poteri sono *originari* e *delegabili*: sono originari, in quanto derivanti dalle norme statutarie; sono delegabili perché gli statuti prevedono appunto che tale materia sia delegabile. Di regola, inoltre, il Consiglio di Amministrazione delega direttamente i soggetti che avranno poteri di concessione del credito. Questi soggetti sono, di norma, distinguibili in due gruppi: coloro che operano a livello periferico e coloro che operano a livello centrale. Fra i primi vi sono i responsabili di sportello e/o di area e fra i secondi vi sono i responsabili del servizio fidi, dell'area affari e/o il Comitato Esecutivo. Infine, i poteri in questione sono stabiliti in base all'importo massimo di fido concedibile ad un singolo cliente, spesso a seconda della forma tecnica. In genere, i poteri sono fortemente accentrati presso gli uffici centrali e la periferia ha poteri ridotti anche per affidamenti con basso grado di rischio.

Va segnalato subito che è sempre lo sportello il punto di contatto con la clientela: in quella sede le pratiche di affidamento, opportunamente istruite e con parere non vincolante, devono essere trasmesse ai soggetti con poteri deliberanti per giungere ai soggetti organizzativi o agli organi che hanno i poteri di deliberare. È sempre previsto che l'istruttoria venga elaborata dagli uffici con poteri deliberanti inferiori (i proponenti) e trasmessa, munita di un parere non vincolante, agli uffici con poteri deliberanti superiori. Il livello più basso di tali poteri risiede presso lo sportello.

L'approccio con il cliente, salvo casi assolutamente eccezionali, avviene dunque presso gli sportelli: la fase istruttoria quindi nasce laddove si manifestano i fabbisogni finanziari del cliente. La delicatezza di queste relazioni implica la convenienza di disporre di professionisti in grado di conoscere i fondamenti tecnici e di governo dei fidi, in primis l'analisi di bilancio (v. *ultra*, cap. 4). La presenza di professionisti agevola la banca nell'instaurare con il cliente un sistema di relazioni prevalentemente dialettiche, piuttosto che collusive, facendo discendere da esse valutazioni di elementi prevalentemente oggettivi sulla situazione aziendale e personale dei richiedenti, piuttosto che arbitrari.

Come si diceva, il processo decisionale in parola si esplica nella fase *deliberativa* che viene preceduta da una fase *istruttoria*, e seguita da una fase *esecutiva*.

Le fasi *istruttoria* ed *esecutiva* tendono a svolgersi sempre a livello periferico, cioè presso lo sportello ove i clienti intrattengono i rapporti con la banca; la fase *deliberativa* di regola si svolge, invece, presso gli uffici centrali della banca, in particolare per gli importi più consistenti e per le forme tecniche più sofisticate. In ogni caso è conveniente che le tre fasi, ancorché dialetticamente distinte, siano strettamente interconnesse: l'*istruttoria* consente di prendere atto delle richieste della clientela, di valutare il merito di credito del richiedente e di proporre a chi ha i poteri decisionali il volume, le forme tecniche e le condizioni contrattuali dei prestiti da concedere; la *deliberazione*, preso atto dell'istruttoria, consente a chi detiene i poteri di concessione del credito di assumere decisioni, circostanziate e supportate dalle considerazioni formalizzate in fase istruttoria, in materia di erogazione dei prestiti (volumi, forme tecniche, prezzi e condizioni); l'*esecuzione* consente alla banca di attivare l'operazione nella forma tecnica pattuita, di perfezionarne il contratto, di consentire al cliente l'utilizzo discrezionale del prestito e, infine, di controllare l'andamento della relazione d'affari.

A conclusione di questa digressione organizzativa vanno richiamate almeno le seguenti due considerazioni:

a) la delega va esercitata in modo non arbitrario, ma nel rispetto dei principi professionali che presiedono alla concessione del credito. Le norme operative, di regola presenti presso ogni azienda di credito, hanno lo scopo di calare nel concreto i principi generali e di costruire un percorso trasparente per coloro che propongono, per coloro che deliberano e per coloro che dànno seguito alle decisoni, ponendo in evidenza le rispettive responsabilità che non possono venire confuse fra loro perché non sono confuse *ab origine*;

b) l'autonomia del proponente e di chi è tenuto ad esprimere pareri misura la professionalità di ciascuno e dell'organizzazione; l'autonomia è un bene essenziale per salvaguardare gli interessi della banca. Analoga valenza hanno le motivazioni che supportano i pareri non vincolanti che accompagnano le istruttorie: anche a distanza di tempo infatti può essere conveniente per tutti capire il percorso degli affidamenti concessi.

Una volta che i prestiti sono a disposizione della clientela, si pone un problema di *gestione dei fidi*: questa parte del lavoro è sempre demandata allo sportello cui il cliente è appoggiato e riguarda la risoluzione dei problemi che si pongono in fase di esecuzione delle deliberazioni assunte e di controllo della regolarità della relazione di clientela (scarso o eccessivo utilizzo del fido, anomalie di utilizzo, superamenti temporanei dei prestiti concessi, effetti insoluti, ecc.)

L'assetto organizzativo dipende dalla dimensione e dall'articolazione territoriale dell'azienda di credito: questi elementi condizionano l'organizzazione del Servizio Fidi, cioè di quell'insieme di uffici che presiedono all'attività di 'esercizio del credito'.

Un modello organizzativo stilizzato, riferito ad una banca che opera su aree geografiche interregionali, può prevedere una divisione dei compiti strutturata su 'aree territoriali' (che comprendono, ad esempio, più aree provinciali localizzate su diverse regioni). Ai responsabili di tali aree possono venire attribuiti poteri di istruttoria, di concessione e di controllo degli affidamenti. Essi ricevono, da parte dei responsabili di sportello quelle richieste di affidamento, corredate dai pareri non vincolanti, che non rientrano nella competenza deliberativa dell'unità periferica. I responsabili delle 'aree', deliberano in ordine alle domande di credito che ricadono nella loro competenza; formulano invece, a loro volta, pareri non vincolanti sulle richieste di credito rientranti nella competenza deliberativa dei soggetti con responsabilità superiore (ad esempio, capo servizio fidi, direttore dell'area affari, direttore generale o amministratore delegato, comitato esecutivo, consiglio di amministrazione).

Presso lo sportello ove viene presentata la richiesta di affidamento, un'apposita unità operativa è deputata all'istruttoria, alla concessione ed al controllo dei crediti di propria competenza qualora esse siano destinatarie di poteri di concessione del credito. La medesima unità operativa assume altresì la funzione di istruire le pratiche di fido di competenza dei soggetti con poteri deliberativi superiori, nonché quelle di pertinenza della direzione generale e degli organi aziendali.

I richiedenti i fidi debbono ovviamente rilasciare le necessarie dichiarazioni formali sulle proprie condizioni patrimoniali ed economiche. Anche in caso di aumento o rinnovo dei fidi in essere dovrebbe essere richiesta ai clienti la compilazione di una nuova richiesta di fido, unitamente alla formale documentazione che attesta il modificarsi delle condizioni economiche, finanziarie e patrimoniali (il bilancio, *in primis*).

Come si è detto l'obiettivo del processo di valutazione del merito creditizio consiste nell'accertamento dell'esistenza presso i richiedenti delle condizioni economiche, finanziarie e patrimoniali, tempo per tempo, richieste dagli *standard* di affidabilità aziendali.

L'*istruttoria di fido* prevede un percorso articolato che raggruppa le indagini e le analisi che si rendono necessarie. Il primo gruppo è diretto ad accertare la validità e l'esattezza dei dati raccolti dal cliente e ad integrarne il contenuto informativo (notizie in ordine ai rapporti intrattenuti dal cliente con altri soggetti beneficiari di assegni e di ricevute bancarie, obbligati degli effetti commerciali, ecc.). Come si è già segnalato l'istruttoria di fido è una procedura in un certo senso corrente perché la clientela deve sempre essere soggetta a revisioni periodiche e perché essa stessa alimenta sistematicamente correnti di domanda di credito che riguarda l'ammontare dei fidi o la modificazione delle linee di credito in essere.

Quando allora si tratta di rivedere, di aumentare o di ridurre i fidi in essere, andranno acquisite le informazioni rivenienti dalle procedure informatiche comprese quelle che gestiscono gli *sconfinamenti* (v. *ultra*) concessi dai vari soggetti delegati. Le informazioni poi debbono essere arricchite da quelle rivenienti da altre fonti (bollettino ufficiale dei protesti cambiari; centrali dei rischi; banche dati esterne; informazioni presso terzi; visite aziendali e sopralluoghi diretti).

Il secondo gruppo di indagini comprende le analisi che riguardano la struttura e l'andamento del settore economico in cui operano le imprese, nonché la fondatezza dei programmi futuri prospettati e le analisi quantitative che devono essere effettuate utilizzando i dati di bilancio. Esse sono di tipo consuntivo e riguardano le tecniche dei quozienti (liquidità, impiego delle attività, indebitamento, redditività, incidenza degli oneri finanziari) e dei flussi finanziari (globali, di capitale circolante, di liquidità).

Tali analisi forniscono rispettivamente indicazioni sintetiche e segnaletiche sulle condizioni economiche, finanziarie e patrimoniali dell'impresa e informazioni sulla gestione finanziaria con riferimento ai fabbisogni dei fondi (incremento di attività, decremento di passività, riduzione del patrimonio netto) ed alle fonti dei fondi utilizzate per la copertura dei fabbisogni stessi (incremento di passività, decremento di attività, aumento del patrimonio netto). In questa fase possono risultare molto utili altre funzioni della banca (marketing, coordinamento territoriale, legale, ispettorato, finanza) per acquisire eventuali pareri o per verificare la fattibilità di alcune operazioni di prestito.

Infine, la sintesi delle indagini e delle analisi precedenti si concretizza in una *relazione di fido* nella quale vengono indicati sinteticamente, appunto, gli aspetti positivi e negativi in ordine all'accoglimento o meno della richiesta di credito che sono emersi dagli accertamenti e dalle analisi compiute. In definitiva la relazione costituisce il supporto informativo necessario per la successiva fase deliberante di affidamento o di rinnovo da parte dei soggetti che ne hanno i poteri.

2.4   La valutazione del merito di credito.

Il problema del *rischio di credito*, cioè del rischio che il soggetto finanziato sia inadempiente[3] o addirittura insolvente[4] si pone sia quando un soggetto richiede un finanziamento per la prima volta, sia quando i finanziamenti già in essere giungono a scadenza e si pone il problema di rinnovarli in tutto, in parte o per niente.

L'inadempienza del debitore può essere imputabile a diverse ragioni comprese fra due estremi: la malafede e il peggioramento non previsto delle condizioni economiche. In ogni caso il finanziatore può subire un danno e addirittura una perdita nel caso l'inadempienza si trasformi in insolvenza: per ridurre il rischio di eventi del genere, il creditore cerca di capire se il debitore si trovi in condizioni, non solo esclusivamente economiche, tali da poter rimborsare il finanziamento ricevuto oppure tali da poter ottenere un rinnovo e, più in generale, in condizoni di rispettare le condizoni contrattuali pattuite. È così rilevante il problema del rischio di credito che sovente il finanziatore richiede al beneficiario del prestito (o del mantenimento del prestito in essere) di garantire l'obbligazione

---

[3] Il debitore deve compiere la prestazione al momento dovuto, nel luogo dovuto e secondo le modalità stabilite. La mancata realizzazione di questo comportamento costituisce *inadempimento* dell'obbligazione. Si distinguono varie specie di inadempimento, classificate secondo diversi criteri: a) inadempimento imputabile, o non imputabile, al debitore; b) inadempimento di una prestazione ancora possibile e inadempimento accompagnato da impossibilità della prestazione; c) inadempimento definitivo o non definitivo; d) inadempimento totale o parziale. v. Cian, Trabucchi 1992: 943.

[4]Per *insolvenza*, qui si intenderà una situazione di inadempienza definitiva a giudizio del creditore il quale si trova nelle condizioni di poter esercitare la facoltà di chiedere la risoluzione del contratto per inadempimento a norma dell'art. 1453 c.c.

assunta costituendo in garanzia beni reali mobili o immobili, oppure di far garantire l'obbligazione da soggetti terzi[5].

L'*analisi del merito di credito* o di *affidabilità* della clientela, oltre che essere preliminare a qualsiasi nuova concessione di affidamento, assume in via permanente la determinante funzione di controllo del comportamento della clientela. Tale controllo si concretizza, in particolare, al verificarsi di tre precise circostanze: quando il prestito giunge a scadenza, quando il cliente richiede un aumento degli affidamenti e quando il cliente contravviene alle condizioni contrattuali pattuite.

Le osservazioni generali in tema di variabili di decisione precedentemente riepilogate, dunque, assumono grande rilievo con riferimento ai prestiti bancari nuovi e a quelli in essere, e si ripercuotono diversamente su tutte le relazioni di clientela. Ne segue la centralità del problema dei fidi nella logica economica della banca e la convenienza ad attivare rigorose procedure di controllo del rischio e di affidamento con l'obiettivo di verificare, nei limiti del possibile, la capacità del debitore di essere in condizione, nel momento prestabilito - dopo aver fatto fronte, alle scadenze intermedie concordate, al *servizio del debito* (aver pagato, cioè, gli interessi e gli oneri accessori maturati periodicamente) - di dar corso ad una delle seguenti alternative:

i. restituire il prestito ed estinguere l'obbligazione;

ii. ottenere un rinnovo del prestito dal medesimo finanziatore;

iii. restituire il prestito tramite il prestito di un finanziatore diverso.

È evidente come, per la banca, non vi possa essere convenienza economica nell'instaurare relazioni di clientela che contemplino impieghi

---

[5]La tutela del creditore, oltre che sulle garanzie, può basarsi sui *covenant*.

I *covenant* sono clausole contrattuali che condizionano le *caratteristiche del prestito* (importo, tempi di erogazione e di rimborso, tasso di interesse, garanzie fornite) a *determinati eventi ritenuti indicatori di rischio*. L'utilizzo dei *covenant* è prassi diffusa da tempo nei contesti finanziari anglosassoni e viene ad assumere un ruolo sempre più rilevante anche nel mercato domestico. A differenza delle garanzie, i *covenant* consentono al finanziatore di agire a tutela dei propri interessi *prima* del verificarsi dell'insolvenza. Spesso la reazione al deterioramento del profilo di rischio del debitore consiste nell'anticipazione delle scadenze o nell'incremento dei tassi di interesse.

L'individuazione degli indicatori di rischio (comportamenti gestionali, evoluzione degli indici di bilancio, mutamenti concernenti il settore d'appartenenza, ecc.) rispetto ai quali definire obiettivi vincolanti per il debitore presenta diverse criticità. In particolare, è necessario appurare che le condizioni cui viene assoggettata l'impresa prenditrice non ne limitino in modo eccessivo la flessibilità gestionale.

con scarse prospettive di adempimento dell'obbligazione (ancorché in presenza di garanzie). La probabilità che simili relazioni si trasformino in perdite è infatti molto elevata, anche perché le procedure concorsuali sono, di regola, molto lunghe. Affidare un cliente, dunque, confidando sulla possibilità che, a scadenza, subentrerà un diverso finanziatore[6], ovvero che si dovranno escutere le garanzie[7], denota già un giudizio di scarsissima affidabilità.

La banca interessata ad arginare il rischio di perdita e ad aumentare quindi la propria solidità patrimoniale: questa questione, relativamente alle bacnhe e agli intermediari finanziari e assicurativi in generale, ha da anni attirato l'attenzione dei pubblici poteri e poiché essa dipende dagli aumenti di capitale sociale e dalla capacità di generare e di accumulare redditi, le norme rapportano i requisiti minimi alla rischiosità degli attivi bancari: ai *rischi di credito*[8], ai *rischi finanziari*[9] e ai *rischi operativi*[10].

---

[6] «Non dobbiamo naturalmente prospettarci un rimborso effettuato sostituendo una banca ad un'altra, e nemmeno contemplare l'ipotesi di una liquidazione. Il problema che si pone alla banca è quello di cercare il fondamento di una previsione di rimborso nel corso del normale funzionamento dell'azienda.
Una tale previsione può quindi essere fondata soltanto su una serie di ipotesi che si riducono sostanzialmente alle due seguenti:
1°) possibilità di una diminuzione del fabbisogno di circolante [...] in modo permanente o in determinate fasi dell'esercizo;
2°) intervento di nuovi mezzi di finanziamento extra-bancari.»
Quest'ultimo intervento «non potrà avvenire a sua volta che in due modi:
a) con l'intervento di nuovi capitali (emissione di azioni o obbligazioni [...];
b) con la rinuncia da parte dei proprietari a disporre degli utili conseguiti [...]». V. Mattioli, 2006: 71.

[7] «Accade speso nella pratica di sentire clienti vantare l'elevato valore di realizzo di immobili o di impianti esposti in bilancio [...] Divagazioni:la banca non ha alcun interesse a stabilire valori di realizzo [...] che non sono destinai ad essere realizzzati: deve unicamenete tener conto della necessità di introdurre delle svalutazioni ove quei valori fossero annacquati o forzati o addirittura fittizi [...]». *Ibidem*: 72

[8] Il *rischio di credito* è inerente al rischio che si riduca la capacità del debitore di fronteggiare gli impegni assunti nei tempi e nei modi previsti contrattualmente e che quindi possa ridursi la redditività della banca.

[9] Il *rischio finanziario* riguarda invece il rischio che variazioni nei tassi dell'interesse dei prestiti e dei depositi non a vista (*banking book*) e nei prezzi degli strumenti finanziari detenuti per la negoziazione (*trading book*) riducano la redditività aziendale.

[10] Il *rischio operativo* attiene alla possibilità che la banca subisca perdite dirette o indirette derivanti da inadeguatezza o da disfunzioni di procedure, risorse umane, sistemi interni, oppure da eventi di origine esterna.

Il successo degli aumenti di capitale sociale d'altra parte dipende dalle prospettive di reddditivà dell'impresa e la capacità di generare profitti deve accompagnarsi con la sana prudente gestione, tutti sono interessati a controllare la rischiosità delle banche. Riducendosi la redditività, *ceteris paribus* si riduce la possibilità di incrementare il patrimonio e quindi può ridursi il principale presidio a fronte del rischio generico dell'impresa banca.

Le autorità[11] hanno così fissato[12] i requisiti minimi patrimoniali a fronte dei rischi di credito (dal 1988 con Basilea 1) e a fronte dei rischi finanziari (con Basilea 1, ma dal 1996). Con riferimento ai rischi di credito, fin dall'inizio venne stabilita la 'regola dell'8 per cento': il totale dei rischi ponderati in contropartita con la clientela non poteva superare i *fondi propri*[13] della banca moltiplicati per 12,5. Questa regola è stata più recentemente modificata e resa più stringente dai provvedimenti comunitari appena citati e dalla loro applicazione graduale.

Le idee di base dei provvedimenti confermano che le imprese maggiormente rischiose assorbiranno maggiori fondi propri della banca, ma aggiungono alcuni provvedimenti anticiclici volti a favorire la costituzione di fondi propri addizionali nei periodi favorevoli del cilco economico in modo da compensare le fasi sfavorevoli del ciclo: resta, e forse non può essere superato il problema della mediazione fra la convenienza a finanziare clientela rischiosa e convenienza ad aumentare i fondi propri.

La banche dunque dovrebbero tendere a privilegiare i clienti che, presumibilmente, potranno ottenere un rinnovo dei prestiti oppure che saranno in grado di estinguere l'obbligazione. È necessario, tuttavia, segnalare che il rimborso dei prestiti non è fenomeno così diffuso: la maggior parte di essi, infatti, viene rinnovata sistematicamente per cui la valutazione del merito di credito, dimensionata sulla lunghezza d'onda delle scadenze formali, è in realtà rivolta su orizzonti economici più lunghi essendo, quelle formali, mere occasioni per il riesame delle posizioni.

---

[11]Il Comitato di Basilea (che siede in permanenza presso la Banca dei Regolamenti Internazionali dal 1974 - *www.bis.org* - e che riunisce le autorità di vigilanza dei Paesi dell'Unione europea, del Canada, del Giappone e degli Stati Uniti) ha previsto che le banche debbano rispettare determinati *requisiti minimi patrimoniali*.

[12]Questa decisione trova oggi compimento nelle disposizioni nelle 'Istruzioni di Vigilancza per le banche' di cui alla Circolare n. 285/2013 della Banca d'Italia e alle norme comunitarie sulle quali essa si fonda.

[13]A partire dal 1° gennaio 2014, con l'entrata in vigore di Basilea 3, l'espressione *Fondi propri* ha sostituito, quella di *patrimonio di vigilanza* (v. *ultra*, § 2.5.1).

Nella valutazione del merito di credito, inoltre, la banca è concentrata sul problema del 'rischio cliente': il problema della efficiente allocazione delle risorse, che spesso si vuole attribuire all'attività bancaria, perfino quando si tratta di valutare il merito di credito di singoli richiedenti fidi presso la singola banca, tende a scomparire.

La difficoltà delle valutazioni di affidabilità della clientela sta alla base delle difficoltà di procedere a valutazioni di convenienza da parte della banca: esse sono dovute alle difficoltà di utilizzare le variabili di decisione più consone (comprese le variabili di quantità). Queste ultime vengono utilizzate a seconda che si tratti di valutare i clienti per la prima volta, cioè nel caso della prima concessione di un fido, oppure di procedere alla valutazione in occasione della revisione periodica dei fidi, di una richiesta di aumento degli affidamenti, oppure ancora in occasione della percezione del ridursi del merito di credito dei clienti. Una gestione prudente dei fidi in essere prevede, infatti, che essi vengano 'revisionati' ogni dodici - diciotto mesi: ma 'revisione' è sinonimo di 'nuovo affidamento' nel senso che la revisione con esito positivo vale come nuovo affidamento, data la decisione di prorogare il fido per un altro periodo.

Come si diceva, altre occasioni di revisione dei fidi si hanno quando il cliente richiede un aumento delle linee di credito o quando contravviene alle condizioni contrattuali prestabilite.

Trattandosi di valutazioni riguardanti eventi futuri e non potendo fruire di leggi scientifiche o di leggi statistiche per affrontarli, è necessario avvalersi della professionalità di chi è preposto all'analisi dei bilanci (v. *ultra*, capp. 3 e 4) e della *conoscenza qualitativa*[14]. Si cerca in tal modo

---

[14]La *conoscenza qualitativa*, tuttavia, è auspicabile derivi da tecniche di *credit scoring* (v. *ultra*, § 1.6) da utilizzare a supporto della decisioni di affidamento. Il *credit scoring* diventa così una componente del processo di 'sottoscrizione' (*underwriting*) del prestito da parte del finanziatore.

Gli altri elementi da considerare nel processo di affidamento della clientele sono sostanzialmente tre:

a) *reputazione* del richiedene (*character*): di solito gli addetti ai fidi conoscono personalmente i richiedenti e quindi anche la loro situazione personale, al di là delle informazioni socio-demografiche raccolte attraverso il modulo di richiesta di affidamento. Questo elemento soggettivo riveste un'importanza notevole soprattutto nei finanziamenti retail.

b) *capacità di onorare* il contratto (*capacity to repay*): per motivi di significatività statistica le informazioni patrimoniali non entrano in una griglia di *scoring* al contrario delle informazioni economco-finanziarie. Esse tuttavia sono di notevole aiuto per di indagare il fenomeno in termini sostantivi, evitando cioè di attribuire valore taumaturgico ai dati numerici desunti dall'utilizzo di strumentazioni matematiche, statistiche o contabili utilizzate per facilitare una corretta valutazione del merito di credito del richiedente. È, infatti, ben noto alla professione, alla prassi, alla letteratura economica e giuridica che i valori numerici derivanti dalle analisi quantitative debbono affiancare e non sostituire i processi decisionali (codificati e codificabili) che forniscono i presupposti per perseguire contemporaneamente obiettivi di economicità e di rischio; è altresì noto che l'assenza di tali presupposti nel processo decisionale comporta grave pregiudizio proprio in termini di economicità e di rischio in capo all'azienda di credito.

L'analisi di redditività prospettica del richiedente dovrebbe, anzitutto, dare risultati più prudenti di quelli percepiti dall'impresa stessa; se non altro per la diversità quantitativa e qualitativa di informazioni di cui i due soggetti dispongono. Tale divario di valutazione consente di mantenere il prudente distacco che deve sussistere fra il conferimento di mezzi finanziari a titolo di credito e a titolo di capitale.

Il problema viene tradizionalmente affrontato tenendo conto dei diversi profili dell'andamento aziendale, avvalendosi di informazioni ottenute direttamente dal richiedente credito e da quelle desunte dai bilanci del cliente, dall'andamento corrente della relazione di clientela, da informazioni provenienti dal mercato e dalla Centrale dei Rischi (v, *ultra*, cap. 6).

Per i *mercati del credito al dettaglio* (affidati al di sotto di 30 mila euro) sono in vigore i *sistemi di informazioni creditizie*: si tratta di banche dati attraverso le quali gli enti partecipanti (banche e intermediari finanziari) si scambiano informazioni sui finanziamenti richiesti ed erogati ai loro clienti esclusivamente per finalità collegate alla tutela del credito e al contenimento dei relativi rischi. Tali dati possono infatti essere consultati dagli enti partecipanti in occasione del-

---

ottenere una quadro preciso della capacità reddituale e finanziarua del richiedente per far fronte agli impegni futuri.

c) *garanzie* (*collateral*): trattandosi di contratti accessori al contratto di prestito, le garanzie non possono guidare il processo di affidamento; esse offrono una misura del valore aggiunto patrimoniale del richiedente.

Queste componenti rappresentano le linee guida generali che assistono un processo di affidamento e che devono essere calibrate a seconda della forma tecnica di prestito richiesto: il processo decisionale che assiste un mutuo necessiterà di maggiori approfondimenti di quanto non accada per l'emissione di una carta di credito.

l'istruttoria di un finanziamento, per valutare il merito di credito di un soggetto e il suo livello di indebitamento, o durante la vita del finanziamento per il controllo del rischio di credito. Sono assolutamente vietati ulteriori utilizzi di queste informazioni per altri scopi, in particolare per ricerche di mercato e promozione, pubblicità o vendita diretta di prodotti e servizi. Fra questi sistemi merita ricordare CRIF (*www.crif.com*) e il Codice di deontologia e buona condotta per la protezione dei dati personali cui essi si attengono, a partire dal 1°gennaio 2005 (*www.garanteprivacy.it/garante/navig/jsp/index.jsp*), dalla Centrale dei Bilanci[15] ecc.

Riassumendo, la soluzione del difficile problema, richiedendo l'esame di molteplici aspetti, non viene offerta da automatismi procedurali ma da un accorto e pragmatico utilizzo di alcuni paradigmi maturati dalla dottrina e dalla pratica nel loro incessante confronto. Si vuol dire che:

a) le 'analisi di affidabilità, pur non avendo il potere di distinguere le imprese in gruppi più o meno meritevoli di credito, consentono, se effettuate con adeguata professionalità, di descrivere importanti connotati della gestione di ciascuna singola impresa;

b) il bilancio è, di per se stesso, un formidabile strumento conoscitivo data la sua necessaria coerenza interna; sarebbe essenziale non solo che esso fosse redatto secondo i principi contabile internazionali, invece che secondo i criteri previsti dalle norme civilistiche, ma anche che l'analista fosse consapevole dei limiti informativi del bilancio civilistico, soprattutto se redatto in forma abbreviata e inficiato da 'inquinamenti fiscali' (v. *ultra*, cap. 3);

c) gli effetti del ricorso alla normativa fiscale nella redazione dei bilanci dovrebbero essere indicati nella nota integrativa; va tuttavia segnalato che, a fianco di consistenti fenomeni di evasione e di elusione fiscale, si deve tenere conto che il reddito imponibile e l'utile di esercizio assumono configurazioni diverse fra loro e che, inoltre, vi sono spesso problemi attinenti l'interpretazione delle norme fiscali cui ci si deve attenere;

d) tutti gli operatori accorti hanno percezione dei periodi nel corso dei quali le imprese affidate hanno superato la soglia di una pruden-

---

[15]Costituita nel 1983 per iniziativa della Banca d'Italia d'intesa con l'Associazione Bancaria Italiana (ABI), raccoglie e classifica in archivi elettronici i bilanci delle imprese e sviluppa studi di analisi finanziaria. I servizi della società sono offerti dalle numerose banche associate che contribuiscono alla raccolta dei dati.

te affidabilità; ciò peraltro non significa che si inneschino i necessari comportamenti volti a salvaguardare gli interessi della banca; spesso l'adozione di tali comportamenti, tutt'altro che automatica, richiede spinte ciclopiche a causa della convergenza di interessi in capo a diversi gruppi di *stakeholder*;

e) la difficoltà di valutare il merito di credito può essere fronteggiata con successo da un'adeguata professionalità specifica; ciò non significa, tuttavia, che essa sia conveniente per il soggetto economico e/o per il soggetto giuridico del finaziatore.

Per semplificare e per offrire, pur con tutte le cautele, qualche indicazione di minima prudenza in materia, può essere utile ricapitolare alcuni dei più accreditati paradigmi nella valutazione del merito di credito.

Anzitutto, «la natura di un credito dipende sostanzialmente (*a*) da chi, perché e come è stata presa l'iniziativa di aprirlo e (*b*) dalle fonti che consentono di chiuderlo» [MATTIOLI, 1962: 225-226]: ciò significa che è necessario risalire ai motivi originari che hanno spinto l'impresa a richiedere mezzi finanziari a credito, piuttosto che ricorrere, in parte o in tutto, ai mezzi propri. Inoltre, è utile sapere quali soggetti dell'impresa si muovono nel mercato del credito, quale sia il loro ruolo all'interno dell'organizzazione o del gruppo e, in particolare, il ruolo del soggetto giuridico ed economico (se diversi); ciò influisce anche sulle modalità attraverso le quali i fondi vengono richiesti. Da ultimo, l'elemento forse più rilevante da un punto di vista gestionale riguarda la previsione su come il contratto di credito si chiuderà: con un rinnovo, con un'estinzione, escutendo le eventuali garanzie, o trasferendo la partita alla concorrenza.

È evidente che l'accensione di una partita, avvalendosi dell'*arrière pensée* di una successiva escussione delle garanzie o, come già notato, della speranza di cedere, in un momento successivo, il cliente alla concorrenza sta a significare uno scadente apprezzamento del merito di credito; la previsione dell'estinzione o del rinnovo, tendono invece a indicare una valutazione del merito di credito positiva. Ma è appunto in tali ultimi casi che vi è la necessità di capire quanto positiva possa essere la valutazione.

Sotto questo aspetto, allora, può essere di aiuto l'osservazione che «capacità di reddito è capacità di credito» [CAPRARA, 1954: 75], nel senso che si tende a valorizzare la capacità dell'impresa di far fronte ai propri impegni finanziari attraverso la redditività. Ciò significa, in linea di massima, che si attribuisce all'economicità della gestione dell'affidato la possibilità di generare le risorse necessarie a rimborsare i debiti e gli interessi e oneri maturati: il reddito di esercizio è calcolato, cioè, al netto dei costi dei debiti correnti e dei finanziamenti pluriennali.

Il credito corrente, cio è a breve termine, viene sistematicamente rinnovato se la banca verifica, ad ogni scadenza (ad esempio ogni trimestre), che sono stati pagati gli interessi, gli altri costi e che è stato rimborsato il capitale: il credito a breve deve 'ruotare' infatti in sintonia con la rotazione del capitale circolante netto caratteristico (CCNC, v. *ultra*, cap. 4) per cui, ad ogni scadenza, si ha un rientro dei prestiti che possono essere nuovamente utilizzati per sostenere il nuovo ciclo produttivo.

In questo modo il fido concesso resta sempre a disposizione del cliente (per questo è denominato *fido continuativo*) purché utilizzi e rimborsi si susseguano così da mantenerlo entro il limite accordato, salvo temporanei ed eccezionali sconfinamenti (v. *ultra*, § 1.5.1).

Ne segue che la 'capacità di credito' viene continuamente provata dalla capacità di pagare gli oneri finanziari e di rimborsare il capitale ad ogni scadenza, nel rispetto delle altre condizioni contrattuali. La banca può così apprezzare se il credito mostri una rotazione soddisfacente, cioè se la sua velocità di rotazione venga scandita dalla rotazione del CCNC e quindi, in definitiva, dal circuito 'acquisto – produzione – vendita'.

L'impresa è, e rimane dunque affidabile quando le entrate connesse con i ricavi delle vendite (cioè con la 'monetizzazione' del fatturato) consentono di pagare i costi bancari e di ridurre o di azzerare temporaneamente l'esposizione, la quale aumenta e si riduce incessantemente con il succedersi dei cicli di circolante. In altri termini la 'capacità di credito' viene sistematicamente 'provata' dalla capacità di pagare il servizio del debito, oltre che da altri indicatori di comportamento fra i quali hanno rilievo il *rispetto delle condizioni contrattuali* e il *grado di utilizzo del credito accordato*.

Si giunge così ad un altro paradigma essenziale da affiancare alla 'capacità di reddito': «*cash is the king, profit is an opinion*»[16] perché i ricavi che non vengono riscossi e i costi che non vengono pagati generano

---

[16]Entrata in voga dopo la crisi di fine degli anni 80 (si trova nell'edizione del 1991 del lavoro di Copeland), l'espressione è stata rivitalizzata nel corso degli ultimi anni, dopo la crisi del 2007. Ne tengono conto anche i Principi dell'Organismo Italiano di Contabilità (OIC) nel Documento n. 10 che richiama l'attenzione più che sul Capitale Circolante Netto, sui flussi di disponibilità liquide (OIC10: Appendice C)

debiti e crediti commerciali che si reggono sulla speranza che le promesse di pagamento che essi incorporano, cioè i pagamenti da regolare, si trasformino in pagamenti regolati, che si trasformino cioè in pagamenti e riscossioni in moneta sonante.

Anche il credito a scadenza protratta tende ad essere rinnovato, tuttavia la nuova 'capacità di credito' viene 'provata' dalla capacità di generare ricavi che coprano annualmente gli interessi maturati e la quota parte del capitale da rimborsare.

Come è noto, tuttavia, non sempre le imprese possono far fronte agli oneri finanziari che maturano annualmente: la continua evoluzione delle condizioni dei mercati di approvvigionamento e delle condizioni dei mercati di sbocco, errori di calcolo nel livello di indebitamento più conveniente, l'evoluzione dei mercati valutari, ecc. impongono sistematicamente di affrontare la questione del mancato rispetto delle condizioni contrattuali dei prestiti.

Ne segue che è necessario tenere conto di un terzo importante suggerimento offerto dagli studiosi che, partendo dall'assunto che l'impresa è un insieme unitario, afferma che «capitali e crediti finanziano imprese e non particolari categorie di investimenti d'impresa» [CAPRARA, 1954: 16-21]. Cosicché la qualità dell'impresa diviene il centro dell'osservazione e della valutazione del merito di credito: si accentua, in tal caso, e qualora vi siano difficoltà di fronteggiare gli oneri finanziari, l'analisi delle prospettive aziendali, della consistenza patrimoniale dell'impresa, dei contraenti e dei garanti, per valutare se si sia elevato il rischio complessivo dell'impresa, ecc. Per valutare insomma l'impresa nella sua «indistruttibile unità» [DELL'AMORE, 1965: 719], si tende ad accentuare l'osservazione di due fenomeni ben noti all'economia e al diritto: l'inadempienza e l'insolvenza del debitore.

È appunto osservando attentamente i due fenomeni e le loro fattispecie giuridiche che si giunge ad un altro problema discusso a fondo: «se i rischi della banca, in quanto creditrice, mutino in funzione della forma tecnica di negoziazione dei fidi» [BIANCHI, 1977: 147-152]. La risposta al quesito è negativa, ovviamente, se si accetta che è l'impresa nella sua inscindibile unità ad essere finanziata. Non si può tuttavia dimenticare che spesso la forma tecnica diviene determinante per clienti con basso grado di affidabilità, quando, cioè, la banca suppone, fin dall'inizio, di dover attivare meccanismi di recupero del credito. La circostanza è di per sé un giudizio di scadente merito di credito; tuttavia la diffusione della pratica di avvalersi della forma tecnica dei prestiti per fronteggiare i rischi di insolvenza è fortemente condizionata dalle situazioni effettuali.

Le imprese, come si diceva, non si trovano sempre in condizioni tali da far fronte agli oneri finanziari nel modo indicato; a volte esse non producono redditi sufficienti e debbono accendere nuovi debiti per 'far fronte' agli oneri finanziari; di regola, prima di accendere nuovi debiti le imprese si avvalgono dei fidi già ottenuti, aumentando il loro utilizzo. Se all'accentuato utilizzo dei fidi non corrisponde un'espansione della produzione e del reddito prospettico, ma solo un nuovo aumento degli oneri finanziari, l'impresa si avvia verso una situazione che, dal punto di vista del finanziatore, è da porre sotto attenta osservazione dato che la gestione non genera più i fondi necessari a far fronte agli oneri finanziari. Situazione analoga potrebbe aversi in caso di reddito prodotto molto esiguo anche se vi è la copertura degli oneri finanziari.

L'analisi della *redditività* e della *posizione finanziara netta* (v. *ultra*, cap. 4) dell'impresa svolgono pertanto un ruolo determinante anche perché consentono di prevedere una determinata accumulazione di mezzi propri e di verificarne l'effettivo andamento. Proporsi di analizzare la redditività prospettica dell'impresa e la sua posizone finanziaria netta avvalendosi di dati riguardanti il passato è comunque impresa ardua: a questo scopo si attivano molteplici indagini volte ad analizzare il bilancio del richiedente credito. Nonostante il bilancio rappresenti uno strumento molto importante per rappresentare l'azienda e per fornire informazioni relative, oltre che a comportamenti passati, anche intorno a comportamenti ancora in essere e che continuano ad avere influenza economica e finanziaria, è necessario segnalare che simili analisi si fondano sul presupposto della attendibilità dei documenti contabili: cioè sul presupposto che essi rappresentino la 'realtà' aziendale e che tale rappresentazione sia veritiera e corretta. In verità, l'attendibilità dei bilanci viene considerata scarsa: in via di miglioramento per quanto riguarda la veridicità e la correttezza[17]; da valutare settore per settore e azienda per azienda,

---

[17]Con l'entrata in vigore del D. Lgs. 127/91, il Codice Civile prevede che il bilancio venga redatto secondo schemi tassativi ma con evidenti margini di discrezionalità. Successivamnete diverse norme hanno cercato di migliorare la situazione che lascia ancora molto a desiderare. In ogni caso, se alla discrezionalità si consentirà di sostituire l'arbitrarietà, l'attendibilità dei bilanci continuerà ad essere estremamente scadente. Sembra assodato, comunque, che non sono i meccanismi che sanzionano il reato di false comunicazioni sociali a garantire un loro miglioramento qualitativo.

per quanto riguarda la parte dell'attività aziendale non compresa nei libri contabili.

Proprio per questi motivi le analisi di bilancio, che debbono limitarsi al contenuto formale della documentazione e che indagano sulla coerenza logica fra grandezze contabili, costituiscono un importante prerequisito per selezionare le eventuali incoerenze e per indirizzare il percorso che allarga e approfondisce le ricerche. L'allargamento delle indagini cui si accenna trova ragion d'essere anche nella normativa fiscale che consente di trattare gli eventi aziendali in modo diverso (il cosiddetto *doppio binario*) da quanto previsto dal punto di vista civilistico, cioè della veridicità, della chiarezza e della correttezza.

L'analisi di affidabilità per il tramite dell'analisi di bilancio consente dunque di valutare la coerenza logica delle condizioni di compatibilità economica, finanziaria e patrimoniale di un'impresa in funzionamento e con prospettive di funzionamento. Non è invece pensabile di attribuire alle analisi di bilancio e al valore degli indici la capacità di selezionare le imprese affidabili, analogamente a quanto può essere desunto dall'utilizzo di sofisticate analisi statistiche volte ad inquadrare la situazione di una singola impresa all'interno di un gruppo o di un grappolo di imprese analoghe: in tal modo, si attribuirebbero alle leggi statistiche poteri di spiegazione maggiori di quelli che esse stesse professano e agli indici di bilancio carature informative che non hanno mai preteso di avere. I valori numerici che emergono da simili analisi sono tuttavia estremamente utili per indirizzare gli approfondimenti della situazione del singolo richiedente, cio è della posizione che, in realtà, interessa alla banca.

La rigorosità delle indagini conduce il più delle volte ad una riduzione del rischio di credito ma essa può scontrarsi con interessi, convenienze e connivenze diverse. Ad esempio, nel caso di primo affidamento (un nuovo cliente), la già difficile valutazione di affidabilità può risentire di diversi fattori fra i quali l'obiettivo dell'ampliamento dei volumi d'affari della banca. Questo obiettivo può difficilmente essere considerato con favore se va a scapito della rigorosità nell'analisi del merito di credito perché può condurre in breve ad un ampliamento delle *posizioni anomale* dalle quali è sempre molto arduo recedere.

Se l'analisi si pone, invece, in sede di revisione periodica dei fidi, la singola banca conosce già la situazione dell'impresa e il giudizio può essere più circostanziato anche se il bilancio del richiedente continua a privilegiare la dimensione fiscale o non comprende parti rilevanti dell'attività d'impresa. Analoghe considerazioni possono farsi se l'affidato transita da una banca all'altra: il sistema bancario, tramite le informazioni della Centrale dei Rischi ha già memorizzato i comportamenti e le informazioni di fondo. Così, la mobilità degli affidati può essere motivata dalla ricerca di nuovi affidamenti, non concessi da altri segmenti del sistema bancario, oppure dalla ricerca di condizioni più favorevoli. Di solito, tuttavia, non vengono concessi nuovi affidamenti e vengono applicate condizioni poco favorevoli nei confronti della clientela meno conveniente nel tentativo di liberarsene. La mobilità della clientela è perciò un fenomeno da apprezzare con estrema prudenza.

Sotto questo aspetto la pratica dei fidi multipli può generare una sana competizione che tende a scaricare sulle banche meno attente i clienti meno appetibili: se questa pratica non mina la stabilità del sistema bancario, può realizzarsi un percorso utile a facilitare l'uscita dal mercato delle banche, da questo punto di vista meno efficienti.

Semplificando, dunque, la singola banca si trova a fronteggiare un nuovo affidamento molto di rado: di regola il problema è quello di continuare ad accordare credito in una determinata misura, tramite determinate forme tecniche e a determinate condizioni, oppure aumentare o ridurre gli affidamenti e/o modificare le condizioni e le forme tecniche alla medesima clientela.

Nel gestire le relazioni di clientela, la banca può agire su di un insieme di variabili di decisione fra le quali, ovviamente, il tasso dell'interesse appare la variabile principale, la più nota ma, sotto determinati aspetti, la più insidiosa: è noto, ad esempio, che le imprese in difficoltà vedono ridotta la loro forza contrattuale e accettano quindi prezzi anche molto elevati; le banche, tuttavia, rischiano molto.

Al tasso dell'interesse andranno aggiunte, con riferimento alle operazioni di impiego, la quantità di credito, le modalità di utilizzo e di rimborso, i giorni di valuta, le commissioni e le provvigioni, le garanzie richieste, ecc. Se gli affidamenti sono interconnessi con operazioni di raccolta o con la vendita di servizi, come di regola accade, sarà necessario soppesare anche le condizioni contrattuali di queste operazioni che qualificano il calcolo di convenienza della complessiva relazione di clientela.

Per dare maggiore concretezza alle analisi del merito di credito si affronteranno brevemente le tecniche di *scoring* (v. *ultra*, § 1.6) che pongono non irrilevanti problemi metodologici e di definizione dei fenomeni da indagare. Dapprima, tuttavia, si affronteranno alcune questioni inerenti il controllo dei rischi con riferimento alla determinazione del patrimonio di vigilanza. Ciò consente di acquisire una serie di importanti definizioni, fatte proprie dalla Vigilanza, che facilitano un approccio maggiormente circostanziato al problema.

2.5 Valutazioni a fini patrimoniali.

In un ambiente economico evoluto il ruolo del credito bancario assume un rilievo tale per cui oggi si può notare che la maggior parte dei soggetti economici fruisce di una linea di credito: non solo le aziende, pubbliche o private, di erogazione o di produzione, ma sempre più spesso anche singoli individui, titolari di un deposito bancario in conto corrente e di una carta di credito o di debito[18], hanno la facoltà di avvalersi di 'prestiti', di breve durata e di ammontare ridotto, che possono temporaneamente trasformare un depositante in un soggetto affidato.

Se si cerca di cogliere da vicino il fenomeno creditizio, si osserva così che la maggior parte degli individui gode di credito bancario e che le imprese non possono prescinderne. Ne segue che oggi è conveniente vi siano due gruppi di importanti decisioni in materia di fidi: il primo comprende quelle che una banca deve assumere in fase di prima concessione del credito; l'altro comprende le decisioni che la banca assume per il *controllo del rischio di credito concesso* o, con linguaggio corrente e semplificato, il *controllo rischi*.

L'importanza di queste decisioni è evidente se il *controllo* implica una *valutazione di merito*. Il che può essere conveniente, dato che tali valutazioni, tali decisioni, assumono rilievo in diverse circostanze: quando si tratta delle valutazioni necessarie a fini di bilancio pubblico o a fini

---

[18]La *carta di debito* prevede che il conto sul quale essa insiste venga addebitato immediatamente ad ogni utilizzo: se il conto non è capiente in quel momento, il pagamento viene respinto; la *carta di credito*, invece, prevede che il conto sul quale insiste venga addebitato periodicamente: il conto deve essere capiente al momento dell'addebito. In questo caso si configura, a favore del detentore del mezzo di pagamento, un credito per il periodo intercorrente fra il momento della spesa e il momento dell'addebito nel conto.

Attualmente le carte più diffuse funzionano sia come carta di debito sia come carta di credito; le carte pre-pagate sono tipiche carte di debito; le *carte revolving* sono carte di credito che prevedono un rientro graduale (di regola rateale) del credito utilizzato.

di vigilanza per la determinazione dei *fondi propri*[19]; quando infine si pone il problema di valutare il *grado di anomalia* di un prestito, in modo che sia possibile adottare tempestivamente i provvedimenti necessari a salvaguardare gli interessi della banca.

Come si vede, si tratta di valutazioni che preludono a decisioni da assumere *periodicamente*, nel caso si tratti di rispettare i vincoli e le scadenze regolamentari; di valutazioni che preludono a decisioni da assumere *correntemente* quando si tratta di valutare il comportamento corrente della clientela e il suo impatto sul rischio di credito. Fra i due gruppi di decisioni, tuttavia, non vi è soluzione di continuità: sono infatti le valutazioni e le decisioni correnti ad essere i fattori ereditari delle valutazioni e delle decisioni periodiche di bilancio o di vigilanza; e sono le valutazioni e le decisioni in materia di merito di credito a costituire i fattori genetici del controllo rischi. Il controllo rischi cioè può avere scarso successo, o essere vanificato, se il merito di credito non viene adeguatamente compulsato.

Al fine di dare concretezza alla funzione del controllo rischi e per far vedere come non vi sia soluzione di continuità fra valutazioni e decisioni correnti e periodiche può essere interessante riassumere quali eventi siano suscettibili di dare segnali di preoccupazione sull'andamento di un credito in essere. Si potrebbe così disporre di un percorso in grado di far percepire il deterioramento di una esposizione.

---

[19]La configurazione di *fondi propri*, comprende due componenti: i *fondi propri di base* e i *fondi propri aggiuntivi*; questi ultimi comprendono il *capitale di classe 2* (strumenti di capitale e passività subordinati) il cui ammontare non può eccedere il 30% dei fondi propri di base.

I *coefficienti minimi patrimoniali* vanno riferiti a questa configurazione di *fondi propri*.

A loro volta i *fondi propri di base* si distinguono in tre categorie: il *capitale primario di classe 1* (che comprende il capitale sociale, le riserve patrimoniali, il Fondo rischi bancari generali e i *filtri prudenziali*) e il *capitale aggiuntivo di classe 1*, al netto delle eventuali *Detrazioni* (v. anche *ultra*, n. 22).

Ai requisiti minimi patrimoniali (fondati sui rischi assunti e rapportati ai *fondi propri*) vanno aggiunti ulteriori requisiti patrimoniali obbligatori di qualità primaria, cioè rapportati al *capitale primario di classe 1*, denominati *riserve di conservazione del capitale* volte a fronteggiare le oscillazioni dei rischi dell'attivo, *riserve di capitale anticicliche* volte a fronteggiare le l'espansione e la restrizione del credito indotte dalle oscillazioni del ciclo economico, *riserve di capitale per enti a rilevanza sistemica globale o domestica* che obbligano gli enti a rilevanza sistemica a dotarsi di fondi propri maggiori.

Anche in questo caso ci si avvale del conto corrente di corrispondenza come strumento tecnico in grado di evidenziare il primo momento,
il primo segnale di 'anomalia'. L'evidenza cui ci si riferisce è lo *sconfi-*
namento che qui viene considerato come il punto di partenza più semplice dal quale possono iniziare i segnali di deterioramento del rapporto
creditizio.

2.5.1   Partite anomale e Basilea 3

Attualmente[20] la CRR prevede che gli enti assoggettati alla regolamentazione sul rischio di credito soddisfino:

> «1. [...] i seguenti requisiti in materia di fondi propri:
>
> a) un coefficiente di capitale primario di classe 1[21] del 4,5%;
>
> b) un coefficiente di capitale di classe 1[22] del 6%;
>
> c) un coefficiente di capitale totale dell'8%.
>
> 2. Gli enti calcolano i propri coefficienti di capitale come segue:
>
> a) il coefficiente di capitale primario di classe 1 è il capitale
> primario di classe 1 dell'ente espresso in percentuale dell'importo
> complessivo dell'esposizione al rischio;
>
> b) il coefficiente di capitale di classe 1 è il capitale di clas-
> se 1 dell'ente espresso in percentuale dell'importo complessivo
> dell'esposizione al rischio;

---

[20]La materia è in veloce evoluzione a seguito delle innovazioni istituzionali e normative europee; in questa sede si riassumono alcuni aspetti interessanti per le imprese
non finanziarie, escluse le imprese di grandi dimensioni. La *Capital Requirement Re-*
gulation - CRR è stata recepita in Italia dalla Circolare 285/2013 della Banca d'Italia
(v. Riferimenti bibliografici)

[21]Il *capitale primario di classe 1* si compone di: a) strumenti di capitale (sostanzialmente le azioni che compongono il capitale sociale); b) i sovrapprezzi di emissione
relativi agli strumenti di cui alla lettera a); c) gli utili non distribuiti; d) altre componenti di conto economico complessivo accumulate (cioè utili non distribuiti); e) altre
riserve; f) il fondo per rischi bancari generali.» (v. CRR: art. 26).

Il *Fondo rischi bancari generali* non appartiene alla prassi né alla letteratura italiane; comunque si tratta di una normale riserva non avente particolare destinazione.
Sul punto v. Biffis - Santesso, 1999.

[22]Il *capitale di classe 1* è la somma del capitale primario di classe 1 e del capitale
aggiuntivo di classe 1 (v. CRR: art. 25).

c) il coefficiente di capitale totale sono i fondi propri[23] dell'ente espressi in percentuale dell'importo complessivo dell'esposizione al rischio.

3. L'importo complessivo dell'esposizione al rischio è calcolato sommando gli elementi di cui alle lettere da a) a f) del presente paragrafo, dopo aver tenuto conto delle disposizioni di cui al paragrafo 4:

a) gli importi delle esposizioni ponderati per il rischio di credito e per il rischio di diluizione, [. . .], relativamente a tutte le attività di un ente, escludendo gli importi delle esposizioni ponderati per il rischio afferenti all'attività del portafoglio di negoziazione dell'ente;

b) i requisiti in materia di fondi propri, [. . .], per le attività ricomprese nel portafoglio di negoziazione di un ente [. . .];

c) i requisiti in materia di fondi propri [. . .], a seconda del caso, per quanto segue: i) rischio di cambio; ii) rischio di regolamento; iii) rischio di posizione in merci;

d) i requisiti in materia di fondi propri [. . .] per il rischio di aggiustamento della valutazione del credito degli strumenti derivati OTC [. . .];

e) i requisiti in materia di fondi propri [. . .], per il rischio operativo;

f) gli importi delle esposizioni ponderati per il rischio [. . .], per il rischio di controparte derivante dalle attività ricomprese nel portafoglio di negoziazione dell'ente [. . .]

4. Le seguenti disposizioni si applicano per calcolare l'esposizione totale di cui al paragrafo 3:

a) i requisiti in materia di fondi propri di cui alle lettere c), d) ed e) di tale paragrafo comprendono quelli derivanti da tutte le attività di un ente;

---

[23]I *fondi propri* sono costituiti dalla somma dei *fondi propri di base* e dei *fondi propri accessori* (artt. 88 e 89 della direttiva UE 138/09).

I *fondi propri di base* sono costituiti dall'eccedenza delle attività rispetto alle passività, cioè del *patrimonio netto contabile* e delle passività subordinate [. . .]

I *fondi propri accessori* sono costituiti da elementi diversi dai fondi propri di base che possono essere richiamati per assorbire le perdite e possono comprendere i seguenti elementi nella misura in cui non si tratti di elementi dei fondi propri di base: a) il capitale sociale non versato e non ancora richiamato; b) le lettere di credito e le garanzie; c) qualsiasi altro impegno giuridicamente vincolante ricevuto dalle imprese di assicurazione e di riassicurazione [. . .]

Le grandezze contabili appena richiamate debbono essere calcolate tenendo conto conto dei principi contabili internazionali.

b) gli enti moltiplicano i requisiti in materia di fondi propri di cui alle lettere da b) a e) di tale paragrafo per 12,5.» (v. CRR, Parte Tre, Tit. I, Capo I, Sez. 1, art. 92, recepito in toto dalla circ. 285/2013).

Come si può osservare, la regolamentazione è molto stringente sia nei suoi termini quantitativi (i rapporti percentuali rispetto ai fondi propri), sia in termini metodologici: da notare che il citato articolo 92 della CRR fa riferimento al rischio di credito delle esposizioni[24] connesse sia con i fidi sia con riferimento esplicito al portafoglio titoli di negoiazione: entrambi i gruppi di attività, infatti, comportano rischi di insolvenza o di inadempienza.

Per commentare questo articolo, ma soprattutto per semplificare, ci si riferirà ora al solo *rischio di credito delle esposizioni per fidi concessi*, tralasciando la componente di rischio relativa al portafoglio titoli. Questa scelta, che riduce drasticamente il problema, si ritiene suffragata dall'osservazione che in questa sede ci si vuole riferire alle esposizioni nei confronti di imprese di piccole e medie dimensioni, non quotate, eventualmente costituite nella forma della società di capitali ma che fanno scarso ricorso all'emissione di strumenti finanziari. Si pensa così di intercettare il problema della valutazione del merito di credito di una vastissima platea di imprese, tipica della relatà italiana.

Con questa precisazione, il § 3 dell'art. 92 sopra riportato va, in questa sede, riferito esclusivamente alle esposizioni derivanti dai rischi connessi con i prestiti, cioè con i fidi utilizzati per operazioni di *finanziamento per cassa e di firma*, con esclusione dei finanziamenti a fronte di strumenti finanziari emessi.

Per sintetizzare ulteriormente, si ipotizzano clienti che presentano esclusivamente *rischi di credito per cassa e di firma*: con questa drastica semplificazione, il requisito minimo patrimoniale previsto dal § 1 dell'art. 92, moltiplicato per 12,5 come previsto dal successivo § 4, verrebbe riferito alle sole esposizioni per quei rischi di credito.

---

[24]Per *esposizione* si intende la sommatoria delle attività di rischio nei confronti di un cliente: prestiti, azioni, obbligazioni, prestiti subordinati, ecc. compresi, per le operazioni fuori bilancio, gli *equivalenti creditizi*.

2.5.2   Lo sconfinamento

È necessario anzitutto ricordare che la configurazione di 'fido in essere' a favore di un cliente comprende tutte le linee di credito, per cassa e di firma, garantite e non garantite. Ad esso deve essere aggiunto anche l'eventuale *sconfinamento* (spesso denominato anche *facilitazione*), cioè il fido temporaneamente utilizzato, ancorché non accordato o accordato *ex post*, eccedente i fidi in essere utilizzati e indipendentemente dai motivi che lo hanno generato.

Quando lo sconfinamento viene generato da tensioni di liquidità della clientela, essi assumono la denominazione di *sconfinamenti una tantum* e possono essere concessi in casi di assoluta urgenza e necessità e per un lasso di tempo necessario a contattare l'affidato per la pronta sistemazione. Essi sono generalmente collegati a singole, specifiche e circoscritte operazioni (ad esempio per addebiti di assegni pervenuti dai corrispondenti; di effetti di terzi scaduti; di rate di mutui chirografari ecc.): tuttavia, essi non dovrebbero costituire un presupposto per ampliare l'affidamento in essere e, pertanto, non dovrebbero andare ad aumentare il fido accordato. Si ricorda infatti che l'aumento dei fidi dovrebbe correttamente avvenire a seguito di un'adeguata istruttoria e non a seguito di tensioni di liquidità, sulla cui natura sarebbe molto utile indagare, proprio perché i fidi accordati sono già stati utilizzati al cento per cento[25].

Quando gli sconfinamenti *una tantum* si moltiplicano è necessario procedere ad una revisione della posizione per analizzare se, nell'ambito dalle deleghe conferite, i vari centri decisionali possano concedere aumenti di fidi su linee di credito già in essere e formalmente deliberate, per un limitato periodo di tempo e per ammontari compatibili con i rispettivi poteri di concessione. Alla scadenza della *facilitazione* (ad esempio, dopo trenta giorni), se l'affidato ha difficoltà ad onorare gli impegni assunti, sarà necessario riesaminare la posizione complessiva e procedere ad una nuova valutazione che potrà condurre ad una proroga della scadenza, ad un ampliamento dei fidi (in tal modo lo sconfinamento viene assorbito dal nuovo fido accordato, che però è già utilizzato) oppure, in casi estremi, alla 'revoca' dei fidi.

---

[25]I supporti informatici oggi a disposizione delle aziende di credito sono in grado di automatizzare moltissime operazioni fra quelle indicate, oltre che di tenere aggiornata la posizione del cliente.

La *posizione globale di rischio del cliente*, determinata cumulativa-
mente con riferimento a tutti i fidi in capo ad uno stesso nominativo -
siano essi fidi diretti (cassa e firma) o indiretti, garantiti o non garantiti,
scoperti per valuta, assegni di altre aziende negoziati per cassa ecc. - tende oggi ad essere ricompresa in un *documento di sintesi* che consente ai
soggetti che debbono prendere decisioni, tempestive ma circostanziate,
di avere la percezione delle posizioni di rischio su supporto informatico
e cartaceo. La procedura informatica consente inoltre di 'aprire finestre'
su particolari elementi della posizione di rischio (Centrale dei rischi, analisi di bilancio ecc.) consentendo una 'navigazione' del tutto analoga a
quella in uso per i testi interattivi più evoluti.

Con riferimento alle necessità di monitoraggio del rischio cliente, può
essere conveniente scindere gli eventi che connotano la relazione di clientela a seconda che essi siano rilevabili in maniera corrente o periodica.
I primi, sono eventi che traspaiono immediatamente, mano a mano che
si verificano: si pensi ad uno sconfinamento di conto corrente, reso possibile solo se la procedura viene 'forzata' dall'operatore. Gli altri sono
eventi che non vengono percepiti dall'andamento corrente della relazione di clientela, ma emergono da analisi periodiche o saltuarie tendenti
appunto al monitoraggio del rischio: si pensi al giudizio sull'utilizzo più
o meno elastico del fido.

È evidente che lo strumento tecnico più efficace per segnalare l'andamento della relazione di clientela è il conto corrente di corrispondenza
dal quale emerge l'andamento della tesoreria del cliente.

Il conto corrente, tuttavia, richiede una serie di osservazioni che possono essere puntuali e derivanti dagli episodi che ne caratterizzano l'andamento e da un'altra serie di osservazioni, non episodiche, tendenti
ad avere una percezione meno puntuale e più andamentale. Le possibili osservazioni correnti verranno elencate di seguito, quelle periodiche
successivamente.

2.5.3 Evidenze correnti di rischio di credito

I primi eventi che possono segnalare la presenza di un peggioramento
del rischio di credito sono quelli connessi con il mancato rispetto alle
condizioni contrattuali del prestito. Gli elementi di difformità rispetto
al rapporto contrattuale prestabilito emergono da *osservazioni correnti*
riguardanti i seguenti aspetti della relazione quotidiana di clientela:

— sconfinamenti di conto corrente provocati da diversi eventi: il che accade, come si è appena detto, quando il fido utilizzato eccede il fido accordato a seguito dell'addebito di partite illiquide, per l'effetto valuta e per sconfinamenti *una tantum* già verificatisi e successivamente deliberati. Tali *facilitazioni*, sono diverse dai *fidi temporanei*, cioè da quelli utilizzati successivamente alla loro deliberazione;

— difficoltà nel rispetto dei termini nelle singole operazioni di anticipo all'esportazione o di finanziamento all'importazione. In particolare l'incoerenza temporale con le operazioni sottostanti, termini di regolamento (*export*), ciclo tecnico di lavorazione dei prodotti finanziati (*import*). Richieste di proroghe reiterate sia in anticipi *export* che in finanziamenti *import*;

— difficoltà a rientrare dai fidi temporanei o dalle facilitazioni;

— mancato rimborso di affidamenti straordinari in conto corrente (ferie, contributi, prestiti di campagna ecc.);

— assegni in sospeso;

— mancato pagamento di tratte o di ricevute bancarie;

— ritardi nel pagamento delle utenze a fascicolo (RIA, RID, altre disposizioni ripetitive);

— invio di tratte all'Ufficiale giudiziario;

— effetti insoluti;

— richiami e/o proroghe di effetti ceduti alla banca (compresi gli anticipi su fatture e gli assegni);

— evidenze di crediti, già anticipati, ma incassati direttamente (o tramite la concorrenza): in special modo con riferimento agli anticipi *export* e anticipi fatture;

— mancato pagamento di rate di mutui.

Accanto agli eventi elencati, atti a testimoniare in diverso grado il mancato rispetto delle condizioni contrattuali pattuite, è necessario altresì accennare all'esistenza di altri importanti segnali deboli di difficoltà, non meno significativi, provenienti dal mercato come il versamento di assegni propri tratti su altri istituti; i ritardi nel pagamento di stipendi, della tredicesima mensilità, di gratifiche e ferie ecc.; il non giustificabile o eccessivo ricorso ad assegni circolari all'ordine proprio o di propri incaricati ecc.[26].

---

[26] Altri segnali di preoccupazione provengono dall'osservazione di: a) non giustificabile eccessivo ricorso a prelievi di contante; b) eccessi di richieste di 'benefondi' o di 'esiti' da parte di banche concorrenti; c) ingiustificabili recessi dagli impegni

Come si diceva, con riferimento al conto corrente di corrispondenza è necessaria anche una serie di osservazioni, non episodiche, tendenti ad avere una percezione meno puntuale e più andamentale della relazione di clientela. Sotto questo punto di vista, allora, le *osservazioni periodiche* possono essere scisse in quattro gruppi.

Il primo riguarda le osservazioni della relazione di clientela che emerge dall'*andamento delle operazioni bancarie*. In tal caso, un segnale di preoccupazione può provenire, ad esempio, dall'utilizzo teso o anelastico del conto corrente, cioè alle evidenze che emergono dall'analisi dell'indice di rotazione e dall'indice di tensione che emergono dall'eventuale utilizzo di sistemi esperti[27].

Il secondo riguarda le *osservazioni dei flussi di ritorno della Centrale dei Rischi* (v. *ultra*, cap. 6): sotto questo aspetto assumono rilievo segnali attinenti, ad esempio, l'esclusività del rapporto di clientela (a meno che il cliente non rientri in una strategia di *hausbank*) oppure le richieste di 'prima informazione' cui non seguono aumenti di fido[28].

---

fideiussori da parte di garanti; d) ritardi ingiustificati nel fornire i bilanci di esercizio approvati dagli organi competenti; e) ridondanza di comunicazione di notizie non attendibili; f) sconfinamenti su operazioni di finanziamento sull'estero generati da qualsiasi fenomeno (oscillazione dei cambi, incapienza fido ecc.); g) valori dati in pegno; h) attivazione di procedure concorsuali (decreti ingiuntivi, procedure esecutive, liquidazioni volontarie ecc.): esse di regola seguono situazioni di insolvenza acclarata; i) notizie relative alle consistenze patrimoniali dei garanti; j) ritiro di appunti a carico di propri trassati direttamente allo sportello (rilevato dal cassiere); k) presentazione di appunti in rinnovo di atti di prossima scadenza; l) spostamento di fondi propri fra banche.

[27] Altri segnali di preoccupazione provengono dall'osservazione di: a) movimenti non giustificatamente proporzionati al fatturato (eccessivo o ridotto); b) modifica qualitativa e quantitativa sia del foglio a carico del cliente, sia di quello presentato; c) emissione di cambiali a favore di intermediari finanziari (sovvenzioni cambiarie dirette, canalizzazioni di RID a favore di societàfinanziarie); d) richiami e/o proroghe di effetti ceduti alla banca (compresi gli anticipi su fatture e gli assegni); e) evidenze di crediti, già anticipati, ma incassati direttamente (o tramite la concorrenza): in special modo con riferimento agli anticipi *export* e anticipi fatture; f) ritiro di appunti a carico di propri trassati, direttamente allo sportello; g) difficoltà nel rispetto dei termini nelle singole operazioni di anticipo *export* o finanziamento *import*. In particolare l'incoerenza temporale con le operazioni sottostanti, per i termini di regolamento (*export*), ciclo tecnico di lavorazione dei prodotti finanziati (*import*); h) richieste di proroghe reiterate sia in anticipi *export*, sia in finanziamenti *import*.

[28] Altri segnali di preoccupazione provengono dall'osservazione di: a) nuovi affidamenti assistiti da garanzia reale o personale presso concorrenti; b) aumento di utilizzi di fidi e minori utilizzi presso la concorrenza; c) trasformazione del rischio

Il terzo riguarda le *osservazioni rivenienti dal mercato* e relative, ad esempio, alla verifica del puntuale pagamento degli oneri diretti (Iva, Irpeg, Inps, Inail ecc.) o all'assunzione di lavori di entità sproporzionate rispetto alle capacità finanziarie[29].

Il quarto riguarda le specifiche osservazioni necessarie a catturare le relazioni con imprese appartenenti a gruppi, cioè i *clienti connessi*[30].

L'attenta osservazione dei comportamenti degli affidati tramite il conto corrente consente di rilevare lo stato iniziale di una posizione che potrebbe rivelarsi anomala e la sua successiva evoluzione; il controllo dell'andamento dei rapporti in essere, agevolato oggi dai supporti infor-

---

dalla categoria 'fidi autoliquidanti' alla categoria 'fidi a revoca'; d) aumento della percentuale di utilizzo non correlato ad un'espansione del fatturato; e) trasforma-zione di esposizioni chirografarie a esposizioni meglio garantite (ipoteche, pegni); f) aumento di sconfinamenti presso la concorrenza; g) sconfinamenti sulle operazioni a media e lunga scadenza; h) comparsa o aumento di sofferenze; i) variazione relati-vamente sensibile del numero di banche affidanti (non giustificata da una strategia commerciale di *hausbank*).

[29]Altri segnali di preoccupazione provengono dall'osservazione di: a) difficoltà di collocamento del prodotto; b) difficoltà di incassare i crediti; c) coinvolgimento in dissesti di terzi; d) modifica dello stato delle coperture assicurative; e) accumulo di debiti nei confronti del personale; f) accumulo di debiti nei confronti degli enti assi-curativi e previdenziali; g) riduzione delle proprietà immobiliari o cambiamento della loro destinazione d'uso; h) modificazione degli assetti proprietari o manageriali; i) non giustificabile coinvolgimento di professionisti nell'analisi della situazione azien-dale; j) attivazione di procedure concorsuali (decreti ingiuntivi, procedure esecutive, liquidazioni volontarie ecc.); k) notizie relative alle consistenze patrimoniali dei ga-ranti (le quali vanno considerate di primo rischio); l) moratorie richieste ai fornitori; m) consistenza e qualità del foglio infragruppo: sotto questo aspetto va ricordato che il fenomeno va considerato al massimo livello di rischiosità. Il fenomeno dà luogo ad una situazione di connessione fra clienti; esso pertanto andrà individuato e misura-to con attenzione e valutato con la massima prudenza; n) ricorso alla CIG (Cassa Integrazione Guadagni).

[30]Si tratta di due o più soggetti che necessitano di una valutazione di rischio globale poiché alla difficoltà economica dell'uno può seguire l'inadempienza o l'insolvenza dell'altro.

La difficoltà di valutare univocamente i clienti connessi è costituita dalla parcel-lizzazione delle informazioni (più filiali o più operatori, disallineamento temporale dell'analisi ecc.) che rende difficile un giudizio sulle relazioni produttive, economiche, finanziarie e patrimoniali fra imprese collegate in un qualche modo, non necessaria-mente attraverso forme di partecipazione. In ogni caso può essere utile ricordare che il fenomeno viene rilevato attingendo alle informazioni extra contabili fra le quali, si ricorda, si possono riscontrare sensibili variazioni delle condizioni economiche e finanziarie dei garanti e la loro difficile sostituibilità.

mativi consentiti da apposite procedure amministrative (ora informatiz-zate), permette di formulare giudizi prevalentemente di natura tecnica ai quali possono essere affiancate altre informazioni (di fonte esterna e interna) atte a formulare giudizi più circostanziati per segnalare se gli interessi della banca vengano compromessi.

Nel linguaggio corrente spesso si utilizza la locuzione *impieghi vivi*, o *in bonis*, per indicare i prestiti in essere con andamento 'normale', nel senso di 'non preoccupante'; si usa la locuzione *partite anomale* per indicare i prestiti che, invece, hanno un andamento 'anormale', nel senso che presenta non trascurabili elementi e profili di preoccupazione.

Quando le anomalie riguardano prestiti di qualsiasi specie (di cassa e di firma, ma indipendentemente dalle eventuali garanzie che li assi-stono) in contropartita con soggetti in situazione di obiettiva difficoltà finanziaria, ma si ritiene che essa possa venire rimossa in tempi brevi (secondo previsioni attendibili) si utilizza la locuzione *partite incagliate*. Le posizioni in questione possono risultare *immobilizzate* per la presenza di squilibri finanziari e/o gestionali ricollegabili a fattori interni o esterni all'affidato ma si ritiene che vi siano mezzi, capacità e risorse atte a con-sentire, sia pure non nel brevissimo termine, il ripristino della normalità gestionale.

Vengono invece definiti *sofferenze*, gli affidamenti (di cassa e di firma, indipendentemente dalle eventuali garanzie) in contropartita con clienti in stato di insolvenza (anche non accertata giudizialmente) o in situa-zioni sostanzialmente equiparabili. A questo stadio giungono quindi le partite incagliate che evolvono negativamente e che si accompagnano an-che a fatti amministrativi che denotano difficoltà finanziarie irreversibili (azioni esecutive promosse da terzi, segnalazioni in sofferenza provenienti dal altre aziende di credito, cessazione dell'attività ecc.).

Le partite temporaneamente (*incagli*) o definitivamente (*sofferenze*) immobilizzate possono essere rilevate con diverse modalità; fra le più efficienti e affidabili si utilizzano indici tecnici provenienti dalle analisi di bilancio, nonché da procedure che costruiscono indici riferiti ai dati andamentali dei singoli rapporti di credito e permettono di rilevare la rischiosità complessiva del singolo cliente o del singolo 'gruppo' di clienti.

Non si deve tuttavia dimenticare che l'esame sistematico e coordi-nato degli indicatori citati fornisce alla banca un'analisi tecnica che fa emergere quelle esposizioni che non rispondono a requisiti di 'normalità' o di 'anomalia' predeterminati per definire le partite tecnicamente immobilizzate. Come si è già segnalato, non si può pretendere di dedurre dai valori esclusivamente numerici un circostanziato giudizio di anomalia, di grado di anomalia o di partita viva; gli indici vanno integrati dall'indispensabile conoscenza qualitativa desumibile da altre informazioni e dati sia di fonte interna sia di fonte esterna, al fine di pervenire alla definitiva classificazione delle partite vive e immobilizzate ed alla successiva distinzione fra partite incagliate e partite in sofferenza.

La gestione delle partite incagliate è un punto sul quale vale la pena di soffermare l'attenzione perché si tratta di un lavoro estremamente delicato e riservato attraverso il quale si ricercano le forme più opportune per sbloccare le difficoltà finanziarie della relazione fra singola banca e cliente affidato, in modo da raggiungere il massimo rientro dell'esposizione o il minimo danno.

Nel caso la partita 'incagliata' evolva negativamente sarà necessario predisporre la documentazione giustificativa per il passaggio dell'esposizione fra le 'partite a sofferenza': si tratta di un 'passaggio amministrativo' nel senso che esso deve produrre l'effetto contabile della svalutazione dei crediti relativi. In caso contrario si avrebbero informazioni non esatte in materia di valutazione della consistenza degli affidamenti: ciò potrebbe provocare sopravvalutazioni delle partite attive riducendo la significatività del bilancio.

Quando una partita che passa 'a sofferenza' è accompagnata dall'attivazione di procedure esecutive si ha, di regola, un 'passaggio organizzativo' nel senso che la partita passa dalla competenza del servizio fidi alla competenza del servizio legale che curerà, appunto, il recupero del credito.

Si è fin qui potuto notare come la distinzione fra *partite* o *esposizioni* anomale sia precaria e assoggettata a valutazioni discrezionali. Tuttavia la loro valutazione deve condurre ad un giudizio che si conclude con l'assegnazione di un *rating*, cioè di un giudizio sul merito di credito di quella specifica esposizione, sulla base della quale quel credito viene ponderato.

I *rating* possono essere *esterni* (*Standardised Approach*), cioè assegnati da reputate agenzie di *rating* (*External Credit Assessment Insitution* – ECAI) ma, in assenza dei quali, è possibile assegnare ponderazione pari al 100%[31]; oppure *rating interni* (*Internal Ratings Based Approach*

---

[31] «Alle esposizioni per le quali tale valutazione [*n.d.a.* di una ECAI] non è disponi-

- IRB), cioè assegnati dalle stesse banche che giudicano il merito di credito dei propri clienti.

Si prevede comunque che i fondi propri delle banche (v. *supra*, n. 22) siano proporzionati alla qualità dei prestiti e che il requisito minimo patrimoniale a fronte del rischio di credito, nell'ipotesi restrittiva qui adottata, sia pari a:

$$12{,}5 \bullet {}^{min}\mathrm{FP}_{rc} = \mathrm{Ap}_{rc}$$

cioè che si debba detenere un livello patrimoniale almeno pari all'8% delle attività ponderate (Ap) per il rispettivo rischio di credito (rc).

La ponderazione avviene assegnando determinati pesi che discendono, come si diceva, dalle valutazioni delle società di *rating* oppure fissati dalle singole banche mediante l'applicazione di modelli interni di calcolo (base o avanzati).

La quasi totale assenza, in Italia, di imprese dotate di *rating* esterni, induce però le banche ad avvalersi del coefficiente ponderale 1, mitigato o accentuato. La realtà economica non solo italiana, d'altra parte, è connotata da un vastissimo insieme di imprese[32] di ridotta dimensione (PMI)[33] (il *portafoglio retail*), molto sovente non costituite nella forma

---

bile è attribuita una ponderazione del 100% o la ponderazione delle esposizioni verso l'amministrazione centrale del paese nel quale l'impresa ha sede, qualora quest'ultima sia più elevata. (v. CRR, art. 121)

[32]Si ricorda che per *impresa* si intende *qualsiasi entità, a prescindere dalla forma giuridica, che svolga un'attività economica, incluse in particolare 'le entità che svolgono un'attività artigianale o altre attività a titolo individuale o familiare, le società di persone o le associazioni che svolgono regolarmente un'attività economica' (Raccomandazione 2003/361/CE, revisonata nel 2005).*

[33]Le entità che appartengono alle PMI sono, in linea di massima, le imprese in grado di autocertificare l'appartenenza ai seguenti limiti dimensionali:
- *micro*: da 0 a 9 dipendenti, fatturato $\leq$ 2ml/€, Tot. di bilancio $\leq$ 2ml/€;
- *piccola*: da 10 a 49 dipendenti, fatturato $\leq$ 10ml/€, Tot. di bilancio $\leq$ 10ml/€;
- *media*: da 50 a 249 dipendenti, fatturato $\leq$ 50ml/€, Tot. di bilancio $\leq$ 43ml/€.

Le statistiche dell'ISTAT, della Commissione europea e dell'Unioncamere distinguono, fra le microimprese, quelle con numero di dipendenti da 2 a 9 da quelle con numero di dipendenti da 0 a 1.

Si è stimato che, in Italia, le PMI non finanziarie, a prescindere dalla loro forma giuridica, siano oltre il 99% delle imprese non finanziarie (pari a circa 6 milioni). Se si osserva la loro forma giuridica, quelle costituite in società di capitali sono circa 800 mila (esattamente 799.679), pari a circa il 13% del totale di tutte le imprese non finanziarie.

della società di capitali oppure con obblighi contabili semplificati che notoriamente hanno ridotte capacità informative (v. *ultra*, cap. 3). Per di più la maggior parte di tali imprese fruisce di ammontari di finanziamenti relativamente ridotti e utilizza forme tecniche alquanto elementari.

Questa constatazione, che riguarda anche l'ambiente europeo ha indotto il Comitato di Basilea ad agevolare[34] le banche le quali, dovendo giudicare del merito di credito delle PMI, possono adottare, per le *esposizioni* in contropartita con il *portafoglio retail*[35], regole prudenziali più favorevoli di quanto non accada per il *portafoglio corporate*[36].

Le complesse procedure richieste dagli IRB possono infatti risultare poco convenienti per fronteggiare la questione del merito di credito di un grande numero di imprese di ridotte dimensioni, con scadenti capacità informative e con fabbisogni finanziari elementari; si è così previsto che le banche, per assegnare pesi alle esposizioni, possano adottare metodologie semplificate per assegnare *rating* alle PMI e che possano avvalersi,

---

Nonostante vi sia un problema di classificazione (classe da 0-9; 10-49 e 50-249 vs. 0-49, 50-250 e > 250), combinando le società di capitali e il numero di addetti, si ottiene la seguente distribuzione delle società di capitali:
- da 0 a 49 addetti: 779.273 pari al 97,45%;
- da 50 a 250 addetti: 17.395 pari al 2,17%;
- > 250 addetti: 3.011 pari allo 0,38%.

[34] «Le piccole e medie imprese (PMI) sono uno dei pilastri dell'economia dell'Unione [...] Il numero limitato di fonti alternative di finanziamento ha reso le PMI [...] ancora più sensibili all'impatto della crisi bancaria. Risulta pertanto importante provvedere a [...] garantire un adeguato flusso di crediti bancari alle PMI nell'attuale contesto [...]. Le coperture patrimoniali verso le esposizioni verso le PMI dovrebbero essere ridotte mediante l'applicazione di un fattore di sostegno pari allo 0,7619 [...] Per conseguire tale obiettivo, gli enti creditizi dovrebbero utilizzare efficacemente l'alleggerimento dei requisiti patrimoniali, derivante dall'applicazione del fattore di sostegno, allo scopo esclusivo di assicurare un adeguato flusso di crediti [...]. Le autorità competenti dovrebbero monitorare periodicamente l'importo totale delle esposizioni degli enti creditizi verso le PMI e l'importo totale della detrazione di capitale.» (v. CRR, § 44).

[35] Rientrano nel *portafoglio retail* le esposizioni non garantite: a. verso persone fisiche o di PMI (fatturato annuo ≤ 5ml calcolato sull'insieme di soggetti connessi); b. verso un singolo cliente (o gruppo di clienti connessi) ≤ 1% del totale del portafoglio; c. per le quali il totale degli importi dovuti alla banca (o al gruppo bancario) da un singolo cliente (o da un gruppo di clienti connessi), ad esclusione delle esposizioni garantite da immobili residenziali, ≤ 1ml/€. Si calcolano a tal fine anche le *esposizioni scadute* (v. *ultra*).

[36] Per *esposizioni corporate* si intendono quelle verso persone fisiche e verso imprese che non rientrano nel portafoglio *retail* (v. *Ibidem*, Titolo I, Cap. 1, pag. 17 e 117).

successivamente, di strumenti di attenuazione e di accentuazione del rischio per affinare il coefficente ponderale.

In ogni caso, tuttavia, la banca non può prescindere dall'impiego di adeguate strumentazioni tecniche che dovrebbero poggiare su attendibili informazioni derivanti almeno dall'analisi dei seguenti elementi:

a) il bilancio;

b) la valutazione dell'andamento delle esposizioni;

c) le garanzie.

Quanto al bilancio, la disponibilità di informazioni adeguate rischia di diventare l'elemento discriminante: una valutazione di rischio di credito incerto, infatti, implica una valutazione di rischio di credito elevato.

Le banche possono dunque assegnare le seguenti ponderazioni:

i) 100% a tutte le esposizioni verso le imprese;

ii) 75% alle imprese che rientrano nel *portafoglio* retail[37].

È prevista inoltre la possibilità di mitigare o di accentuare il rischio di credito indipendentemente dal metodo prescelto per assegnare *rating*.

La *mitigazione del rischio di credito*, riconosciuta soltanto ai fini del calcolo dei coefficienti patrimoniali ma non a fini di valutazione del merito di credito, avviene a seguito dell'assunzione di garanzie[38] che possono

---

[37]«Le esposizioni che soddisfano i seguenti criteri ricevono una ponderazione del rischio del 75%: a) si tratta di esposizioni nei confronti di persone fisiche o di piccole o medie imprese (PMI); b) l'esposizione fa parte di un numero significativo di esposizioni aventi caratteristiche analoghe, cosicché i rischi ad essa associati sono sostanzialmente ridotti; c) l'importo totale, ivi comprese eventuali esposizioni in stato di *default*, dovuto all'ente o alle sue imprese madri e alle sue filiazioni dal cliente debitore o dal gruppo di clienti debitori connessi, ad esclusione però delle esposizioni pienamente e totalmente garantite da immobili residenziali classificate nella classe di esposizione di cui all'articolo 112, lettera i) [*n.d.a.* si tratta delle esposizioni garantite da beni immobili], non supera, secondo le informazioni in possesso dell'ente, 1 milione di EUR. L'ente adotta le misure ragionevoli per acquisire dette informazioni. I titoli non possono rientrare nella classe delle esposizioni al dettaglio. Le esposizioni non conformi ai criteri di cui al primo comma, lettere da a) a c), non possono rientrare nella classe delle esposizioni al dettaglio» v. CRR, art. 123

[38]Si tratta di contratti accessori al credito ovvero di altri strumenti e tecniche che determinano una riduzione del rischio di credito riconosciuta in sede di calcolo dei requisiti patrimoniali. Le garanzie debbono essere dirette, esplicite, irrevocabili e non condizionate

essere reali (*funded*)[39] o personali (*unfunded*)[40] e avviene per ciascuna categoria di *rating* (esterno o interno). Ridimensionandone la ponderazione in base alla garanzia assunta: riducendosi il peso del rischio, si ha un minore assorbimento di fondi propri. Indipendentemente dalla dimensione dell'impresa, si prevede che, se le esposizioni sono garantite da ipoteca su immobili residenziali, la ponderazione si riduca al 35%; se garantite da immobili non residenziali, la ponderazione si riduca al 50% (v. CRR, artt. 125 e 126).

Non sfugge il ruolo delle garanzie nell'abbattere il coefficiente ponderale e quindi il requisito minimo patrimoniale, oltre che il diverso peso delle garanzie costituite su immobili residenziali. Non sfugge nemmeno che l'abbattimento del medesimo coefficiente in forza delle garanzie prestate è identico, sia per le esposizioni *retail* sia per le esposizioni *corporate*, a comprova del fatto che le garanzie non aumentano la capacità di credito del debitore ma salvaguardano le ragioni del creditore.

Quanto alle garanzie 'personali', l'attenuazione del coefficiente ponderale può essere realizzato anche adottando soluzioni alternative.

Quanto agli elementi di *accentuazione del rischio di credito*, data una esposizione, essi derivano dalla valutazione del suo deterioramento, cioè dall'osservazione del rapporto andamentale.

Data la consistenza delle esposizioni e supponendo che siano tutte riferibili a crediti *in bonis*, esse iniziano a deteriorarsi, a diventare 'anomale', quando non vengono rispettati gli obblighi contrattuali, il

---

[39] I contratti accessori di tipo reale sono costituiti da: a) garanzie reali finanziarie (*collateral*): contante, determinati strumenti finanziari e oro); b) accordi quadro di compensazione (*master netting agreement*) su operazioni di pronti contro termine, di concessione e assunzione di titoli in prestito, di finanziamenti con margini; c) compensazione delle poste in bilancio (*on balance sheet netting*); d) ipoteche immobiliari e operazioni di leasing immobiliare; e) altre garanzie utilizzabili solo per le banche che applicano i metodi IRB ('garanzie IRB idonee').

[40] I contratti accessori di tipo personale sono costituiti da: a) garanzie personali (*guarantees*); b) derivati su crediti.

I *derivati* sono contratti che insistono su elementi di altri schemi negoziali il cui valore deriva da quello degli elementi sottostanti: quando tali elementi sono strumenti finanziari, si hanno i derivati finanziari. I *derivati creditizi* sono contratti che trasferiscono il rischio di credito sottostante una determinata attività dal soggetto che acquista protezione al soggetto che vende protezione. In tali operazioni l'oggetto della transazione è rappresentato dal rischio di credito in capo al prenditore finale di fondi. Definizioni più precise in BI, *Circ. n. 263*, Cap. 1, par. 5.

che accade dopo 30 giorni dalla scadenza contrattuale del prestito[41]: è a questo punto che si iniziano a classificare le esposizioni per grado di anomalia, stimandone la *Probabilità di Default*, PD)[42].

---

[41]Cioè «quando [si] supera il normale periodo di grazia previsto per le operazioni della specie dalla prassi bancaria (30 giorni)» v. Banca d'Italia, *Manuale per la compilazione della matrice dei conti*, A. 7.

[42]Probabilità che una controparte passi allo stato di *default*.
«1. Si considera intervenuto un default in relazione a un particolare debitore allorché si verificano entrambi gli eventi sotto indicati o uno di essi:

a) l'ente giudica improbabile che, senza il ricorso ad azioni quale l'escussione delle garanzie, il debitore adempia integralmente alle sue obbligazioni creditizie verso l'ente stesso, la sua impresa madre o una delle sue filiazioni;

b) il debitore è in arretrato da oltre 90 giorni su una obbligazione creditizia rilevante verso l'ente, la sua impresa madre o una delle sue filiazioni.

Le autorità competenti possono sostituire il periodo di 90 giorni con uno di 180 giorni per le esposizioni garantite da immobili residenziali o da immobili non residenziali di PMI nella classe delle esposizioni al dettaglio, nonché per le esposizioni verso organismi del settore pubblico. Il periodo di 180 giorni non si applica ai fini dell'articolo 127 [*n.d.a.* ove si prevedono le ponderazioni relative ai debitori in default].

Nel caso delle esposizioni al dettaglio, gli enti possono applicare la definizione di default di cui al primo comma, lettere a) e b), al livello di una singola linea di credito anziché in relazione agli obblighi totali di un debitore.

3. Ai fini del paragrafo 1, lettera a), tra gli elementi da considerare come indicativi dell'improbabile adempimento figurano le seguenti circostanze:

a) l'ente include il credito tra le sofferenze o gli incagli;

b) l'ente riconosce una rettifica di valore su crediti specifica derivante da un significativo scadimento del merito di credito successivamente all'assunzione dell'esposizione;

c) l'ente cede il credito subendo una perdita economica significativa;

d) l'ente acconsente a una ristrutturazione onerosa del credito, che implica verosimilmente una ridotta obbligazione finanziaria dovuta a una remissione sostanziale del debito o al differimento dei pagamenti del capitale, degli interessi o, se del caso, delle commissioni. Sono comprese, nel caso delle esposizioni in strumenti di capitale valutate secondo il metodo PD/LGD, le ristrutturazioni onerose delle partecipazioni stesse.

e) l'ente ha presentato istanza di fallimento per il debitore o ha avviato una procedura analoga in relazione all'obbligazione del debitore verso l'ente, la sua impresa madre o una delle sue filiazioni;

f) il debitore ha chiesto o è stato posto in stato di fallimento o situazione assimilabile, ove ciò impedisca o ritardi il rimborso dell'obbligazione nei confronti dell'ente, la sua impresa madre o una delle sue filiazioni.

4. Gli enti che utilizzano dati esterni di per sé non coerenti con la definizione delle situazioni di default di cui al paragrafo 1 adattano opportunamente i dati al fine di realizzare una sostanziale equivalenza con la definizione di default.

5. Se l'ente giudica che un'esposizione precedentemente classificata come in stato di

Come si può osservare dunque, le scadenze delle esposizioni che non vengono onorate entro i 30, i 90 e/o i 180 giorni determinano gli *sconfinamenti* (v. *supra*, § 2.5.2); anche per questa fattispecie vengono dettate regole circostanziate per determinare il rischio di credito[43].

Non determinano un *default* le seguenti modifiche delle originarie condizioni contrattuali: il riscadenzamento dei crediti e la concessione di proroghe, dilazioni, rinnovi o ampliamenti di linee di credito. Tali modifiche non devono dipendere dal deterioramento delle condizioni economico-finanziarie del debitore ovvero non devono dare luogo a una perdita (Banca d'Italia, *Manuale della matrice dei conti*, sezione III, sottosezione 2, voce 2478).

Una volta individuata la probabilità di default di un debitore, diviene anche necessario individuare la *perdita in caso di default* (*Loss Given Default*, LGD)[44].

---

default è tale per cui per essa non ricorre più nessuna delle circostanze previste dalla definizione di default, esso classifica il debitore o l'operazione come se si trattasse di una esposizione regolare. Qualora in seguito si verificasse una delle circostanze suddette, si riterrebbe intervenuto un altro default [...]» (v. CRR, art. 178).

[43]2. Ai fini del paragrafo 1, lettera b) [*n.d.a.* v. nota precedente], si applica quanto segue:

a) per gli scoperti [*n.d.a.* cioè per gli sconfinamenti], il conteggio dei giorni di arretrato inizia dal momento in cui il debitore ha superato il limite concesso, ha ricevuto notifica di un limite inferiore al saldo negativo in essere o ha utilizzato credito senza autorizzazione e l'importo scoperto è considerevole;

b) ai fini della lettera a), il limite concesso comprende qualsiasi limite creditizio determinato dall'ente e in merito al quale il debitore è stato informato dall'ente;

c) il conteggio dei giorni di arretrato per le carte di credito inizia dalla data di addebito del pagamento minimo;

d) la rilevanza di un'obbligazione creditizia in arretrato è valutata rispetto a una soglia fissata dalle autorità competenti. Tale soglia riflette un livello di rischio che l'autorità competente ritiene ragionevole;

e) gli enti hanno politiche documentate in materia di conteggio dei giorni di arretrato, in particolare per quanto riguarda il riscadenzamento delle linee e la concessione di proroghe, modifiche, rinvii o rinnovi, nonché la compensazione dei conti esistenti. Queste politiche sono applicate in modo uniforme nel tempo e sono in linea con i processi interni di gestione del rischio e decisionali dell'ente. (v. CRR, art. 178).

[44]«Valore atteso (eventualmente condizionato a scenari avversi) del rapporto, espresso in termini percentuali, tra la perdita a causa del *default* e l'importo dell'esposizione al momento del *default* (*Exposure At Default*, EAD)» v. *Circ. 263*, Titolo II, Cap. 1, pag. 52.

Per *esposizione al momento del default* (*Exposure At Default*, EAD) si intende il «valore delle attività di rischio per cassa e fuori bilancio. Per le operazioni fuori

Non sfugge che tali misurazioni hanno effetti ragguardevoli sul grado di copertura patrimoniale e che esse richiedono pertanto l'adozione di adeguati elementi prudenziali.

Se si prendono le mosse dalle esposizioni *in bonis* e dal fenomeno *sconfinamento*, cui si è già fatto riferimento quale punto d'inizio ideale del mancato rispetto delle condizioni contrattuali del prestito è utile, anzitutto, segnalare che tutte le esposizioni incorporano una *perdita attesa* e che, pertanto, tutte vanno ponderate.

Per valutarle precisamente, tuttavia, bisogna distinguere le esposizioni anomale dalle *esposizioni in default* (*past due loans* o esposizioni scadute da almeno 180 giorni) perché tutte necessitano di essere monitorate con attenzione, dato che si tratta di valutarne anche le *perdite attese* (*Expected Loss*, EL), le *perdite inattese* (*Unexpected Loss*, UL) (v. *ultra*, n. 32) e il *tasso di recupero* (*cure rate*).

Date le definizioni, le esposizioni in *default*, indicate anche come *inadempienze*, sono destinatarie di una ponderazione del 150%[45], a meno che, essendo garantite o già svalutate per almeno il 20%, non richiedano un fattore ponderale del 100%.

Le informazioni principali in materia di deterioramento delle esposizioni derivano dal flusso di ritorno della Centrale dei Rischi. Sulla base di queste informazioni, si formulano previsioni e si possono suddivide-

---

bilancio (garanzie rilasciate e impegni) l'EAD viene determinata mediante un fattore di conversione creditizia (*Credit Conversion Factor*, CCF) che rappresenta il rapporto tra la parte non utilizzata della linea di credito che si stima possa essere utilizzata in caso di *default* e la parte attualmente non utilizzata» v. *Ibidem*.

[45] *Inadempienza* e *insolvenza* sono locuzioni proprie del diritto italiano che possono ingenerare confusione (artt. 1453 e segg. e artt. 1823 e segg. C. C.). Si possono infatti avere esposizioni in *default* (per inadempienza) che non implicano necessariamente il *default* (l'insolvenza) dell'impresa: è il caso dell'inadempienza verso una banca e non verso altre. Le valutazioni pertanto non possono prescindere da una circostanziata analisi giuridico-tecnica dei contratti bancari sottostanti il prestito (v. anche *supra*, n. 2).

La prassi bancaria, come si è visto, considera scaduta un'esposizione dopo 30 giorni dalla scadenza contrattuale dell'adempimento del suo valore netto (nel senso che possono essere compensate esposizioni e margini disponibili esistenti su diverse linee di credito) facente capo al medesimo debitore. Combinando questa prassi con la soglia di rilevanza (pari al 5% dell'esposizione) si può concludere che una esposizione è in *default* quando l'ammontare oltre il 5% della sua consistenza è scaduto da oltre 180 giorni rispetto alla scadenza contrattuale.

L'intesità del segnale di avvio verso una situazione di *default* dell'esposizione genera la valutazione della PD.

re concettualmente le diverse categorie di esposizioni, selezionate per controparte.

Queste ultime valutazioni sono largamente determinate da elementi soggettivi e discrezionali e conducono, da un lato, a classificare i diversi gradi di intensità di anomalia delle esposizioni non in *default* e, dall'altro, a valutare la possibilità che le esposizioni in *default* possano essere, almeno in parte, recuperate.

Quanto al primo gruppo, le esposizioni non in *default*, quali ad esempio gli sconfinamenti entro i 180 giorni, si deve avvertire che, in Italia, la questione assume particolare rilievo per due fondamentali motivi.

Il primo riguarda la necessità di fronteggiare situazioni che derivano in prevalenza dalla ritardata riscossione dei crediti commerciali da parte delle imprese la quale, a propria volta, si ripercuote nei prestiti bancari, generando situazioni di anomalia solo presunta che può condurre ad una valutazione troppo severa del rischio di credito[46].

Il secondo riguarda la scarsa propensione delle banche a far rispettare le scadenze contrattuali, cioè a ostacolare l'insorgere di 'scoperti' nei conti correnti affidati, perché, così facendo, possono lucrare ingenti somme per interessi.

Si pone entro questo scenario dunque il problema di valutare i crediti scaduti da 30 e fino a 180 giorni e di formulare previsioni sulla PD

---

[46] «Il nuovo Accordo di Basilea ha incluso nella nozione di esposizioni deteriorate anche quelle che si caratterizzano per la presenza di sconfinamenti e/o ritardi di pagamento per un perdurante periodo di tempo... La Banca d'Italia ha assunto iniziative volte a rilevare statisticamente il fenomeno, coerentemente con l'esigenza di allineare i criteri di classificazione dei crediti con gli standard internazionali. Dal 30.06.2005 ha preso avvio la segnalazione, nella matrice dei conti, dei crediti scaduti e/o sconfinanti tra 90 e 180 giorni e da oltre 180 giorni... L'esame dei dati segnalati conferma che il fenomeno assume una certa rilevanza; la sua dimensione può tuttavia ricondursi soprattutto ai tempi lunghi di regolamento delle transazioni commerciali. Vi concorrono, in alcuni casi, carenze organizzative e gestionali degli intermediari e la circostanza che questi ultimi tendono a considerare 'fisiologici' i ritardi nel servizio del debito.

La commistione all'interno dei crediti scaduti e/o sconfinanti di posizioni sostanzialmente *bonis* e di altre destinate a divenire inesigibili riduce la valenza segnaletica di tali aggregati contabili.

In considerazione di ciò, si ribadisce l'esigenza che gli intermediari accelerino la predisposizione di misure organizzative ed interventi procedurali volti a garantire un progressivo riassorbimento del fenomeno, ai fini della corretta rappresentazione dei rischi creditizi...». V. Banca d'Italia, *Boll. Vig.* n. 3/2006, pag. 3 che mette a punto quanto già segnalato in materia in *Boll. Vig.*, n. 7/2004, pagg. 5-6.

e sulla LGD. La discrezionalità insita nell'attribuzione del grado di anomalia delle partite è stata risolta decidendo, a livello comunitario, che le banche debbono formalizzare i criteri sui quali i giudizi di anomalia vengono formulati in modo da rendere chiare e trasparenti, le regole che distinguono i crediti in *bonis* dai crediti che fanno registrare anomalie, indicando la relativa stima della PD. Gli effetti sul grado di copertura patrimoniale sono evidenti. I criteri di distinzione fra esposizioni all'interno dell'area di anomalia non sono tassativi e la discrezionalità delle banche in materia rimane sempre ampia.

Il CEBS[47], peraltro, fornisce le indicazioni da seguire per rilevare le posizioni che possono presentare rischi di *default*.

Dato che la fissazione di questi confini avrà rilevanti implicazioni sui livelli patrimoniali minimi è conveniente mettere a fuoco la questione introducendo ancora due concetti: quello di *perdite attese* (*Expected Loss* - EL) e quello di *perdite inattese* (*Unexpected Loss* - UL)[48].

Come si è appena notato, le due locuzioni vanno riferite a tutte le esposizioni, comprese quelle in *bonis*; ma è fra le 'esposizioni anomale' che vanno ricercate le componenti prevalenti di perdite attese da prendere in carico nel conto economico. Qualora le esposizioni continuino a deteriorarsi, fino a passare ad una situazione di *default*, le perdite addizionali della banca costituiscono le perdite inattese: ed è proprio questo il nodo centrale del problema, la valutazione di situazioni anomale veritiere e corrette può comportare un peggioramento della copertura patrimoniale delle banche.

Altre importanti valutazioni riguardano il *cure rate*, cioè la percentuale di esposizioni anomale che si presume di recuperare: essa viene

---

[47]Committee of European Banking Supervision (CEBS), Core Principle (CP) 10, *Guidelines om the implementation, validation and assessment of Advanced Measurement (AMA) an International Ratings Based (IRB) Approaches* (v. *www.cebs.org/pdfs/CP10.pdf*).

[48]Le perdite attese sono tali statisticamente: il che significa che non ci si aspetta delle perdite ma che, statisticamente, è probabile ci saranno delle perdite. Anche i crediti in *bonis*, dunque, incorporano perdite attese pari almeno allo 0,03%. In altri termini, ciò significa che nessuna esposizione verso imprese è ponderata utilizzando un tasso di PD pari a zero: «Per le esposizioni verso imprese ed intermediari vigilati la probabilità di *default* (PD) da considerare nelle pertinenti funzioni regolamentari... non può essere inferiore allo 0,03%. Tale limite non si applica alle esposizioni verso amministrazioni centrali e banche centrali» v. *Circ. 263*, Titolo II, Cap. 1, pag. 89. Il che si capisce bene, prendendo atto dei problemi connessi con le analisi di bilancio (v. *ultra*, capp. 3 e 4)

di regola sopravvalutata non solo a motivo del benèfico impatto sui requisiti patrimoniali minimi, ma anche perché gli sconfinamenti, molto remunerativi, favoriscono l'applicazione di pericolosi tassi di sostituzione fra livelli di rischio e livelli di ricavi per interessi. Sorge quindi un conflitto con le esigenze di sana e prudente gestione. La questione non è facilmente risolvibile, considerata anche la circostanza che la rilevazione di anomalie può nascondere situazioni finanziarie non necessariamente compromesse in modo definitivo e perché si riconosce che la maggior parte degli sconfinamenti rientrano in tempi brevi anche a seguito di interventi del management volti a comprimere gli affidamenti.

La valutazione dei *cure rate* non riguarda soltanto le esposizioni che si trovano nell'area di anomalia, nel qual caso, in sostanza, si tratta di assegnare una probabilità al loro rientro in *bonis*[49]; ma anche le esposizioni in *default* nel qual caso si tratta di valutare la percentuale recuperabile di tale esposizione.

Comunque l'entrata in vigore della nuova regolamentazione (Basilea 3) dovrebbe indurre le banche ad una maggiore prudenza nel considerare gli sconfinamenti dato che verrà loro ridotta la facoltà di effettuare operazioni di arbitraggio sulle esposizioni che presentano aspettative di rientro in *bonis*, realizzando maggiori ricavi per interessi e commissioni. In concreto, la banca dovrebbe distinguere tra debiti e crediti, da un lato, e costi e ricavi, dall'altro, e dovrebbe altresì rendere pubblici i protocolli interni che stabiliscono i criteri di valutazione e di gestione dei

---

[49] «Le banche dispongono di evidenze, con una profonditàtemporale analoga a quella delle serie storiche dei parametri di rischio, sui tassi di rientro *bonis* (c.d. *cure rate*) per le diverse categorie di *default*, al fine di valutare la rilevanza del fenomeno e di procedere a eventuali aggiustamenti alle stime. Ai fini della stima dei parametri di rischio, data l'attuale rilevanza del fenomeno dei *past due* cd. 'tecnici' (non rappresentativi di un effettivo stato di difficoltà finanziaria del debitore tale da generare perdite), le banche - almeno nella prima fase di applicazione della presente disciplina - possono non includere i suddetti *past due* tra i *default*, purché tale scelta sia coerente con riferimento ai diversi parametri di rischio» v. *Circ. 263*, Titolo II, Cap. 1, pag. 76.

Va segnalato che la banca tende a non censire fra le partite anomale alcune posizioni *past due* che in realtà dovrebbero essere considerate tali perché essa conta che essi possano rientrare in breve tempo: cio è la banca tende a valutare in modo poco prudente queste esposizioni attribuendo loro un elevato tasso di *cure rate*. Per questo i tassi di *default* reali rilevati da un osservatore esterno sono più elevati di quelli individuati dalla banca stessa, la quale, infatti, realizza elevati ricavi sulle posizioni sconfinate.

crediti. Se ne seguirà un aumento della previsione dei tassi di *default* si richiederà un fattore di ponderazione per il rischio di credito più elevato che, a propria volta, assorbirà dosi maggiori di patrimonio.

Allo stato attuale, un'applicazione immediata delle regole di Basilea 3 potrebbero costringere le banche ad aumentare la quantità di crediti da classificare tra le anomalie, richiedendo dosi di patrimonio minimo maggiormente elevate in considerazione dell'aumento delle perdite inattese. Il problema di valutare la consistenza delle esposizioni sconfinate e/o scadute implica la necessità di dare a questi crediti un valore corrispondente al loro presumibile valore di realizzo. L'obiettivo è quello di valutare prudenzialmente una situazione che appare in stato di deterioramento per capire se essa sia recuperabile in toto, se sia parzialmente recuperabile o se si tratti di valutarne la PD.

Fermo il limite dei 180 giorni per considerare in *default* un'esposizione sconfinata e/o scaduta, bisogna precisare meglio il significato della locuzione 'sconfinata e/o scaduta', come essa venga rilevata, come il sistema bancario possa esserne edotto e come si possa misurarne la consistenza di eventuali perdite. In proposito, presso la Centrale dei Rischi è stata istituita (dal giugno 2005) la rilevazione dei crediti scaduti da 90–180 giorni. Le banche, avendo poi la possibilità di ottenere informazioni sulle posizioni dei clienti affidati presso altre banche, possono elaborare circostanziate considerazioni sui clienti e, grazie alla circolazione delle informazioni, gli intermediari non corrono il rischio di esporsi verso soggetti che già si trovano in posizioni di difficoltà. La rilevazione avviene anche nella Matrice dei conti[50] ove si prevede di rilevare la persistenza dell'inadempimento in relazione alla singola linea di credito distinguendo la linea di credito non scaduta, quella scaduta o sconfinante da oltre 90 fino a 180 giorni e la linea di credito scaduta/sconfinante da oltre 180 giorni. Il monitoraggio avviene quotidianamente con una procedura *ad hoc* su tutte le linee di credito in capo al singolo cliente: la procedura

---

[50]La rilevazione anche delle esposizioni *past due* deve seguire i criteri di redazione del bilancio; gli interessi contabilizzati devono essere compresi nell'importo segnalato; l'esposizione deve presentare il carattere della continuitàe se pendono più esposizioni scadute da oltre 90 giorni, deve essere considerato il ritardo più elevato; è possibile compensare le posizioni scadute esistenti su alcune linee di credito con i margini disponibili su altre linee di credito a favore del medesimo affidato. Approfondimenti in Banca d'Italia, *Manuale per la compilazione della matrice dei conti*, voce n. 2479 e *La nuova rilevazione dei crediti anomali vigente da giugno 2005: gli adeguamenti PUMA 2*, 2005.

presume il mantenimento della condizione di *past due* per tutti i giorni del periodo interessato e per qualsiasi importo; l'eventuale rientro, anche per solo un giorno, interrompe il computo dei giorni al fine della continuitàe fa ripartire l'osservazione della posizione.

2.6 Valutazioni tramite *credit scoring*

Si è fin qui osservato l'impatto delle esposizioni sui livelli patrimoniali delle banche e l'analisi ha richiesto di avvalersi di norme positive[51] per scindere la qualità dei crediti già erogati. Si è evitato, invece, di approfondire la componente manageriale del processo decisionale a monte sia dell'analisi sia del monitoraggio del merito di credito: in tal modo si è accentuato l'elemento prescrittivo del processo decisionale, volto cioè a rispettare le norme che hanno obiettivi di salvaguardia della solidità patrimoniale delle banche. Si è così tralasciata una parte importante dell'elemento descrittivo, volto cioè a indagare comportamenti convenienti per i soggetti che li adottano: aumento dei proventi; aumento dei margini, riduzione dei costi, riduzione dei rischi, migliore combinazione fra politiche di *pricing* e politiche di rischio ecc. Dopo avere trattato dell'organizzazione del processo di concessione del credito (§ 1.4), infatti, si è deviato verso l'accentuazione dell'elemento prescrittivo invece che dell'elemento descrittivo ed è ora il momento di approfondire questa parte.

È tuttavia essenziale avvalersi di quanto fin qui illustrato perché l'aspetto descrittivo non può evitare di avvalersi di definizioni, né è pensabile di potersi avvalere di definizioni che non concordino con quelle previste dall'ordinamento. La convergenza fra i due gruppi di definizioni è necessaria per far convergere l'attività creditizia verso un ambiente sostenibile dalle singole aziende e dalla Vigilanza. Si adotteranno dunque le definizioni fin qui utilizzate e si osserverà che esse lasciano ampi margini di discrezionalità all'interno dei quali l'attività manageriale può trovare adeguati spazi di espressione per realizzare i proprio obiettivi economici.

Analogamente alla maggior parte dei settori dell'economia, anche il settore delle banche commerciali è oggetto di un sempre maggiore livello di competitività che si concretizza nell'attività di ricerca di clienti meri-

---

[51]Cioè fatte proprie dalla Vigilanza che le ha adottate come ordinamento.

tevoli cui concedere credito e, nel contempo, nell'attività di controllo del deterioramento delle esposizioni e dei fidi concessi. L'approccio a questa coppia di esigenze viene oggi agevolata, da un lato, dall'automazione dei processi decisionali e, dall'altro, dalla consapevolezza che tali processi sono 'inficiati' da diversi elementi scarsamente automatizzabili se non a prezzo di gravi semplificazioni che potrebbero condurre ad escludere operazioni convenienti o quanto meno interessanti. Il *risk management* svolge dunque una doppia funzione: quella di selezionare i clienti meritevoli, cioè a basso rischio, e quelli che, invece, presentano connotati di alto rischio.

Per quanto imperfetta e precaria, il *credit scoring* è una metodologia che ha, per l'appunto, l'obiettivo di graduare la clientela sulla base del profilo di rischio in modo da consentire al finanziatore di ridurre al minimo gli scostamenti fra valutazioni prospettiche e rischi effettivi. In sintesi si tratta di individuare un gruppo di caratteristiche che consentono di scindere statisticamente, all'interno di un determinato intervallo di confidenza (cioè con un determinato grado di approssimazione), i clienti meritevoli di credito dagli altri e, fra i primi, quelli che presentano profili di rischio maggiori. Con la consapevolezza, peraltro, che gli effetti della *débacle* di un cliente statisticamente meritevole, non sono nulli ma possono avere conseguenze gravi per il finanziatore; il *credit scoring* è uno strumento utile che, alla prova dei fatti, ha dato esiti sorprendenti a salvaguardia del rischio di credito delle banche. Si tratta, in realtà, di trasformare le osservazioni fin qui addotte in materia di affidamento della clientela in dati numerici, in punteggi.

Il problema della valutazione e dell'assegnazione di una categoria di rischio dalla quale far discendere una valutazione del merito di credito è tutt'altro che semplice e presenta diverse sfaccettature:

— i costi delle infrastrutture di un sistema di *scoring*: si tratta di oneri non irrilevanti per cui si pone la questione se sia maggiormente conveniente avvalersene ricorrendo all'*outsourcing*. Peraltro, l'esistenza di una vasta clientela di piccole imprese probabilmente rende meno oneroso produrre i sistemi in casa, grazie all'immediatezza nell'accesso e nel trasferimento delle informazioni, alla qualità dei dati che il soggetto economico ritiene di utilizzare, alla flessibilità di cui questi sistemi possono disporre sia nel definire sia nel variare la popolazione di riferimento a seconda degli obiettivi assegnati ai sistemi medesimi;

— l'obiettivo per il quale la valutazione viene effettuata: ad esempio, la probabilità di default (PD) assegnata ad una esposizione a fronte di obiettivi di ricapitalizzazione di un'impresa è ben diversa dalla PD assegnata ad una esposizione a fronte di finanziamenti commerciali;

— le tecniche statistiche per 'lavorare' i dati: esse non possono prescindere da specifiche competenze che richiedono sia conoscenze relative alla manipolazione dei dati, sia soprattutto conoscenze relative alla qualità dei dati di input. I dati infatti debbono essere filtrati dall'intelligenza di soggetti *business-oriented* per cui diviene auspicabile una notevole sintonia fra diverse competenze fra le quali, quelle satistiche in senso stretto non dovrebbero avere il sopravvento;

— la costruzione di un profilo di rischio: si tratta cioè di identificare un profilo destinato a contenere variabili previsionali che pertanto dovrebbe essere fondato su di una adeguata quantità e qualità di informazioni dato che, successivamente, ogni cliente verrà assegnato ad un determinato profilo;

— le decisioni assunte sulla base del profilo di rischio: la consapevolezza che le decisioni assunte a seguito dell'assegnazione della clientela ad un determinato profilo avranno determinate conseguenze, positive e negative, che dovrebbero essere fronteggiate dall'azienda di credito nel suo complesso date le ripercussioni, più o meno intense, che si avranno nei diversi comparti aziendali (si pensi alle poste rettificative del bilancio o ai livelli patrimoniali minimi);

— la consapevolezza che un sistema di *credit scoring* non ha valore di per se stesso ma che serve per assumere decisioni manageriali circostanziate: ciò significa che il management deve essere posto in condizione di capire il modello di *scoring* per governarlo, per modificarlo ecc. I modelli sofisticati, di regola, sono spesso scarsamente trasparenti e fanno largo uso di ipotesi implicite che hanno la tendenza a trasformarsi spesso in verità effettuali.

In conclusione bisognerebbe tenere presente che un sistema di *scoring* non è un sistema di regole definitivo e generalizzabile, ma che dipende dalla singolarità dell'azienda che lo mette a punto: il suo obiettivo è, e rimane, quello di distinguere dagli altri, con un significativo livello di probabilità, i clienti meritevoli di credito.

Nella Tabella 2.1 si può osservare un esempio semplificato di *scoring* relativo a clientela retail:

Caratteristica	Attributo	Punti
Età	< 25	70
Età	25 - 40	90
Età	40 - 55	100
Età	> 55	110
Carte di Cr.	Visa e simili	80
Carte di Cr.	Altre	100
Reddito	< 20.000	95
Reddito	20-30.000	90
Reddito	31-40.000	85
Reddito	41-50.000	91
Reddito	> 60.000	93

Tabella 2.1: *Attribuzione di score: esempio* (adattatamento da Siddeqi: 34, exibit 1.1)

Come si vede, dato un soggetto, anzitutto si isolano le caratteristiche che interessano[52]; vi si associano degli attributi e si assegnano i punteggi.

[52]Le informazioni di cui si dovrebbe disporre tramite una griglia di *scoring* si possono suddividere in quattro gruppi:

a) *informazioni ottenute dal modulo di richiesta di affidamento* (*application form data*). Si tratta di informazioni *socio-demografiche* del richiedente ed informazioni *contrattuali*. Fra le prime, ed escludendo quelle che possono implicare forme di discriminazione (sesso, religione, etnia), ne sono esempio l'età, lo stato civile, il numero di persone a carico, la professione, la residenza e il domicilio fiscale, il numero di mesi/anni trascorsi allo stesso indirizzo, il numero di mesi/anni trascorsi presso lo stesso datore di lavoro (o in alternative numero di mes/anni di durata nella medesima attività imprenditoriale), il reddito mensile. Quanto alle seconde, si tratta delle informazioni relative allo specifico contratto (la forma tecnica di prestito) che si richiede di porre in essere: mutuo, prestito personale, carta di credito ecc. Le informazioni di cui al punto precedente andranno allora arricchite con quelle riguardanti, ad esempio, l'ammontare del prestito richiesto, il rapporto rata mensile o annuale e reddito, il rapporto fra l'ammontare del prestito richiesto e il valore del bene da acquistare (nel caso di mutui si tratta del *Loan to Value Ratio* (LTV) o il rapporto fra ammontare del prestito e Valore Attuale Netto (VAN o NPV) o *Discount Cash Flow* (DCF) dell'investimento, a seconda che si tenga conto de rischio incorporato nell'investimento ecc.

b) *informazioni di credit bureau* (*Credit Bureau Data*) (v. *ultra*, n. 37)

c) *informazioni interne*, cioè informazioni archiviate dal finanziatore e che hanno prevalente carattere andamentale. Il richiedente è dunque già cliente dell'azienda di credito che può osservarne il comportamento con riferimento ai diversi prodotti negoziati. Ad es.: numero di giorni con sconfinamento in c/c negli ultimo 3 o 6 o 12 mesi; rapporto numeri debitori/creditori negli ultimo 3 o 6 o 12 mesi; percentuale

Ad es. un soggetto che età inferiore ai 25 anni che possiede una carta di credito diversa da quelle più diffuse e che ha un reddito inferiore ai 20mila euro sarà destinatario di un punteggio complessivo di 265 (70+100+95).

Classi	N. di soggetti	Altri indicatori	Tasso di rifiuto (marginale)	Tasso di rifiuto (cumulato)	Tasso di accettazione
250-260	1.500	...	0.90	0.59	12.41
261-270	2.350	...	1.20	0.85	16.91
271-280	2.750	...	1.31	0.93	22.39

Tabella 2.2: *Classi di score: esempio* (adattatamento da Siddeqi: 34, exibit 1.2)

Con questo punteggio, il soggetto viene inserito in un gruppo, ad esempio il gruppo con punteggio compreso fra 261 e 270 che comprende una serie di altri indicatori (v. Tab. 2.2).

Ciò significa ipotizzare che:

– il credito a favore di un cliente, situato nel *range* 261-270, avrà una probabilità di deterioramento pari all'1,2%;

– tutti i crediti a favore di clienti al di sopra dello *score* 261 (pari a 2.350 unità) avranno una probabilità di deterioramento minima pari allo 0,85% e saranno considerati a basso rischio per non oltre il 16,91%.

Questa informazione, ovviamente accompagnata da altre, può offrire significativi contributi conoscitivi in materia di politica dei prestiti: ad esempio una banca può rifiutare di prendere in considerazione clienti che si situano a livelli inferiori ai 210 punti, può assegnare livelli minimi di fido sulle carte di credito richieste da clienti con punteggi inferiori ad una determinata soglia, può abbassare il tasso di interesse per i clienti che si trovano al di sopra di una determinata soglia ecc.

---

di utilizzo del limite sulle carte di credito; percentuale di mancati pagamenti negli ultimo 3 o 6 o 12 mesi su rate di mutuo, di prestito personale, di carte *revolving*; percentuale di pagamenti su saldo carta di credito negli ultimo 3 o 6 o 12 mesi, durata del rapporto con la medesima banca ecc.

d) *informazioni geo-demografiche*, tendenti a contestualizzare la relazione di clientela rispetto all'ambiente economico di riferimento (ad es. il numero medio di protesti in una determinata zona, le ore di casa integrazione presso un determinato settore ecc.). In tal caso si tratta tuttavia di informazioni di scarso utilizzo perché sono generiche rispetto alla natura del richiedente e alla forma tecnica da configurare.

Approntare un sistema di *credit scoring* può essere utile non soltanto per giudicare il merito di credito di nuovi clienti ma anche per monitorare i fidi in essere: si possono approntare difese a fronte di comportamenti anomali conseguenti ad esempio a variazioni nei livelli di redditività dell'affidato, in modo da agire sulle variabili più appropriate: spingere o ridimensionare l'utilizzo di prodotti avanzati, ampliare o ridurre le linee di credito, dirottare le esposizioni in fase di maggiore deterioramento verso controlli più stringenti, agire sulle variabili di prezzo ecc.

In ogni caso si debbono affrontare almeno due questioni: l'una relativa alla qualità dei dati sui quali si fonda il sistema, l'altra riguardante la sostituibilità fra rischi e prezzi.

Quanto alla qualità dei dati, la questione diviene essenziale quando le informazioni di base sono soltanto quelle della banca cui è richiesto il credito: esse possono essere elaborate dall'interno o provenire da agenzie esterne (*credit bureau*[53]). Tuttavia si tratta sempre di informazioni relative all'universo dei clienti della banca destinataria delle richieste di credito. Ciò esclude le informazioni relative ad altri soggetti non clienti della banca considerata, pure richiedenti credito. Per questo motivo si studiano sistemi per mettere in comune informazioni provenienti da diversi finanziatori al fine di migliorare l'affidabilità delle conclusioni operative.

Quanto alla politica aziendale volta a sostituire il rischio con il prezzo (aumentando i tassi dell'interesse a fronte di aumenti del rischio) essa può non essere conveniente soprattutto in presenza di clienti scarsamente affidabili o in presenza di procedure di recupero lente e macchinose ovvero in presenza di carenze strutturali dei mercati del credito commerciale. La sostituzione di ricavi con rischio viene sconsigliata anche dalle disposizioni di Basilea che richiedono di distinguere l'aspetto economico dall'aspetto finanziario al fine di ridurre aumenti di rischio motivati da aumenti di fatturati che possono rivelarsi effimeri.

---

[53]I *credit bureau*, così denominati negli USA, corrispondono alle britanniche *Credit Reference Agency*: si tratta di società che raccolgono dati e informazioni da diverse fonti in materia di abitudini al consumo. Esse vengono utilizzate anche dagli intermediari finanziari per misurare l'affidabilità creditizia dei clienti *retail*.

Le Centrali dei Rischi, invece, raccolgono informazioni bancarie sulle imprese già affidate dai sistemi finanziari per cui le informazioni sono maggiormente affidabili e riguardano un universo più vasto.

Le esperienze statunitense e britannica hanno messo a punto un serie di 'protocolli' comportamentali volti ad organizzare un sistema di *credit scoring* individuando una serie di passaggi ritenuti necessari:

1. individuare i soggetti da coinvolgere nel mettere a punto il sistema in modo da poter sfruttare al massimo le esperienze e le conoscenze maturate presso la banca;

2. progettare il sistema individuando obiettivi e assegnando responsabilità, oltre che decidendo se il sistema debba essere, in tutto o in parte, acquisito all'esterno o realizzato all'interno;

3. analizzare quantità e qualità dei dati disponibili per dedurre i parametri obiettivo (definizioni delle qualità, esclusione di elementi ecc.);

4. creazione e sviluppo del *database*;

5. sviluppo dei modelli di *scoring*;

6. produzione e analisi del *report*;

7. *feed back* e miglioramento del sistema.

Esula dagli intenti di questo lavoro descrivere puntualmente tutti i passaggi appena elencati, tra i quali alcuni richiederebbero di padroneggiare adeguatamente gli strumenti statistici. Può essere interessante, tuttavia, mettere a fuoco il passaggio previsto sub 2), relativo alla quantità e alla qualità dei dati di partenza e agli obiettivi che il sistema di *scoring* persegue.

Quanto alla quantitò, è evidente che un *set* cospicuo di dati, che prenda in considerazioni eventi favorevoli ed eventi negativi, costituisce la base per un sistema di *scoring* affidabile. Sarà dunque necessario disporre di un numero sufficiente di dati riguardanti clienti diversi per condurre indagini statisticamente significative: questo elemento è importante soprattutto se si tiene in considerazione che risulta più semplice raccogliere informazioni su di un elevato numero di clienti affidati rispetto ad uno stesso numero di clienti non affidati. Questi ultimi, infatti, una volta rifiutati non vengono seguiti e quindi censiti adeguatamente. Ne segue che lo *scoring* è relativo ai soli clienti che, all'inizio, erano affidabili (e per questo sono stati affidati) ed esclude i clienti che all'inizio non erano affidabili con pregiudizio della significatività delle conclusioni. I dati, inoltre, debbono essere riferiti ad una determinata data o ad un determinato lasso di tempo per osservare il comportamento di clienti affidati, ma inadempienti nel periodo prescelto.

Bisogna dunque fare attenzione quando si utilizzano gli strumenti statistici riferiti ad universi limitati (solo i clienti affidati, invece che anche i clienti rifiutati): per questo motivo è essenziale avere un'idea iniziale degli obiettivi che si vogliono raggiungere con lo *scoring*.

Quanto alla qualità, può essere utile riflettere sul fatto che i dati di cui si dispone possono non essere affidabili per diversi motivi: ad esempio, le informazioni demografiche (date di nascita, stato civile ecc.) provenienti dalle richieste di finanziamento dei clienti, qualora non verificate, possono non essere veritieri; sotto questo aspetto i dati provenienti da fonti impersonali (analisi di bilancio e visure catastali) posso essere maggiormente affidabili. In ogni caso, chi progetta il sistema di *scoring* può decidere di utilizzare soltanto dati provenienti dall'interno della banca oppure affiancarvi dati di origine esterna (*credit bureau*, centrali dei rischi, dati demografici impersonali).

Da ultimo, merita richiamare l'attenzione su di un elemento apparentemente tecnico: i dati andranno raccolti in un *database relazionale*[54], che consenta cioè di estrarre dati, combinando una molteplicità di variabili selezionate al momento della sua costruzione e quindi di essere interrogato utilizzando diverse parole-chiave, anche combinate fra loro, che comprenda informazioni su di un arco temporale di due-cinque anni e che consenta analisi di circa 12 mesi. Senza trascurare anche la difficol-

---

[54]La definizione è alquanto approssimativa perché non vi è consenso unanime intorno alla definizione di *Relational Database Management System* (RDBMS) che indica basi di dati che devono presentare i dati all'utente sotto forma di relazioni (una presentazione a tabelle può soddisfare questa proprietà) e deve fornire operatori relazionali per manipolare i dati in forma tabellare.

Le definizioni più popolari, come quella adottata in questa sede, di DBMS 'relazionale' sono piuttosto imprecise perché, per essere considerati tali, essi dovrebbero rispettare rigidamente alcune regole dettate nel 1995. Oggi peraltro la scelta di un RDBMS dipende dal costo di utilizzo per le organizzazioni che gestiscono dati piuttosto che dal rispetto delle citate regole. I prodotti commerciali in circolazione sono così meno robusti e affidabili.

Modelli dei dati alternativi a quello relazionale sono il modello gerarchico, quello reticolare e quello ad oggetti.

Più recentemente si utilizza il termine *data mining* per indicare l'elaborazione statistica di vasti database volta a generare nuove informazioni [Mays 1991, cap. 9].

tà di costruire un database robusto, resta il fatto che maggiore sarà la quantità di dati, maggiore sarà la significatività del campione estratto.

L'esperienza insegna [Siddiqi 2006: cap. 4] che un simile database non può prescindere dalle seguenti informazioni: identificativo del conto; data di apertura o data di richiesta di apertura; storia dei movimenti del conto; indicatori di accettazione/rifiuto di operazioni richieste; prodotti che vi confluiscono; stato del conto alla data della costruzione dello *scoring*. A queste, considerate indispensabili, si possono aggiungere altre informazioni (demografiche, geografiche, provenienti da fonti impersonali ecc.) a seconda degli obiettivi perseguiti dal sistema.

Il database, si ricorda, è utile sia per fissare i parametri numerici di riferimento dello *scoring*, sia per capire e interpretare l'attività caratteristica attraverso i dati numerici ma, soprattutto, per consentire al management di assumere decisioni convenienti e circostanziate sul futuro prossimo.

Dopo l'estrazione del campione dal database, a seconda degli obiettivi del sistema, si dovranno escludere alcune tipologie di conti: supponendo di utilizzare il sistema per la gestione corrente del merito di credito, andranno esclusi i conti il cui andamento non dipende dallo *scoring* che si vuole porre in essere. Ad esempio, andranno esclusi i conti in sofferenza, i quali di regola vengono gestiti dall'ufficio legale oppure i conti accesi ai dipendenti, quelli accesi a determinate categorie di clienti con trattamento privilegiato, quelli in contropartita con clienti occasionali, quelli a favore di finanziamenti ai consumi durevoli e voluttuari ecc. Andranno invece inclusi i conti che presentano situazioni anomale anche gravi in contropartita con imprese, famiglie produttrici ecc. Come si può osservare la scelta degli elementi per costruire il campione varia a seconda degli obiettivi che si vogliono perseguire con il sistema.

Uno dei limiti più rilevanti di qualsiasi previsione attuata tramite *scoring*, anche in materia di analisi del merito di credito, sta nei fondamenti del metodo: si ipotizza, cioè, che l'andamento futuro dei conti riflettano gli andamenti passati. La consapevolezza di tale limite, però, consente di ai adottare strategie di contenimento e di prudenza rispetto all'interpretazione dei risultati che si raggiungono. Una di queste strategie consiste nel fissare un periodo di osservazione del campione, contestualizzarne l'andamento e prevederne l'andamento per un periodo predeterminato futuro e contestualizzato. I dati così ottenuti (le variabili osservate) serviranno per parametrare gli elementi del campione rispetto alla classificazione adottata (clienti in bonis, clienti anomali, clienti gravemente anomali ecc.).

Una buona variabile utile a parametrare i clienti è data dagli sconfinamenti di conto corrente di cui si è già parlato a lungo: si tratta di una variabile importante per la gestione corrente, riguarda una vastissima gamma di clienti di tutte le categorie, riassume il comportamento del cliente su di una vasta gamma di operazioni diverse e, come si è visto, oggi è presa a parametro anche da Basilea 2[55].

Se definiamo:

— conti '*in bonis*' quelli che presentano, nell'anno, al massimo uno sconfinamento non superiore ai 30 giorni;

— conti 'anomali' quelli che presentano, nell'anno, uno o più sconfinamenti superiori ai 30 giorni;

— conti 'in sofferenza', quelli che presentano, nell'anno, almeno uno sconfinamento superiore ai 90 giorni

censiamo i conti e ne osserviamo l'andamento nel campione per l'anno appena passato, possiamo proiettare nel futuro prossimo, ad esempio per i tre o i sei mesi successivi a seconda delle condizioni di mercato generali, i comportamenti passati.

La Tabella 2.3 esemplifica i risultati dell'indagine prospettata e richiede alcune importanti osservazioni.

Anzitutto essa indica che sull'insieme dei conti accesi in gennaio (G), alla fine del terzo mese ne risultano sconfinati lo 0,87%, alla fine del sesto mese il 2,80% e alla fine del nono mese il 4,10%. Cosi, sull'insieme dei conti accesi in marzo (M), alla fine del terzo mese successivo ne risultano sconfinati lo 0,92% e alla fine del sesto mese il 3% ecc.

In secondo luogo si deve annotare che una tabella del genere è di poco aiuto se non si esplicitano i criteri sui quali è stata costruita: se le percentuali indicate si riferiscono a sconfinamenti oltre i 90 giorni, significa che quelle percentuali indicano anche la percentuale di prestiti che peseranno sui livelli patrimoniali per il 150%, ma se rappresentano sconfinamenti entro i 30 giorni possiamo concludere che si tratta di crediti in bonis. Se, invece, la tabella indica sconfinamenti fra i 30 e i 90 giorni essa indica anche crediti 'anomali' che richiedono supplementi di indagine, segmentazioni più analitiche ecc.: ad esempio, se accesi

---

[55]La variabile è recentemente stata utilizzata anche dagli accordi fra governo italiano e associazioni delle banche e delle imprese in materia di moratoria nel rientro dei fidi (v. ABI, 2009).

in contropartita con PMI, essi segnalano evidenze di rischio di credito accentuato.

In terzo luogo, merita segnalare l'erraticità dei risultati ottenuti da questo esame del campione: non è cioè uniforme il deterioramento della qualità dei conti indagato soltanto sulla base del passare del tempo. Anche se si può notare una 'mortalità' iniziale più accentuata rispetto ai mesi successivi, il segnale può indurre a conclusioni errate e può semplificare in modo eccessivo la realtà effettuale.

Infine si può osservare sia che l'esempio può essere applicato all'andamento di singoli prodotti: ad esempio agli andamenti dei debiti maturati sulle carte di credito; alle rate di mutuo impagate; agli anticipi su crediti non andati a buon fine ecc.; sia che, metodologicamente, esso può essere applicato a periodi di tempo più rarefatti e, in tali casi, può offrire significativi contributi alla ricerca di contestualizzare i comportamenti della clientela per ridurre la prociclicità dei dati. La stagionalità dei comportamenti, ad esempio, è sicuramente un elemento che andrebbe isolato e che non può emergere dall'esempio qui addotto: emergerebbe da un'analisi analoga riferita ad un maggior numero di trimestri per averne una percezione più precisa.

Data	*Periodo di mantenimento in essere del conto*								
	1m	*2m*	*3m*	*4m*	*5m*	*6m*	*7m*	*8m*	*9m*
G	0,00	0,44	0,87	1,40	2,40	2,80	3,20	3,60	*4,10*
F	0,00	0,37	0,88	1,70	2,30	2,70	3,30	*3,50*	
M	0,00	0,42	0,92	1,86	2,80	3,00	*3,60*		
A	0,00	0,65	1,20	1,90	2,85	*3,05*			
M	0,00	0,10	0,80	1,20	*2,20*				
G	0,00	0,14	0,79	*1,50*					
L	0,00	0,23	*0,88*						
A	0,00	*0,16*							
S	*0,00*								

Tabella 2.3: *Percentuali di conti sconfinati alla fine dell'ennesimo mese dalla data di apertura: esempio* (adattamento da Siddeqi: 34, exibit 4.2)

2.6.1 *Credit scoring* e partite anomale

Le partite anomale (v. *supra*, § 1.5.3) sono state oggetto più volte di attenzione e si è visto come sia arduo classificarle perché il punto centrale è stabilire il loro grado di anomalia senza il quale esse restano comprese in una zona indeterminata ma densa di presenze qualitativamente molto eterogenee (sofferenze, ristrutturate, incagliate, scadute e/o sconfinate deteriorate, scadute e/o sconfinate non deteriorate[56]). In proposito, come si è già notato, le norme di Basilea 2 operano un'importante ed inequivocabile scissione: le esposizioni, in contropartita con le imprese, sconfinate oltre i 90 giorni (*past due*) vanno ponderate per il 150% mentre quelle sconfinate entro i 30 giorni si considerano in bonis[57].

Le norme dunque agevolano la distinzione fra anomalie e riducono l'annoso problema della classificazione del partite per grado di anomalia. Diviene così più facile, *mutatis mutandis*, applicare l'esempio della Tab. 2.3.

Non sfugge tuttavia che la distinzione in questione è 'formale', nel senso che si adegua ad una distinzione generale ed esterna alla banca e al suo management. Le ricerche della banca, invece, potrebbero essere maggiorente circostanziate e precise: ad esempio individuando criteri di convenienza economica da affiancare a quelli formali appena riassunti.

Se, ad esempio, la banca fosse intenzionata a migliorare i propri proventi a scapito del rischio, potrebbe individuare i conti scaduti e/o sconfinati ma non deteriorati, cioè quelli che pur facendo sistematicamente rilevare dei ritardi nei rientri, rientrano comunque dopo un determinato periodo: applicandovi, ad esempio, il *top rate* per quei periodi, il flusso di proventi migliorerebbe. Naturalmente è necessario individuare quali sono i problemi che stanno a monte di simili comportamenti, potendo essi essere generati da una scarsa attenzione alla propria area finanzia-

---

[56]Questa puntuale classificazione si trova nella documentazione che accompagna L'Avviso congiunto fra ABI e Associazioni di Imprese siglato il 3 agosto 2009. V. ABI, 2009.

[57]Fino al 31 dic. 2011, all'Italia era stata concessa una deroga e cioè si potevano considerare *past due* le esposizioni sconfinate fino a 180 giorni. Ora si dovrebbero considerare *past due* le esposizioni sconfinate entro i 90 giorni.

Tuttavia la crisi in corso e la conseguente moratoria concordata fra banche e imprese in materia di rientro dei prestiti (v. ABI, 2009) ha previsto la possibilità che le imprese a più basso rischio, le uniche che possano eventualmente beneficiare della citata moratoria, possano rientrare dei prestiti a breve in 270 giorni.

ria piuttosto che ad effettivi squilibri finanziari generati dalla gestione caratteristica.

Analogamente si potrebbe tenere conto dei tempi di escussione della garanzie per le partite a sofferenza, delle quantità e dei tempi delle partite incagliate che si trasformano nuovamente in partite vive, ovvero in sofferenze o in crediti ristrutturati.

Anche per monitorare l'andamento del credito al consumo, tipicamente tramite l'utilizzo delle carte di credito, potrebbero essere effettuate diverse classificazioni e potrebbe essere presi in esame diversi componenti combinati fra loro.

In sintesi, tutto dipende dalle politiche manageriali che si vogliono porre in essere e dalle decisioni che si vogliono assumere: privilegiare determinati segmenti di clientela, determinati prodotti tradizionali o nuovi, determinate partite deteriorate ecc. Sempre nella consapevolezza che si tratta di misurazioni statistiche, cioè che verificano la ricorrenza degli eventi che si vogliono tenere sotto controllo con un determinato livello di probabilità, ma non verificano la ricorrenza di tutti gli altri eventi che sfuggono a quel preciso controllo.

Questa consapevolezza ha accentuato l'attenzione anche su di un altra serie di osservazioni necessarie e cioè quelle che controllano a posteriori che gli eventi considerati rispondano effettivamente alle caratteristiche delineate. È il caso delle esposizioni anomale che presentano andamenti incerti o difficilmente riconducibili a criteri predeterminati: ad esempio, l'ipotesi che le esposizioni sconfinate oltre i 30 giorni e fino ai 90 giorni hanno una elevato probabilità di restare sconfinate per altri 90 giorni (cioè fino ad un massimo di 180) e, di conseguenza, hanno un elevato grado di probabilità di generare partite che peseranno sui livelli patrimoniali per il 150%, come previsto da Basilea 2, va attentamente vagliata perché ribalta sul futuro osservazioni sul passato. Come minimo esse andranno contestualizzate per verificare se gli scenari siano rimasti identici o se siano peggiorati o migliorati (*roll rate analysis, confronti fra andamento corrente dei conti e andamento di quelli sconfinati ecc.*).

Infine, una volta individuate le partite anomale, per differenza andranno individuate le partite vive o in bonis. La questione però non è così semplice come apparentemente sembra: vi sono partite *in bonis* con rischio di credito quasi nullo le quali, tuttavia, sono troppo costose per la banca per cui sarebbe meglio abbandonarle; partite che sconfinano raramente ma che pure sono troppo costose perché non generano ricavi sufficienti ad essere remunerate; esposizioni troppo recenti per la quali non è possibile delineare una storia convincente e quindi esprimere un giudizio ecc.

Si nota dunque che circoscrivere le partite anomale non determina, per differenza, l'universo delle partite in bonis: anche queste ultime debbono essere analizzate e valutate attentamente per giungere a conclusioni il più circostanziate possibile.

2.7 Valutazioni a fini di bilancio

La valutazione degli affidamenti appena illustrata non ha ovviamente finalità tassonomiche ma è necessaria per una corretta gestione delle relazioni banca - clientela affidata in modo da salvaguardare gli interessi dell'azienda di credito. Un altro importante motivo di convenienza a distinguere i fidi vivi dalle partite immobilizzate risiede nell'obbligo a rispettare le norme[58].

Le valutazioni in questione, che sono *analitiche* e *forfetarie*, vengono effettuate due volte l'anno perché è necessario determinare il patrimonio di vigilanza anche con riferimento al 30 giugno[59]. E dato che il patrimonio è la differenza fra attività e passività e che le partite anomale comprimono il valore dell'attivo, emerge anche in questa circostanza l'importanza di valutazioni attendibili.

---

[58] «I crediti devono essere iscritti secondo il valore presumibile di realizzazione» art. 2426 c.c.

«I crediti derivanti da contratti di finanziamento sono contabilizzati per l'importo erogato» D.L. n. 87/92, art. 8.

«I crediti sono valutati secondo il valore presumibile di realizzazione da calcolare, [. . .] in base: a. alla situazione di solvibilità dei debitori; [. . .] Nel calcolo [. . .] può inoltre tenersi conto di andamenti economici negativi riguardanti categorie omogenee di crediti. Le relative svalutazioni possono essere determinate [. . .] anche in modo forfetario; il loro importo è indicato nella nota integrativa» *Ibidem*, art. 20.

«[. . .] la nota integrativa indica: a - i criteri applicati nelle valutazioni di bilancio e nelle rettifiche di valore; [. . .]; g - i crediti in sofferenza e quelli per interessi di mora» *Ibidem*, art. 23.

[59] La consistenza del patrimonio di vigilanza, calcolata entro la fine di febbraio, con riferimento al 31 dicembre dell'anno precedente, ed entro la fine di agosto, con riferimento al 30 giugno precedente, viene utilizzata per calcolare la consistenza dei coefficienti minimi patrimoniali a quelle date. Indipendentemente dai coefficienti citati, comunque, le segnalazioni di vigilanza sono mensili e prevedono la segnalazione delle variazioni delle componenti patrimoniali avvenute in corso di mese.

Le *valutazioni analitiche* abbattono direttamente il valore di libro delle partite in sofferenza e delle più rilevanti partite incagliate; le *valutazioni forfetarie*, invece, abbattono il valore complessivo dei crediti vivi e delle altre partite incagliate. È così importante la valutazione dei crediti che la procedura (PUMA2)[60] con la quale si effettuano le segnalazioni periodiche alla Banca d'Italia, tiene distinte le 'svalutazioni analitiche', non solo dalle 'svalutazioni forfetarie per rischio paese', ma anche dalle 'altre svalutazioni analitiche' necessarie a tenere conto partitamente del rischio di settore merceologico e del rischio fisiologico di portafoglio, sia per i crediti per cassa che per le operazioni 'fuori bilancio'.

Come si può ben immaginare, dato che la classificazione dei crediti in diverse categorie di rischio appartiene all'autonoma prudenza valutativa della singola azienda di credito, anche le svalutazioni analitiche e forfetarie appartengono alla sfera di autonomia decisionale della banca. Esse vengono tuttavia effettuate attraverso procedimenti e apprezzamenti che debbono trovare esplicitazione sulla nota integrativa e presso gli uffici della banca laddove deve esservi la possibilità di verificare che non vi è soluzione di continuità fra dati di bilancio, segnalazioni di vigilanza e contabilità interna.

Mentre è abbastanza intuitiva la necessità di svalutare analiticamente le partite immobilizzate, o almeno le più rilevanti fra di esse (ad esempio tutte quelle superiori ad un determinato importo) può essere meno evidente la necessità di svalutare le partite vive.

È invece necessario sempre ricordare che, oltre alla difficoltà di analizzare il bilancio e di disporre del rendiconto finanziario (v. *ultra*, capp. 3 e 4) la maggior parte dei crediti in essere trovano collocazione nel

---

[60]La Procedura Unificata Matrici Aziendali (PUMA) costituisce la base dell'attività di vigilanza informativa della Banca d'Italia (T.U. Bancario, art. 66). Attivata nel 1974 (PUMA), la procedura ha subito un notevole sviluppo segnando un punto di svolta nel 1989 (PUMA2). Come si è già notato con riferimento alla Centrale dei Rischi, alla Centrale dei Bilanci e alla procedura ARS, i flussi informativi richiesti dalla Banca d'Italia hanno anche l'obiettivo di rafforzare i sistemi di autocontrollo delle banche.

La PUMA2 è la procedura attraverso la quale le banche mensilmente debbono segnalare alla Banca d'Italia l'andamento delle quantità economiche, finanziarie e patrimoniali: i dati, rielaborati dalla Banca d'Italia, vengono restituiti a ciascuna banca attraverso due procedure denominate BAse Statistica Raffronti Aziendali (BASTRA): l'una con i *flussi a dati grezzi* (BASTRA1); l'altra con i *flussi a indicatori di gestione* (BASTRA2).

passivo delle imprese e quindi fra i loro investimenti, indipendentemente dalla loro scadenza originaria: il credito, cioè, una volta insediatosi nell'impresa e miscelatosi con i mezzi propri tende a cristallizzare una situazione difficilmente modificabile nel breve periodo, tanto meno con provvedimenti coercitivi da parte delle banche. Questa circostanza è nota alle banche che sanno con quale difficoltà sia possibile divincolarsi da situazioni divenute sostanzialmente precarie anche se apparentemente floride; ed è nota alle imprese le quali, se considerano il credito ottenuto come un conferimento in conto capitale, piuttosto che come un finanziamento, fanno sovente ricadere il rischio più elevato proprio sui fondi acquisiti a titolo di credito. Per cui, da tempo immemorabile, non è difficile riscontrare imprese che 'rischiano il capitale' delle banche piuttosto che il capitale proprio.

Ne segue l'estrema difficoltà di 'valutare il valore di realizzo' anche dei crediti in *bonis* e quindi la necessità di attribuire loro un coefficiente di deterioramento - le svalutazioni forfetarie, per l'appunto - calcolato con metodi affidabili ancorché di tipo statistico.

2.8 Credito ordinario e credito a medio termine

Fra le locuzioni più diffuse e più incerte dal punto di vista descrittivo vi sono quelle che distinguono i fidi dal punto di vista della scadenza originaria (a breve, a medio e lungo termine), dal punto di vista della destinazione (credito industriale, credito commerciale, credito finanziario), dal punto di vista dell'orizzonte temporale di utilizzo (credito di campagna, credito ordinario, credito a medio termine), dal punto di vista dei fabbisogni che fronteggia (credito ordinario e credito speciale) ecc.

Quando si vogliono distinguere i fidi a seconda della loro scadenza originaria, si utilizzano locuzioni del tipo: fidi 'a breve' (scadenza originaria entro i diciotto-ventiquattro mesi), 'a medio' (entro cinque anni), 'a lungo' termine (oltre i cinque anni).

È però necessario tenere conto dell'estrema fragilità di queste distinzioni. Esse infatti vogliono avvertire della scadenza contrattuale di ciascun fido e, pertanto, sia che i momenti di rinegoziazione o di rimborso dei prestiti sono diversi nel tempo, sia che la rinegoziazione di un prestito a scadenza protratta andrà effettuata con argomentazioni

economico-finanziarie diverse da quelle che stanno alla base della negoziazione e rinegoziazione di prestiti a revoca o a scadenza breve. In realtà, i fondi acquisiti entrano indifferenziatamente nella gestione corrente
dell'impresa finanziata; nella gestione della banca i fondi sono sistematicamente investiti e reinvestiti in contropartita con l'impresa, nelle forme
contrattuali e tecniche di prestito ritenute più consone, fino a che la
redditività prospettica del finanziato non dimostri di deteriorarsi.

La circostanza che vi siano scadenze originarie certe non significa
dunque che a quelle scadenze l'impresa rimborserà in via definitva i prestiti ottenuti ma che tenderà a rinnovarli per mantenere i livelli produttivi raggiunti. La banca ha il compito, tuttavia, di rendere più o meno
conveniente il rinnovo del prestito. Se, infatti, permangono buone condizioni di affidabilità la decisione di rinnovo del prestito viene agevolata;
se le condizioni di affidabilità sono, invece, divenute precarie si pone la
scelta fra rendere più oneroso il nuovo prestito, oppure non rinnovare il
contratto in scadenza. La riduzione di affidabilità della clientela, infatti,
si combatte con maggiore probabilità di successo inducendo la clientela
stessa a rivolgersi alla concorrenza.

Se la riduzione del merito di credito si verifica prima della scadenza
dei prestiti, può non essere conveniente attivare le richieste di 'rientro'
perché ciò può preludere alla grave decisione di revocare i fidi e quindi
alla decisione di appalesare il venir meno della fiducia sulla capacità
di reddito dell'impresa. Può essere molto più conveniente per la banca
attivare un lento e lungo processo di disimpegno che transita attraverso
l'utilizzo di tutti gli strumenti a disposizione: aumento dei tassi laddove
possibile, *in primis*, riduzione di quantità di credito, accentuazione del
monitoraggio ecc.: il tutto per spingere il cliente, divenuto più rischioso,
verso la concorrenza.

Se viene meno il merito di credito dell'affidato, i fidi a revoca, come
si è già notato, offrono maggiori possibilità di manovra.

Con riferimento alle scadenze originarie ma anche con l'attenzione
rivolta alla gestione caratteristica dell'impresa finanziata si utilizza la
locuzione *credito ordinario* per indicare prevalentemente i prestiti a breve scadenza. Questa stessa locuzione viene spesso adottata indicare la
destinazione del credito: 'ordinario' sarebbe così il credito destinato alle
occorrenze normali, correnti e saltuarie, di imprese di qualsiasi settore
o comparto dell'economia, mentre il credito 'speciale' sarebbe destinato
a particolari settori dell'economia (agricoltura, PMI, artigianato ecc.).

A seguito della despecializzazione funzionale del sistema bancario, attualmente le banche hanno la facoltà di esercitare le seguenti *forme di credito speciale*, destinato cioè a determinati soggetti o attività:

a) credito fondiario;

b) credito alle opere pubbliche;

c) credito agrario;

d) credito peschereccio;

e) credito su pegno;

f) credito al consumo.

Mentre, tuttavia, il *credito fondiario* e il *credito su pegno* sono qualificati dalla garanzia che assiste il prestito (l'ipoteca su immobili nel primo caso, il pegno di cose mobili nel secondo caso), le altre forme di credito prevedono di finanziare determinati soggetti (i consumatori) o determinate attività (opere pubbliche, impianti di pubblica utilità, attività agricola, zootecnica, di pesca, di acquacoltura e attività connesse o collaterali).

Solo nel caso del credito fondiario è prevista la scadenza a medio lungo termine dei prestiti, in forza della garanzia ipotecaria richiesta; per tutti gli altri prestiti è prevista la facoltà di avvalersi, oltre che delle ben note garanzie reali, anche del privilegio su beni mobili non iscritti a pubblici registri.

Diverso dal credito speciale è il *credito agevolato*, cioè il finanziamento assistito da provvidenze pubbliche; il più delle volte le provvidenze si concretizzano in forme di credito il cui costo e/o il cui ammontare viene regolamentato da leggi che tendono a salvaguardare o a sviluppare determinati settori economici. In tal caso, allora, la distinzione è più attenta ai volumi e ai prezzi del credito: il 'credito ordinario' è contratto per volumi e prezzi 'di mercato', mentre il 'credito speciale' è contratto per volumi e prezzi 'non di mercato'.

Anche da questo punto di vista, tuttavia, nell'economia dell'impresa finanziata, non vi è alcuna distinzione fra fondi acquisiti in modo 'ordinario' e in modo 'speciale' o 'agevolato' perché, analogamente a quanto osservato per altre 'categorie' di prestiti, dal punto di vista economico-finanziario non è possibile distinguere i mezzi finanziari acquisiti da quelli investiti. Si tratta, di regola, di categorie contrattuali, giuridiche e non economico-finanziarie.

Un'altra locuzione utilizzata spesso, ma il cui significato va chiarito, è quella di *credito industriale*: nel linguaggio corrente essa viene utilizzata per indicare i finanziamenti di non breve termine all'impresa industriale anche se, a ben vedere, essa dovrebbe comprendere anche i finanziamenti a breve destinati alle imprese medesime. Da decenni la locuzione comprende anche quella di *credito mobiliare*, dei finanziamenti cioè imperniati sulla circolazione dei valori mobiliari emessi dalle imprese non finanziarie.

È necessario dunque concentrare sempre l'attenzione sul fatto che i mezzi finanziari, indipendentemente dalle condizioni contrattuali che li connotano, entrano indistintamente nel circuito economico-finanziario d'impresa anche se, poi, i relativi costi, ricavi e flussi sono differenziati nell'ammontare e nel tempo. I mezzi finanziari a qualunque titolo acquisiti, 'insediatisi' nel processo produttivo del finanziato divengono fattori 'causanti' di altri processi economici, finanziari e patrimoniali e generano nuovi vincoli imprescindibili le cui conseguenze non sono sempre prevedibili.

2.9 Partite immobilizzate

La commistione fra mezzi finanziari negoziati a breve, medio e lungo termine comporta per le banche e per le imprese la possibilità che si instaurino relazioni troppo strette e tali per cui risulti difficilmente distinguibile la convenienza della banca nel decidere liberamente di assistere un'impresa. La questione, evidenziatasi con la crisi degli anni Trenta[61], si è riproposta con la crisi iniziata nell'estate del 2007. In quest'ultimo caso, però, gli stretti legami hanno riguardato le relazioni

---

[61] «Alla vigilia della crisi del 1930–31, la struttura delle grandi banche italiane di credito ordinario aveva subito trasformazioni, o meglio deformazioni 'stupende'. Il grosso del credito da esse erogato, miliardi e miliardi di lire di allora, era fornito ad un ristretto numero di aziende, un centinaio, che con quell'aiuto avevan potuto svilupparsi notevolmente, ma che dipendevano ormai al punto da non poterne più fare a meno. In altre parole, eran sotto il controllo delle banche...La fisiologica simbiosi si era mutata in una mostruosa fratellanza siamese. Le banche erano ancora banche 'miste' sotto l'aspetto formale, ma nella sostanza erano divenute banques d'affairs, istituti di credito mobiliare legati a filo doppio alle sorti delle industrie del loro gruppo.

Né basta: per salvaguardarsi, diciamo così, dai fin troppo ovvi pericoli di questa situazione, le banche avevano ricomprato praticamente tutto il loro capitale: possedevano se stesse attraverso il possesso delle finanziarie da esse create e finanziate per assicurarsi 'il controllo' del loro capitale. Una prima deformazione ne provoca un'altra.» [Mattioli, 1962: 226–227].

fra banche e imprese finanziarie, aggiungendo, ai già difficili problemi di governo delle relazioni finanziarie e patrimoniali fra banche e imprese non finanziarie, altri difficili questioni relative alle relazioni fra banche e imprese finanziarie. Le difficoltà in questione derivano dai processi di liberalizzazione degli ultimi vent'anni che avevano toccato livelli analoghi a quelli di inizio Novecento.

Dopo la crisi degli anni Trenta, il paradigma fondamentale degli ordinamenti bancari occidentali affermavano l'opportunità di mantenere separata l'attività bancaria dall'attività industriale, cioè l'attività delle banche e quella delle imprese non bancarie. In Italia, questa separazione trovava il suo fondamento nella Legge Bancaria del 1936, in successivi provvedimenti del CICR e nel T. U. Bancario del 1993. Successivamente l'ordinamento è stato superato da diverse direttive comunitarie tendenti, per l'appunto, a 'liberalizzare' i mercati: tendenti cioè a ridurre i vincoli normativi per privilegiare i vincoli derivanti dalla convenienza degli operatori. Dal punto di vista che qui interessa, dapprima si ridussero notevolmente i vincoli fra banche e imprese finanziarie (cioè fra intermediari monetari, non monetari e assicurativi) consentendo la costituzione di gruppi e di conglomerati finanziari e, successivamente, si ridussero anche i vincoli fra intermediari finanziari e imprese non finanziarie.

La separazione[62] fra imprese bancarie, finanziarie, assicurative e imprese non finanziarie rimane tuttavia questione complessa per diversi motivi: in questa sede si accenna ad una delle questioni *clou* e cioè al problema della possibile trasformazione dei prestiti in interessenze delle banche nelle imprese industriali. Questa trasformazione può minare comunque la convenienza della banca che potrebbe vedersi costretta a sostenere imprese malandate con nuovi prestiti o, addirittura con apporti in conto capitale, nella speranza di vederle rifiorire. I sistemi economici sono lastricati di simili buone intenzioni, miseramente fallite[63]. Resta infatti essenziale evitare la commistione fra l'attività del banchiere e l'attività dell'industriale perché i criteri di gestione economica di

---

[62]Quando ci si riferisce alle partecipazioni delle industrie al capitale sociale delle banche, si utilizza la locuzione *separatezza* fra banca e industria. In proposito, il CICR, con Delibera del 20 marzo 1987, stabilì la necessità di assicurare l'autonomia delle banche rispetto agli interessi dei propri soci con interessi imprenditoriali in settori non finanziari, cercando così di limitare interventi impropri di questi ultimi rispetto alla corretta allocazione del credito.

[63]Per l'Italia resta emblematico il lavoro di Pantaleoni di fine 800.

una banca divergono dai criteri della gestione economica di un'impresa affidata o affidabile: le imprese, infatti, abbisognano dei fondi che le banche creano, rendendosene garanti a proprio rischio in contropartita con i depositanti. Nell'ambito del paradigma della separazione fra attività, si tratta di affrontare e di dare soluzione ai problemi che possono concretamente vanificare le migliori intenzioni.

La diversità delle relazioni fra banche e imprese e fra banche e imprese finanziarie derivava dalla circostanza che mentre la maggior parte dei prestiti alle imprese hanno difficoltà ad essere trasferiti a terzi, in quanto non incorporati in strumenti finanziari, la maggior parte dei prestiti alle imprese finanziarie è fondata sull'emissione di strumenti finanziari. Il punto di svolta si ha nel corso degli anni Settanta, negli Stati Uniti, quando si crea la convenienza e la possibilità operativa di 'cartolarizzare' i prestiti, cioè di trasformarli in strumenti finanziari e quindi di venderli a terzi. Gli eccessi nell'utilizzo di queste forme tecniche di smobilizzo dei prestiti ha provocato la crisi del 2007, richiamando l'attenzione sugli stretti legami fra banche e imprese finanziarie destinatarie dei crediti cartolarizzati[64].

La cartolarizzazione risponde dunque all'esigenza di rendere possibile che i crediti concessi, ancorché correttamente, possano venire smobilizzati quando viene meno la convenienza economica e finanziaria della banca: in caso contrario si sarebbe in presenza di una *immobilizzazione*.

Le relazioni fra banche e imprese, infatti, mettono in evidenza che, *ab origine*, vi è una oggettiva difficoltà a tenere separate le due attività perché vi sono notevoli difficoltà a predeterminare in quale misura gli attivi della banca possano essere considerati immobilizzati. Questa difficoltà non discende solo dal fatto che vi sono comportamenti opportunistici, ma anche dal fatto che i cambiamenti dell'ambiente, anche economico, possono di fatto trasformare a lunga scadenza un investimento che inizialmente era a breve termine non solo nella forma giuridica, ma anche nell'intenzione dei contraenti. Un credito, infatti, può essere giudicato a breve scadenza se una banca può venire sostituita da un'altra nel finanziare un'impresa e dunque il problema della singola azienda di credito diventa in realtà quello della trasferibilità dei prestiti: la circostanza che fa giudicare a breve scadenza il credito bancario concesso

---

[64]In estrema sintesi, si è passati dal modello di banca denominata *originate-to-hold* (OTH) al modello *originate-to-distribute* (OTD).

«è la fondata presunzione che, ove la banca non ritenga di rinnovare il credito e alla scadenza ne chieda il rimborso, altri finanziatori avrebbero la convenienza a concedere fido all'azienda sostituendosi in sostanza al primitivo finanziatore. Tale sostituzione non sarebbe possibile e quanto meno sarebbe più difficile, se l'esposizione della banca nell'azienda fosse più rilevante, tanto da non trovare sicura copertura nel capitale di liquidazione dell'azienda» [Saraceno, 1992: 156].

L'economia aziendale, a ben vedere, può offrire un contributo non trascurabile ad accertare se il paradigma viene correntemente perseguito o, quanto meno, in quali termini e in quale misura vi siano scostamenti da ridurre.

Prescindendo dal rischio di insolvenza dell'affidato e confrontando gli impieghi in prestiti con la detenzione di valori mobiliari possiamo osservare che il grado di liquidità effettiva dei prestiti è precario a causa, appunto, della difficoltà di sostituire il creditore; la qual cosa invece può avvenire con maggiore facilità nel mercato degli strumenti finanziari quando è possibile un pronto smobilizzo. La precarietà in questione si accentua perché l'azienda di credito che vuole disfarsi di una posizione ritenuta non più conveniente non trova un mercato, ma pochi agguerriti concorrenti ai quali tentare di trasferire la posizione in questione mantenendo il più assoluto riserbo intorno alla situazione economico-finanziaria del cliente.

Ne segue che lo smobilizzo di un prestito utilizzato si presenta come lo smobilizzo di un'attività finanziaria scarsamente liquida. Tale connotato viene di regola a mancare proprio quando appare più necessario all'economia dell'azienda di credito, cosicché il carattere di immobilizzo dei prestiti bancari viene eliminato, attenuato o accentuato non tanto dai requisiti intrinseci delle forme tecniche quanto dagli andamenti dei mercati sui quali lavorano le imprese: se un'impresa non vende, non produce fatturato tale da contenere i costi e gli accantonamenti; se vende a clienti che non pagano aumenta il fabbisogno finanziario; se non produce utili, o se li distribuisce in modo imprudente, assottiglia le proprie disponibilità patrimoniali ecc.

La circostanza viene accentuata dal fatto che i prestiti utilizzati ben difficilmente possono avere un cambiamento di destinazione in quanto sono investiti nell'attivitò delle imprese e comunque 'appartengono' al calcolo di convenienza o all'orizzonte economico delle imprese stesse. Ma sono altresì i prestiti concessi e non utilizzati (i margini di fido non utilizzato) ad appartenere all'orizzonte economico dell'impresa; per non parlare di quelli utilizzati *tout court* (i cosiddetti 'sconfinamenti' sui fidi in essere): ancorché non ancora concessi, essi costringono la banca a regolarizzare ex post la posizione, aumentando l'ammontare delle linee di credito, senza per questo migliorare né la qualità dell'affidamento, né la tutela delle proprie ragioni creditorie.

Queste situazioni generali, come si diceva, possono venire sensibilmente modificate in presenza della possibilità di cartolarizzazione dei prestiti che possono creare notevoli opportunità per gli investitori, per i prenditori di fondi e per le banche stesse; le diverse modalità di titolarizzazione dei prestiti possono consentire diverse forme di smobilizzo: si potrebbe giungere perfino ad ipotizzare una radicale modifica delle funzioni della banca che si trasforma, da intermediario classico fra affidati e depositanti, in una sorta di *broker* fra investitori e mutuatari, assicurando il buon fine delle operazioni. Ma si propone continuamente il problema dell'esistenza di un mercato finanziario ove classare questi strumenti finanziari.

È dunque una ragione ben più profonda quella che impedisce di determinare *a priori* in quale misura le attività finanziarie dell'azienda di credito possano essere considerate immobilizzate [Saraceno 1962: 146–192] ed è, come si è detto, che non sempre le immobilizzazioni nascono come tali. Spesso accade che si sopperisca al sopravvenuto immobilizzo sostituendo, alla forma tecnica di finanziamento a breve, una forma a scadenza più lunga: varia così la qualità finanziaria dell'impiego dei fondi e varia la sua qualità economica in quanto gli oneri finanziari hanno ritmi di maturazione e di pagamento ben diversi e sono, spesso, notevolmente meno onerosi.

Il riconoscimento del carattere di immobilizzazione di un prestito è, infine, arduo nel caso dei cosiddetti 'gruppi' di imprese delle quali faccia parte, addirittura una società veicolo di cartolarizzazione. Solo l'uscita finale e definitiva del prodotto dal complesso economico del gruppo e il suo passaggio ad un soggetto estraneo ad esso, e che ne paghi il prezzo, può permettere quelle valutazioni sui risultati di un atto produttivo che, pur con le incertezze e le riserve conseguenti alla adozione di strumentazioni contabili convenzionali, può compiersi all'atto del conseguimento del relativo ricavo.

Il termine 'immobilizzo', allora, esprime diverse situazioni economiche più o meno accentuate e indipendenti dalle forme tecniche e giuridiche che generano le relazioni di finanziamento delle banche con le imprese; appare riduttivo dunque riferirsi solo alle partite incagliate, o alle sofferenze delle banche, a situazioni cioè ove si appalesano già forti anomalie: si tratta in questi casi di situazioni che tendono a registrare una riduzione dei margini di manovra relativi, oltre che alla trasferibilità delle partite, anche alla loro esigibilità e alla loro economicità.

Diviene dunque arduo anche trarre dalle ben note segmentazioni convenzionali dell'attività bancaria (breve, medio e lungo termine), attuate *ex ante*, conclusioni illuminanti in tema di liquidità e redditività degli impieghi, in tema di configurazione delle immobilizzazioni finanziarie, delle partecipazioni, nonché accettabili e generalizzabili orientamenti in tema di correttezza delle relazioni fra aziende e, più precisamente, fra banche e imprese non bancarie.

È, infatti, il problema della trasferibilità delle operazioni attive, piuttosto che quello del loro effettivo esaurimento, l'elemento che rimane alla radice dei problemi di economia creditizia. Dal punto di vista della qualità degli attivi bancari, la questione non riguarda tanto le scadenze dei prestiti ma la loro trasferibilità in quanto connotato essenziale della liquidità. Ma se la liquidità è in buona misura rappresentata dalla trasferibilità e se questa, a sua volta, è resa facile e permessa dalla buona qualità dell'operazione che si trasferisce, la liquidità della banca viene ad essere connessa anche con la situazione economica della controparte: la trasferibilità, infatti, è tanto più facile quanto migliori sono le prospettive di reddito della attività finanziaria che si intende cedere. Ma un impiego redditizio rende, così, non particolarmente urgente e utile la trasferibilità dell'operazione; essa diviene ben più urgente quando la redditività scema e, ancor prima, quando si riducono le aspettative sui redditi possibili.

È per questo che i problemi di stabilità e di autonomia delle singole banche si pongono anche a monte per effetto delle relazioni finanziarie correnti (connesse cioè con i finanziamenti), indipendentemente dall'instaurarsi di ulteriori collegamenti di tipo patrimoniale (connesse cioè con le partecipazioni), in forza appunto dell'imprescindibile ambivalenza immobilizzo–liquidità che connota gli attivi bancari.

L'attività creditizia genera dunque, di per sè, molti fattori di commistione con le imprese affidate e non sembra, pertanto, conveniente, opportuno e consigliabile accentuare tali collegamenti per il tramite della deliberata assunzione di partecipazioni.

Sotto questo profilo, va ancora attirata l'attenzione sulle operazioni di credito mobiliare[65] che possono assumere un ruolo centrale, come è già avvenuto nell'ambito dell'esperienza della banca mista[66], costituendo l'anticamera delle partecipazioni. Acquista quindi forza l'obiettivo di evitare che il credito mobiliare produca immobilizzi rappresentati da partecipazioni assunte involontariamente. Non appare tramontato, infatti, il pericolo che le banche debbano interessarsi alla vita delle imprese industriali:

> «non già per promuovere espansioni, assumere partecipazioni, ecc., ma soltanto per determinare i limiti entro i quali il finanziamento può essere convenientemente contenuto affinché la banca non divenga una associata dell'impresa industriale e, inoltre, per vigilare assiduamente affinché il carattere del finanziamento non muti col mutare della situazione finanziaria ed economica dell'impresa sovvenzionata» [Saraceno 1933: 325].

Oggi si è all'interno di un periodo di notevole evoluzione dell'ambiente bancario, finanziario e industriale e il dibattito intorno al modello di banca che deve essere adottato nel nostro Paese, in Europa e negli Stati Uniti presenta aspetti radicalmente innovativi perché il settore bancario che si è delineato prevede che le banche possano ampliare la loro attività di credito mobiliare fino alla detenzione di partecipazioni industriali dirette, anche di controllo, oltre che indirette per il tramite di soggetti

---

[65]Con questa locuzione ci si riferisce alle operazioni attraverso le quali le imprese emettono strumenti finanziari in contropartita con le banche. Le banche possono comprare i titoli e collocarli successivamente sul mercato a proprio rischio (collocamento con preventiva sottoscrizione), ovvero possono occuparsi del solo collocamento degli strumenti sul mercato (collocamento senza preventiva sottoscrizione) senza assumerne il rischio.

Su analogie e differenze fra *credito industriale* e *credito mobiliare* si veda Confalonieri 1960.

[66]La banca *mista* (denominata anche *banca universale* o *banca tedesca*) compie tutta la gamma di operazioni attive e passive: dalla raccolta a vista all'assunzione di partecipazioni industriali. A questa configurazione è stata fata risalire la crisi degli anni Trenta. Oggi la rinata possibilità di configurare la banca mista si realizza attraverso la configurazione del gruppo bancario.

Si contrappone alla *banca pura* o *banca inglese* che svolge attività di credito commerciale, raccoglie depositi a vista e svolge attività di clearing nel sistema dei pagamenti.

operanti nel settore finanziario. In sintesi, si può configurare una banca universale organizzata come gruppo di banche, di imprese di credito, di imprese che esercitano attività ad esse strumentali e di imprese *tout court*. La crisi iniziata nel 2007, tuttavia, sembra foriera di ripensamenti anche in questa materia.

L'evoluzione che si prospetta, tuttavia, non può non essere esaminata, oltre che alla luce del bagaglio storico e dell'esperienza dei modelli di banca pura, mista, universale, ecc., anche alla luce dell'evoluzione che ha caratterizzato le istituzioni operanti nell'ambiente finanziario e creditizio di questi ultimi lustri. Nell'ambito di questa evoluzione è opportuno tenere conto che la strumentazione tecnica di controllo a disposizione delle autorità creditizie e dei banchieri si è molto affinata e sembra consentire oggi di pilotare il problema della separatezza con maggiori possibilità di successo. Si possono in proposito citare i due seguenti elementi.

Anzitutto il parametro cardine utilizzato nell'attività di vigilanza, i fondi propri, ha avuto ora una codificazione convenzionale molto convincente che scompone la grandezza in due parti, il *core capital* e il patrimonio supplementare, ma che stabilisce uno stretto collegamento fra le due componenti, riducendo il grado di arbitrarietà nella misurazione.

Non sfugge il significato economico di questa innovazione: si riafferma che l'economicità della gestione è il cardine dell'incremento patrimoniale; ad esso si affianca la possibilità di ricorrere al mercato azionario; si riafferma che valutazioni e rivalutazioni, indipendentemente da ragioni fiscali, hanno una dimensione economica e patrimoniale autonoma; si collegano strettamente le possibili valutazioni e rivalutazioni, nonché gli strumenti ibridi di patrimonializzazione, con gli effettivi apporti esterni di mezzi propri o con i risparmi d'impresa. Ne segue che il parametro ha migliori connotati di nucleo compatto, relativamente ridotto come dimensione rispetto ai fatturati bancari e finanziari, ma contenente la 'massa gravitazionale' dell'impresa.

In secondo luogo, la conoscenza della gestione della banca è attualmente più soddisfacente: le innovazioni in tema di segnalazioni di vigilanza consentono di superare molte perplessità in tema di utilizzo dei flussi di fondi per conoscere e riconoscere i fenomeni finanziari e bancari tendenti all'anomalia. La vigilanza ha così strumenti efficaci per rispondere alle esigenze di regolamentazione prudenziale, ma anche le aziende di credito sono oggi in grado di avere informazioni assolutamente impensabili solo vent'anni fa. Ciò può consentire di tenere sotto controllo e pilotare gran parte dei fenomeni di commistione che oggettivamente si realizzano.

Ancora, sembra più diffusa la convinzione che anche il capitale di comando in mano pubblica debba produrre strutture organizzative efficienti. Ma ciò è possibile se l'impresa pubblica, al pari di tutte le imprese, è contendibile, viene governata come azienda *profit-oriented* e viene conosciuta, riconosciuta ed apprezzata come potente strumento di produzione di reddito. L'industria bancaria non sfugge a questa logica, né l'interesse generale può discostarsene, anche se rimane sempre e comunque imprescindibile la circostanza che le imprese, pubbliche o private, interagiscono con l'ambiente.

In ogni caso rimane pregnante uno dei punti di debolezza della banca universale in Italia e cioè la constatazione che non appare facile procedere alla trasferibilità delle posizioni: lo smobilizzo dovrebbe poter essere generato dall'area del mercato degli strumenti finanziari; anche in questo comparto si sono, tuttavia, portati a compimento nel nostro Paese notevoli iniziative rivolte all'ammodernamento dell'attività di intermediazione mobiliare.

Nel corso dei prossimi anni dunque il settore bancario, il settore finanziario e il settore industriale dovranno affrontare molti problemi di non poco rilievo e le decisioni riguardanti il modello di banca più adatto alle esigenze di sviluppo del nostro Paese, sono condizionate dalle scelte maturate in sede comunitaria e assumono particolare rilievo perché ridisegnano in maniera radicale il modo di poter 'fare banca' in un Paese ove il mercato mobiliare non sembra decollare.

Riferimenti bibliografici

AUTORITÀ BANCARIA EUROPEA

2014 *Regolamento (UE) n. 1093/2010 del Parlamento europeo e del Consiglio, del 24 novembre 2010, che istituisce l'Autorità europea di vigilanza (Autorità bancaria europea), modifica la decisione n. 716/2009/CE e abroga la decisione 2009/78/CE della Commissione,*

AUTORITÀ EUROPEA DEGLI STRUMENTI FINANZIARI E DEI MERCATI - AESFEM

2010 *Regolamento (UE) n. 1095/2010 del Parlamento europeo e del Consiglio, del 24 novembre 2010, che istituisce l'Autorità europea di vigilanza (Autorità europea degli strumenti finanziari e dei mercati), modifica la decisione n. 716/2009/CE e abroga la decisione 2009/77/CE della Commissione.*

BANCA COMMERCIALE ITALIANA

1967 *Relazioni del Consiglio di Amministrazione alla Assemblea Generale (1945-1965)*, Capriolo, Milano.

1974 *Relazioni del Consiglio di Amministrazione alla Assemblea Generale (1966-1971)*, Capriolo, Milano.

BANCA D'ITALIA

2006 *Nuove disposizioni di vigilanza prudenziale per le banche*, Circolare n. 263 del 27 dicembre 2006.

2008 *Matrice dei conti*, Circolare n. 272 del 30 luglio 2008.

2013 *Disposizioni di vigilaza per le banche*, Circolare n. 285 del 17 dicembre 2013.

BIANCHI, T.

1985 *I fidi bancari*, Utet, Torino (ristampa della V ed., 1977).

BIFFIS, P.

1999 — Santesso E., *Il fondo rischi bancari generali* in Biffis P. - Santesso E. (a cura di), *Il bilancio delle banche e delle imprese finanziarie*, IlSole24Ore, Milano.

2011 *Il Settore Bancario*, IV ed., EIF-e.Book, 2011 (*www.eifebook.com*).

CAPITAL REGULATION DIRECTIVE IV - CRD IV

2013 *Direttiva 2013/36/UE del Parlamento europeo e del Consiglio del 26 giugno 2013 sull'accesso all'attività degli enti creditizi e sulla vigilanza prudenziale sugli enti creditizi e sulle imprese di investimento, che modifica la direttiva 2002/87/CE e abroga le direttive 2006/48/CE e 2006/49/CE.*

CAPITAL REQUIREMENTS REGULATION - CRR

    2014 *Regolamento (UE) n. 575/2013 del Parlamento europeo e del Consiglio del 26 giugno 2013 relativo ai requisiti patrimoniali degli enti creditizi e le imprese di investimento e che modifica il Regolamento (UE) n. 648/2012* (Testo rilevante ai fini del SEE).

CAPRARA, U.

    1954 *La banca*, Giuffrè (ristampa della II ed.), Milano 1986.

COMITATO EUROPEO PER IL RISCHIO SISTEMICO - CERS

    2010 *Regolamento (UE) n. 1092-2010 del Parlamento europeo e del Consiglio, del 24 novembre 2010, relativo alla vigilanza macroprudenziale del sistema finanziario nell'Unione europea e che istituisce il Comitato europeo per il rischio sistemico.*

CONFALONIERI, A.

    1960 *Il credito industriale*, Giuffrè, Milano.

COPELAND, T.E., KOLLER, T., MURRIN, J.

    2000 *Valuation: Measuring and Managing the Value of Companies*, 3rd ed., Wiley, New York.

DELL'AMORE, G.

    1965 *I prestiti bancari*, Giuffrè, Milano.

DIRETTIVA UE 128/09

    2009 *Direttiva 2009/138/CE del Parlamento europeo e del Consiglio del 25 novembre 2009 in materia di accesso ed esercizio delle attività di assicurazione e di riassicurazione (solvibilità II - (rifusione)* (Testo rilevante ai fini del SEE).

DE LAURENTIS, G.

    2001 *Rating interni e Credit Risk management*, Bancaria Editrice, Roma.

MATTIOLI, R.

    1962 *I problemi attuali del credito bancario*, in AA.VV., *I fidi nelle aziende di credito*, Giuffrè, Milano.

    2006 *Appunti di Tecnica Bancaria*, ristampa degli Appumti per un Corso di Tecnica Bancaria del 1943-44 a cura di Franzcesca Pino, Casa Editrice Rocco Carabba, Lanciano (CH) 2006.

MEDIOBANCA
2007 *Relazioni del Consiglio di Amministrazione*, Capriolo, Milano.

ORGANISMO ITALIANO DI CONTABILITÀ (OIC)
2014 *Il rendiconto finanziario*, Documento n. 10, agosto 2014.

PANTALEONI, M.
1910 *La caduta della Società Generale di Credito Mobiliare*, Giuffrè, Milano, 1977 (ristampa dell'edizione apparsa in *Scritti vari di economia*, Libreria Castellani, Roma.)

SARACENO, P.
1933 *Le operazioni di investimento delle banche di deposito*, in 'Rivista Bancaria', n. 5.
1962 *I fidi bancari nell'economia delle imprese finanziate*, in AA.VV., *I fidi nelle aziende di credito*, Giuffrè, Milano.
1992 *L'attività bancaria*, Utet Libreria, Torino, (ristampa dell'edizione del 1957).

SIDDIQI, N.
2005 *Credit risk scorecards: developing and implementing intelligent credit scoring*, Wiley and Sons, New York.

Capitolo 3

Il bilancio: utilità e limiti

di *Maria Silvia Avi*

3.1   Il bilancio: potenziali limiti informativi.

Il bilancio[1] è il principale strumento di comunicazione economico-finanziaria destinato agli utenti esterni alle imprese. Oggetto specifico del nostro interesse sarà il 'potenziale informativo' del bilancio; considerazioni analoghe sono comunque riferibili anche ai bilanci stilati dalle società 'IAS/IFRS *adopter*'[2].

---

[1] Con questa locuzione d'ora in poi si intende il bilancio di esercizio di un'impresa redatto in base alle norme civilistiche e depositato presso l'ufficio del registro delle imprese.

Si ricorda che il bilancio di esercizio, ex art. 2423 c.c., è composto da Stato Patrimoniale, Conto Economico e nota integrativa. La relazione sulla gestione, pur rappresentando un documento obbligatorio non è parte costituente il bilancio.

[2] Si tratta dei soggetti obbligati ad adottare gli IAS/IFRS per la redazione dei bilanci consolidati delle società i cui titoli sono negoziati in un mercato regolamentato di un qualsiasi Stato membro (art. 4 del regolamento (Ce) n. 1606/2002 del Parlamento europeo e del Consiglio, del 19 luglio 2002. Il successivo art. 5 del citato regolamento ha, invece, previsto la facoltà per gli Stati membri di prescrivere o consentire l'adozione degli Ias anche a soggetti diversi dalle società quotate sia nella redazione dei bilanci consolidati che d'esercizio. L'art. 25, L. 30 ottobre 2003, n. 306 cff2 6008 (Legge comunitaria per il 2003) ha delegato il Governo italiano ad adottare uno o più decreti legislativi per esercitare le facoltà previste dal citato art. 5 del Regolamento (Ce) n. 1606/2002. Con il D.Lgs. 38/2005, il Governo ha recepito l'adozione degli Ias identificando (i) quelle società (società quotate, società con titoli diffusi fra il pubblico, banche ed intermediari finanziari, assicurazioni) obbligate all'adozione

I limiti informativi del bilancio possono essere raggruppati in tre distinte categorie:

a) limiti intrinseci e pertanto non superabili;

b) limiti connessi con l'adozione di comportamenti contabili difformi dai corretti postulati del bilancio;

c) limiti derivanti dal rispetto del dettato legislativo civilistico.

3.1.1   Limiti intrinseci.

Nell'affrontare la tematica dei c.d. 'limiti intrinseci del bilancio', è opportuno ricordare due peculiarità che, pur potendo essere considerate limiti potenziali, sono connaturate al bilancio stesso e, di conseguenza, devono essere interpretate, non come manchevolezze o 'limitazioni', bensì come elementi caratteristici. I due elementi distintivi possono essere così sintetizzati:

1. Poiché la gestione è caratterizzata da quella che viene comunemente definita l'unitarietà economica, il bilancio ripartisce in periodi annuali ciò che per sua natura è indivisibile. Ne segue che a causa di tale suddivisione l'utile (o la perdita) e il patrimonio risultanti al termine di ogni periodo amministrativo identificano aggregati soggettivi che approssimano la realtà effettuale, a causa della presenza di quantità stimate (ossia di approssimazioni alla realtà) e di valori congetturati (ovvero di soggettive rappresentazioni della realtà). Per questo motivo, a proposito del bilancio si utilizzano le locuzioni 'attendibilità' o 'veridicità' dei valori contabili[3]. Tale caratteristica intrinseca, identificando un elemento connaturato allo Stato Patrimoniale (d'ora in poi: SP) e al Conto Economico (d'ora in poi: CE), non può però essere annoverata fra i suoi limiti informativi in quanto ne individua un connotato specifico.

2. Altro elemento distintivo riguarda la tipologia di dati che vi si rilevano: i valori contabili iscritti sia nello SP sia nel CE sono quantità consuntive sebbene comprendano anche aspetti previsionali. Ciò dipende dalla

---

degli Ias non solo per i bilanci consolidati, ma anche per quelli d'esercizio, (ii) società, diverse da quelle indicate nel precedente punto (i) che hanno la facoltà (e non l'obbligo) di optare per l'adozione degli Ias (tanto nei bilanci consolidati che in quelli d'esercizio), oltreché (iii) le società che non possono adottare gli Ias nella redazione dei propri bilanci (cioè i soggetti che redigono il bilancio in forma abbreviata).

[3]Nel contesto bilancistico, il termine *oggettivo* ha il connotato della incontrovertibilità. Esempi di valori oggettivi sono, ad esempio, gli importi delle fatture emesse e ricevute in quanto il loro importo è scevro da qualsivoglia interpretazione. I valori di conto sono invece *soggettivi* qualora richiedano una quantificazione attribuita da chi redige il bilancio.

presenza di valori soggettivi la cui determinazione dipende, non già da un mero accertamento di fatti ormai trascorsi e conclusi, bensì da un'attività di stima e di previsione di eventi futuri. Si pensi, ad esempio, alla determinazione degli ammortamenti. La quota annuale di ammortamento imputata all'esercizio, dipende anche da considerazioni riguardanti il futuro utilizzo del bene pluriennale. Analoghe considerazioni possono essere sviluppate relativamente alla quantificazione di tutti i fondi rischi e oneri futuri.

Anche se nella determinazione dei valori contabili di SP e CE vi è implicita la considerazione di eventi futuri, è però indubbia la natura consuntiva dei documenti di bilancio.

Sebbene il merito di credito non possa prescindere dall'analisi delle prospettive future dell'azienda, la qualità consuntiva del bilancio non rientra fra i suoi c.d. 'limiti informativi'. La circostanza che i valori rilevati nei conti consuntivi siano riferiti alla data di chiusura dell'esercizio rappresenta, quindi, più che un limite, un tratto distintivo da accettare e da interpretare.

Con riferimento all'interesse che ogni *stakeholder* (azionista, dipendente, collettività, studioso, ecc.) nutre nei confronti di informazioni riguardanti le prospettive aziendali, si deve sottolineare come il III c. dell'art. 2428 c.c. stabilisca che, nella relazione sulla gestione, debbano, in ogni caso, essere illustrate notizie circa l'evoluzione prevedibile della gestione (v. *ultra*, § 3.4).

3.1.2 Limiti derivanti da comportamenti contabili difformi rispetto ai corretti postulati

Nell'elenco dei 'limiti' del bilancio quale strumento di valutazione del merito di credito possono essere fatte rientrare le c.d. limitazioni informative derivanti dall'applicazione di un comportamento contabile non perfettamente aderente ai corretti postulati di bilancio stabiliti dalle norme.

Non si intende qui fare riferimento all'ipotesi che preveda la falsificazione volontaria dei dati contabili attraverso rilevazioni di valori oggettivi attuate a fini di politiche di bilancio non consentite.

Si trascurano dunque le conseguenze informative derivanti, ad esempio, dall'inserimento in contabilità di valori effettivi errati in quanto frutto di mancata contabilizzazione di ricavi o di poste patrimoniali, di rilevazione di costi inesistenti, di iscrizione di attivi non presenti in azienda, ecc. Indipendentemente dagli obiettivi della manipolazione dei dati, l'attuazione di simili operazioni rendono privi di ogni consistenza informativa l'insieme del bilancio. Inserire simili ipotesi fra i 'limiti' del bilancio è però inappropriato in quanto, la volontà di comunicare una condizione aziendale differente da quella effettiva, mediante falsificazione dei valori contabili, appare, non tanto una limitazione informativa del bilancio, bensì una pratica fraudolenta che, al pari di ogni altra operazione effettuata per trarre in inganno i terzi, rende invalido il bilancio e, nei casi previsti dall'art. 2621 c.c., rientra, a tutti gli effetti, in ambito penale.

Pur trascurando le operazioni appena descritte, è opportuno affrontare però una problematica derivante da una pratica assai diffusa.

Analizzando i bilanci delle imprese e approfondendo la prassi aziendale riguardante la determinazione dei valori di bilancio che necessitano di interventi valutativi soggettivi, si può notare come sia molto comune una 'consuetudine contabile' che, se non adeguatamente considerata nella fase interpretativa dei valori contabilizzati, può provocare errate convinzioni circa la situazione reddituale e finanziaria dell'impresa.

Ci si riferisce all'osmosi, spesso perseguita, fra dati tributari e valori civilisticamente corretti.

È noto che SP, CE e nota integrativa dovrebbero contenere solo dati civilisticamente corretti ossia valori veritieri. Poiché, per sua natura, il codice civile contiene solo norme molto sintetiche, nel tempo si è consolidata l'opinione che le norme debbano essere integrate, completate e interpretate in base ai principi contabili.

Dato che si è focalizzata l'attenzione sul bilancio civilistico, i principi contabili 'integrativi e di completamento' della norma sono quelli emanati dall'Organismo Italiano di Contabilità (OIC), anche se nulla vieta che, in mancanza di esplicite contraddizioni con le norme italiane vengano applicati i principi contabili internazionali (IAS/IFRS).

Se lo scopo dell'individuazione dei costi e dei ricavi è la determinazione del reddito imponibile, le norme cui bisogna fare riferimento sono invece, le disposizioni tributarie il cui obiettivo primario è quello di limitare la discrezionalità del contribuente nella determinazione del reddito imponibile.

Sembra pertanto individuabile una precisa linea di demarcazione fra principi valutativi applicabili a fini di determinazione dei dati ai fini reddituali e criteri fiscali, in quanto le due normative sono contraddistinte da obiettivi profondamente diversi.

Malgrado tutto ciò sia ben noto alla maggior parte delle aziende, frequentemente in molte realtà sono identificabili bilanci contraddistinti da una 'trib-veridicità', cioè da una 'veridicità' influenzata da valutazioni fiscali. In altre parole, una pratica assai diffusa è l''importazione' in ambito civile, di criteri valutativi identificati dal legislatore fiscale. L'attuazione di un simile comportamento contabile provoca quelle che, in genere, vengono definite 'interferenze fiscali nel bilancio di esercizio'.

Appare evidente come, in tali ipotesi, la comunicazione verso l'esterno venga falsata dalla presenza di valori che nulla hanno a che vedere con la misurazione economicamente corretta degli eventi contabilizzati. Si capisce bene dunque come le interferenze fiscali possano distorcere la situazione reddituale, finanziaria e patrimoniale comunicata agli *stakeholders*, primi fra tutti i finanziatori che valutano il merito di credito anche sulla base del bilancio.

Vi è poi da notare come l'applicazione dei criteri valutativi fiscali in ambito civile avvenga, nella maggior parte dei casi, in piena consapevolezza; anzi spesso si riscontrano situazioni ove il redattore applica le c.d. 'interferenze fiscali' nella convinzione di adottare un principio giuridicamente ineccepibile. Diffuso soprattutto nelle realtà imprenditoriali di piccole dimensioni, l'inquinamento fiscale del bilancio avviene, seppur volontariamente, in termini che si potrebbero definire 'inconsapevoli', ossia nella errata convinzione che ciò corrisponda alle norme che disciplinano il bilancio.

Per comprendere l'impatto delle c.d. 'interferenze fiscali' sull'informazione destinata all'esterno dell'impresa si consideri, a titolo di esempio, il costo corrispondente all'ammortamento di un impianto.

Si ipotizzi che l'ammortamento fiscale ammonti a 200 mentre il valore corretto è 70 e che, per motivi tributari, venga rilevato in bilancio un valore pari a 200.

In questo caso, dato che il valore rilevato in contabilità generale supera l'ammontare corretto, è evidente come i costi risultino sovrastimati rispetto alla realtà effettuale. I costi rilevati in CE non sono veritieri e le conseguenze sono facilmente immaginabili.

Nell'ipotesi opposta, le ripercussioni sul processo decisionale potrebbero essere ancora più gravi: nel caso infatti che una quota di ammortamento corretta ammontasse, ad esempio, a 600 a fronte di un costo fiscalmente deducibile di 200, la rilevazione in bilancio del valore tributario determinerebbe una sottostima dei costi imputati, la qual cosa potrebbe provocare conseguenze agevolmente intuibili sul merito di credito del richiedente.

Entrambe le ipotesi appena considerate (valore civilistico superiore o inferiore a quello fiscale erroneamente inserito nella contabilità generale e, quindi, in bilancio) si verificano spesso in quanto il doppio calcolo dei costi e dei ricavi rilevanti rispettivamente in ambito civilistico e fiscale provoca una sorta di 'duplicazione' del lavoro amministrativo con incremento contestuale della complessità dei calcoli volti a determinare il reddito imponibile e il reddito civilistico.

Malgrado vi sia consapevolezza che una simile prassi può dare adito a dubbi sulla legittimità civilistica del bilancio e nonostante appaia evidente l'effetto di una simile pratica sulla sua caratura informativa, è molto diffusa la tendenza a praticare l'inquinamento fiscale per cui le analisi di bilancio che non tengono conto di questo elemento non possono che risultare falsate e comunque distorte.

Anche se è difficile comprendere se e quanto i bilanci siano inquinati da valutazioni fiscali, è da considerare che possono verificarsi situazioni per le quali è possibile accertare l'osmosi fra criteri fiscali e civilistici.

Ad esempio, l'indicazione nel bilancio civilistico di ammortamenti, di quote di competenza annua dei fondi rischi e oneri, di rimanenze finali di magazzino e di altre poste oggetto di interesse tributario che collimino perfettamente con i dati utilizzati al fine della determinazione del reddito imponibile, dovrebbe far sorgere qualche dubbio sulla veridicità degli attivi e dei passivi, nonché dei componenti di reddito. Pur non potendo, aprioristicamente, escludere che i valori possano coincidere, il dubbio sull'esistenza di interferenze fiscali è legittimo, soprattutto nell'ipotesi ove tale identità continui a persistere senza soluzione di continuità nel corso degli anni.

Quando sorgono incertezze su eventuali interferenze fiscali, chi valuta il merito di credito dovrebbe approfondire la situazione per poter entrare in possesso di ogni elemento utile alla comprensione della situazione reddituale, finanziaria e patrimoniale civilistica dell'azienda.

3.1.3   Limiti derivanti dal rispetto del dettato civilistico.

L'ultima categoria di limiti riguarda il contenuto del bilancio così come disciplinato dagli artt. 2423 e ss. c.c.

È necessario, in proposito, avere ben presenti gli obiettivi che il legislatore civile vuole perseguire tramite le norme sul bilancio fra i quali, obiettivi primari sono, da un lato, garantire la comunicazione verso l'esterno di valori economicamente, finanziariamente e patrimonialmente chiari, veritieri e corretti, dall'altro, omogeneizzare formalmente tale comunicazione, limitando la discrezionalità delle imprese nella fase di costruzione e di diffusione dei dati.

Nel tempo, il legislatore ha individuato una serie di norme che dovrebbero coniugare due esigenze fondamentali: l'uniformità della comunicazione societaria destinata a terzi e il riconoscimento di una opportuna riservatezza riguardante i dati aziendali reputati sensibili.

Omogeneizzare l'informativa esterna è uno dei principali obiettivi del legislatore civile, dei principi contabili OIC e dei principi contabili IAS/IFRS, in quanto volti a facilitare la comprensione dei dati. Non si possono tuttavia sottovalutare due altri elementi.

In primo luogo, la salvaguardia della riservatezza che nemmeno la più vasta 'stakeholder vision' può negare. Alcune informazioni non sono desumibili dal bilancio in quanto individuano dati sensibili e, come tali, seppure utili a chi deve valutare la situazione economico-finanziaria dell'impresa, non possono né devono essere divulgati. Senza fare riferimento a elementi ovvi come ad esempio la diffusione di dati riguardanti la ricerca e sviluppo di nuovi prodotti (malgrado il III c. dell'art. 2428 c.c. imponga che nella relazione sulla gestione debbano in ogni caso risultare le attività di ricerca e di sviluppo) è possibile identificare altri valori che, seppur sensibili, non sono riferiti a casi evidenti come quello appena citato. Si pensi ad esempio, all'imposizione di indicare in bilancio, i ricavi e i proventi, i costi e gli oneri al netto dei resi, degli sconti, abbuoni e premi, nonché delle imposte direttamente connesse con la vendita dei prodotti e la prestazione dei servizi (art. 2425 bis c.c.). Tale disposizione impedisce che l'impresa sia obbligata a diffondere dati riguardanti la sua politica delle vendite, che potrebbe essere utilizzata dai concorrenti.

Altre limitazioni che creano difficoltà interpretative all'osservatore esterno anche se non sono collegabili alla *privacy* dell'impresa si riscontrano, ad esempio, nel caso dell'obbligo di indicare, a fronte della quota a breve e a lungo di tutti di debiti (aggregato D, nel passivo dello SP), non vi è la previsione del medesimo, analogo obbligo relativo ai fondi rischi e oneri, nonché del debito per TFR.

Anche se non è questa la sede per analizzare le motivazioni di questa scelta, è indubbio però che gli artt. 2424, 2424 bis, 2425, 2425 bis, 2427, 2427 bis e 2428 c.c. comportano una serie di limitazioni informative verso l'esterno che, direttamente o indirettamente, possono impedire una costruttiva e corretta analisi reddituale, finanziaria e patrimoniale dei dati.

In questi casi, appare più corretto fare riferimento a 'limiti informativi del bilancio' in quanto, a differenza delle limitazioni analizzate in precedenza (limiti intrinseci e limiti derivanti da una scorretta applicazione dei principi valutativi disciplinati dal codice civile), l'incapacità dell'utente esterno di accedere a determinate informazioni utili all'analisi, deriva da una precisa imposizione normativa derivante dalla necessità di garantire riservatezza aziendale su dati sensibili e da scelte che il legislatore ha ritenuto corrette, ancorché scarsamente comprensibili.

3.2 L'analisi di bilancio: oggettività vs. soggettività

La valutazione del merito di credito di un'impresa dovrebbe tendere ad un attento studio dei dati di bilancio coniugato con un'altrettanta approfondita analisi delle prospettive aziendali.

È però opportuno sottolineare come attualmente lo svolgimento di un'analisi di bilancio corretta, completa e strutturata, venga considerata spesso un'operazione 'obsoleta' e frutto di un approccio teorico ormai definitivamente superato tanto da collocare queste analisi fra gli strumenti tecnici di secondaria rilevanza.

In realtà, l'analisi del bilancio o, meglio, degli ultimi bilanci (il trend dei valori è più significativo dei dati puntuali di un solo esercizio) non sembra poter essere considerata obsoleta o sostituibile da altre analisi.

Ogni valore può essere studiato attraverso varie 'lenti' e la ricerca di un costante miglioramento degli strumenti classici di studio deve essere obiettivo comune ma, in nessun caso, l'analisi dello SP e del CE potrà essere sostituita da altri strumenti di indagine in quanto tutto ciò che l'azienda rappresenta in termini economici e finanziari, è sintetizzata nei valori contabili rilevati nel bilancio.

Per questo, quanto segue verterà sulle problematicità che un operatore esterno, quale può essere un finanziatore, incontra nell'applicare al bilancio i c.d. 'strumenti di analisi classici. E 'classico' non significa superato, obsoleto e quindi, 'non più utilizzabile' ma implica l'adozione di strumenti innovativi ai fini dell'analisi dei documenti di bilancio che riflettono ogni politica, ogni azione, ogni decisione sintetizzati nei dati patrimoniali, finanziari e reddituali dell'azienda. Anche il dibattito sulla c.d. 'responsabilità sociale' aziendale viene frequentemente focalizzato sulla interrelazione fra attuazione di politiche socio-ambientali sostenibili e massimizzazione, nel medio e lungo termine, del reddito. Tutto ciò assume una rilevanza fondamentale anche nella valutazione del merito di credito.

Per comprendere tuttavia il grado di difficoltà che un utente esterno incontra nell'analizzare un bilancio e il grado di oggettività degli aggregati e degli indicatori desunti sulla base delle analisi dei documenti, è necessario anzitutto identificare in base a quali elementi sia possibile esprimere un giudizio sulla situazione reddituale, finanziaria e patrimoniale di un'impresa.

È noto che il bilancio, output della contabilità generale, se non adeguatamente rielaborato, impedisce di formulare qualsiasi giudizio sulle condizioni aziendali; ma solo un'adeguata riaggregazione dei valori rilevati in SP e CE secondo un ordine causale, seguito dalla identificazione di validi indicatori di performance, consentono di sviluppare un'analisi affidabile e coerente sulla situazione economico-finanziaria.

Tralasciando di approfondire analiticamente il tema delle riclassificazioni e dell'individuazione della griglia di indicatori indispensabili per comprendere la situazione aziendale, si cercherà di descrivere come realizzare un'analisi completa dei dati.

Quanto al problema della riaggregazione dei valori di SP e di CE, è opportuno sottolineare come la letteratura abbia elaborato una molteplicità di schemi riclassificatòri; la scelta dell'analista ricadrà perciò sulla schematizzazione ritenuta maggiormente coerente con l'obiettivo dell'analisi. Il modello che sembra meglio riuscire ad indagare l'andamento dei valori reddituali e finanziari aziendali è il *sistema informativo integrato* in quanto contraddistinto da una integrazione, formale e sostanziale, verticale e orizzontale, di ogni parte del sistema (v. AVI, *Financial Analysis* e *Cost Analysis*, 2012).

Poiché però l'obiettivo di questo lavoro è quello di individuare il grado di complessità che incontra un analista esterno nell'esaminare il bilancio, sembra opportuno cercare di individuare i punti in comune dei vari schemi di analisi proposti dalla letteratura, piuttosto che attirare l'attenzione sulle strutture previste dal citato sistema integrato. Ciò consente di valutare, seppur in termini generali, i principali ostacoli che ogni analista esterno incontra nell'indagare un bilancio, indipendentemente dalle strutture teoriche applicate.

Un analista esterno può condurre una completa analisi solo se le riclassificazioni imposte dal Codice Civile consentono il passaggio, automatico e privo di elementi di valutazione soggettiva, agli schemi di riaggregazione dei valori prescelti per il calcolo degli indicatori economico-finanziari.

Quanto allo SP, confrontando le varie schematizzazioni proposte dagli studiosi, è possibile individuare una caratteristica che, tendenzialmente, permea ogni riclassificazione. In genere, le riclassificazioni proposte dalla letteratura prevedono, quanto meno, la suddivisione delle poste attive e passive secondo un criterio di liquidità-esigibilità.

In base a questo principio, le attività e le passività vengono interpretate come poste che si trasformeranno rispettivamente, in entrate o in uscite, entro un determinato orizzonte temporale. Poiché obiettivo di ogni riclassificazione è quello di valutare l'equilibrio finanziario a breve e a lungo termine, l'attivo e il passivo riclassificati devono essere suddivisi in base alla liquidabilità-esigibilità delle singole poste; convenzionalmente lo spazio temporale di separazione assunto come riferimento è pari all'anno solare successivo alla chiusura dei conti. Secondo questa logica, le poste contabili sono così riaggregabili:

ATTIVO RICLASSIFICATO: poste che si tradurranno in entrate Attivo a breve: entro 12 mesi
Attivo a lungo: successivamente

Il totale dell'Attivo così riclassificato viene generalmente definito *capitale investito* (CI) o *Totale Usi*.

PASSIVO RICLASSIFICATO: poste che si tradurranno in uscite Passivo a breve: entro 12 mesi
Passivo a lungo: successivamente

PATRIMONIO NETTO RICLASSIFICATO: poste che individuano la ricchezza residua dell'impresa e che identificano l'ultima uscita dell'azienda (che si verificherà al momento della sua liquidazione).

Il totale del Passivo e del Netto riclassificati viene, generalmente, definito come *Totale Fonti*[4] [5].

Per quanto riguarda invece il CE, le varie schematizzazioni proposte, pur presentando profonde differenze, in genere prevedono l'individuazione di due aggregati:

1. il *reddito prodotto dalla gestione caratteristica dell'impresa* che deriva dalla contrapposizione fra ricavi e costi tipici (ricavi di vendita, costi di produzione, amministrativi, commerciali e di ricerca e sviluppo). Tale risultato viene individuato con vari acronimi: *ROGC* (Reddito o Risultato Operativo Gestione Caratteristica); *GOP* (*Gross Operating Profit*), ecc.

2. il *reddito prodotto dalla gestione operativa* che deriva dalla contrapposizione dei costi e ricavi riguardanti, oltre che l'attività caratteristica, anche componenti di reddito imputabili alla gestione patrimoniale (componenti inerenti la gestione di attività speculative e/o di puro investi-

---

[4]È da notare come solo nell'ambito di un *sistema informativo integrato* venga evidenziato un elemento fondamentale per l'attuazione di una corretta analisi di bilancio; un sistema diverso può condurre a conclusioni prive di significativo finanziario. Nel *Capitale investito* e nel *Totale Fonti*, oltre agli aggregati sopra indicati, è auspicabile venga inserita anche una categoria di voci, definibile *Voci a sé stanti*, che identifica un insieme di poste che, pur dovendo essere rilevato nella riclassificazione per ragioni di bilanciamento contabile, in realtà in futuro non si trasformerà né in entrate né in uscite.

Un esempio del genere è rappresentato dall'ammontare di un fondo spese future (es. il Fondo Imposte) che, in seguito ad elementi precisi (es. sentenze giudiziarie, sentenze di commissioni tributarie, ecc.), pur non potendo essere già eliminato dalla contabilità per il principio di prudenza, si può ragionevolmente presumere che, nell'esercizio successivo si trasformerà, contabilmente, in sopravvenienza e non in un'uscita o in una minor entrata futura (in tal caso andrebbe compresa in Avere della categoria *Voci a sé stanti*). Esempio di posta da rilevare in Dare della categoria medesima sarebbe l'acconto di imposte che supera il debito tributario soggetto a compensazione e per il quale sarà effettuata una futura compensazione. Tale ammontare non identifica una minore uscita rilevabile (il debito non si è ancora creato) né, tanto meno, è considerabile come entrata futura. Per questo motivo è auspicabile venga rilevata nell'aggregato *Voci a sé stanti* in Dare dello SP riclassificato: l'aggregato, come sopra evidenziato, fa parte allora del capitale investito (ossia del totale dell'Attivo riclassificato).

[5]Come è risaputo, nel bilancio d'esercizio di un'impresa in funzionamento (principio del *going concern*) il patrimonio netto individua una posta ideale e astratta. Se l'attenzione viene focalizzata sulle modalità di riclassificazione dello SP e del CE, la visione dei macroaggregati bilancistici viene, in parte, modificata. Per l'approfondimento di questa tematica si rinvia il lettore ad opere specifiche sull'argomento

mento) e alla gestione finanziaria attiva (ricavi derivanti da crediti e da gestione valutaria). Il reddito operativo viene, in genere, identificato con gli acronimo *RO* (Reddito o Risultato Operativo) oppure *OP* (*Operating Profit*)

Nonostante i sistemi di analisi predisposti dalla letteratura presentino profonde distinzioni sostanziali e formali, in questa sede ci si concentrerà solo sugli aggregati appena elencati che sono presenti in quasi tutte le riclassificazioni proposte dai vari studiosi e che sembrano il miglior compromesso che si può evincere dal confronto fra le varie posizioni dottrinali.

Solo l'automatica collocazione delle poste civilistiche (artt. 2424, 2424 bis, 2425, 2425 bis c.c.) negli aggregati sopra illustrati, garantisce la determinazione di indicatori imparziali.

Anche relativamente ai calcoli inerenti gli indicatori, le soluzioni proposte dalla letteratura e dalla prassi appaiono estremamente variegate. Fra i vari quozienti identificati dagli studiosi e dagli operativi, i *ratios* che più frequentemente presentano similitudini sono i seguenti:

- *indice di disponibilità*: *attivo a breve ÷ passivo a breve*, che viene utilizzato al fine di valutare l'equilibrio finanziario statico a breve termine;

- *indice di liquidità*: *Attivo a breve (al netto di scorte e investimenti non caratteristici) ÷ Passivo a breve*, che serve per indagare l'equilibrio finanziario statico in termini di liquidità (Cassa, Banca e Crediti a breve termine);

- *indice di indebitamento*: *Capitale investito ÷ Patrimonio Netto e Passivo a breve e a lungo ÷ Patrimonio netto* che evidenziano il grado di indebitamento dell'impresa;

- *ROE*: *reddito di esercizio ÷ Patrimonio netto*, che quantifica la redditività globale aziendale ossia la redditività del patrimonio netto dell'impresa;

- *ROA*: *reddito operativo ÷ capitale investito* che, riferito sia al numeratore sia al denominatore alla gestione operativa (ossia all'insieme dell'attività caratteristica, patrimoniale e finanziaria attiva), esprime un giudizio sull'andamento dell'attività operativa aziendale;

- *ROI*: *reddito derivante dalla gestione caratteristica ÷ capitale investito nella gestione caratteristica* (ossia il capitale investito totale depurato da ogni posta non connessa allo svolgimento dell'attività tipica dell'impresa), che indica la redditività caratteristica aziendale;

- *ROS*: *reddito della gestione caratteristica ÷ ricavi caratteristici*, che misura il grado di redditività del fatturato aziendale.

Pur rappresentando solo una minima parte dei *ratios* individuati dai vari sistemi di analisi proposti dalla letteratura e dalla prassi, gli indicatori sopra citati sono presenti in ogni schematizzazione. Quanto più la fase di riaggregazione dei valori contabili è contraddistinta da valutazioni soggettive dell'analista, tanto maggiore è il pericolo di individuare *ratios* approssimativi, parziali e arbitrari.

In conclusione, si deve sottolineare che una riclassificazione non è una operazione automatica, ma richiede un'attenta analisi della realtà effettuale per non giungere ad aggregati contraddistinti da considerevoli errori teorici. Chi sottovaluta la rilevanza della riaggregazione dei dati di bilancio e, conseguentemente, delega tale operazione a soggetti non esperti, spesso opera nella convinzione che la parte 'nobile' dell'analisi sia confinata all'interpretazione degli indicatori determinati in base a quelle riaggregazioni. Inutile far notare come, qualora la base di partenza del calcolo sia errata, anche gli indici, i flussi e gli aggregati economico-finanziari condurranno a risultati fuorvianti. Per questo motivo la riclassificazione dei dati di bilancio richiede una competenza contabile approfondita.

Tutto questo per mettere a fuoco la seguente questione: se sia possibile che un analista esterno all'impresa, in possesso del solo bilancio pubblicato, possa identificare indicatori reddituali, finanziari e patrimoniali oggettivi o se, al contrario, sia necessario un intervento preciso volto a collocare correttamente le poste contabili negli schemi di riclassificazione che generano i quozienti e gli altri aggregati indispensabili per valutare il merito di credito.

Come già evidenziato, l'oggettività degli indicatori è garantita dalla presenza di due condizioni:

- il soggetto che riclassifica i dati deve disporre di un'elevata competenza tecnica;

- nel bilancio devono essere presenti tutte le informazioni necessarie ad una corretta riclassificazione delle poste.

Data per scontata la prima condizione, è necessario sottoporre a verifica l'esistenza della seconda.

Confrontando le strutture riclassificatorie civilistiche, completate dal contenuto della nota integrativa e della relazione sulla gestione è però possibile riscontrare non poche lacune informative. Ad esempio, si nota che:

1. L'art. 2424 c.c. non impone la indicazione della quota a breve e a lungo, dei fondi rischi e oneri futuri. La trasposizione della voce civile nella riclassificazione richiede inevitabilmente un intervento soggettivo. E' ovvio che, in assenza di specifiche informazioni, la suddivisione di tutti i fondi non può che realizzarsi sulla base di ipotesi che, qualora non riflettano la realtà effettuale, comportano la determinazione di aggregati poco significativi.

Vi è poi da sottolineare come possa accadere che tali voci contabili non identifichino uscite future bensì si trasformino in minori entrate o, addirittura, perdano ogni connotato finanziario. Si pensi, ad esempio, al Fondo Garanzia Prodotti. La quota corrispondente al valore di pezzi di ricambio presenti nel magazzino deve, auspicabilmente, essere portata in detrazione dell'importo delle scorte. Così come sarebbe corretto portare in detrazione del magazzino, la parte di un Fondo Premi a Clientela corrispondente a beni prodotti all'interno dell'azienda. Qualora poi, si potesse ragionevolmente presumere che le quote attribute ai Fondi si trasformino in quote di sopravvenienze attive (ad es. a causa di sentenze di commissioni tributarie, di giudizi di merito o di legittimità, ecc.), la posta, in assenza di una dimensione finanziaria futura, dovrebbe essere rilevata in un aggregato che, pur facendo parte del totale a pareggio o del capitale investito, non può, certamente, influenzare né l'attivo né il passivo a breve o a lungo termine.

Si pensi al caso ove un Fondo Imposte sia collegato ad un contenzioso tributario avente per oggetto una problematica che, seppur con riferimento ad altri contribuenti, sia stata oggetto una sentenza favorevole all'impresa. In tal caso il Fondo Imposte, in previsione di un suo annullamento con contestuale rilevazione di una sopravvenienza attiva, deve necessariamente essere rilevato in un aggregato di voci a sé stanti (v. *supra* n. 3) che, pur rientrando nel totale di sezione (in questo specifico caso, totale della sezione Avere), non può essere rilevato in alcun aggregato attivo o passivo, né a breve né a lungo in quanto non si realizzerà alcuna futura entrata o uscita, bensì si procederà ad mera scrittura di annullamento del Fondo. È evidente che la totale assenza di simili informazioni in ambito civilistico rappresenta un notevole svantaggio per una corretta collocazione dei fondi rischi e oneri il che, in presenza di ammontari rilevanti, può inficiare i risultati dell'analisi in maniera non trascurabile.

A questo riguardo si deve far notare come il punto n. 4 dell'art. 2427 c.c. imponga che, nella nota integrativa, siano indicate

> «le variazioni intervenute nella consistenza delle altre voci dell'attivo e del passivo; in particolare, per le voci del patrimonio netto, per i fondi e per il trattamento di fine rapporto, la formazione e le utilizzazioni».

Il punto n. 7 del medesimo articolo sottolinea che, la nota integrativa deve, inoltre, indicare

> «la composizione delle voci 'ratei e risconti attivi¡ e 'ratei e risconti passivi' e della voce 'Altri fondi' dello SP, quando il loro ammontare sia apprezzabile, nonché la composizione della voce 'altre riserve'».

In base alla norma, dunque, potrebbe essere possibile trarre utili informazioni circa la tempificazione dell'utilizzo dei Fondi. Ma perché dall'applicazione della norma si possa dedurre un'adeguata allocazione delle quote a breve e a lungo termine dei Fondi (compresa la quota che, necessariamente, deve essere rilevate come posta a sé), dovrebbero verificarsi contemporaneamente tre condizioni:

a) l'analista dovrebbe riclassificare il bilancio alla luce anche delle informazioni desunte dalla nota integrativa e dalla relazione sulla gestione;

b) in tali documenti dovrebbero essere illustrate, in modo dettagliato e con riferimento specifico ad ogni tipologia di Fondo compreso nei tre aggregati B. Fondi per rischi e oneri (1 - per trattamento di quiescenza e obblighi simili; 2 - per imposte, anche differite; 3 - altri) tutte le operazioni contabili attuate sui singoli Fondi rischi e oneri, con particolare riferimento agli utilizzi (con specificazione delle motivazioni dell'utilizzo), agli accantonamenti, agli storni contabili, ecc.;

c) l'analista dovrebbe essere anche in possesso del bilancio successivo a quello cui si riferiscono gli indici calcolati. In altre parole, se gli esercizi oggetto di approfondimento sono n, $n+1$, $n+2$, l'analista deve poter consultare anche il bilancio dell'esercizio $n+3$. In assenza di tale possibilità, i Fondi riportati nel bilancio riguardante il periodo $n+2$ potranno essere collocati in modo adeguato solo nell'ipotesi che le condizioni esposte al punto 1 fossero perfettamente osservate[6]. È dunque necessario sottolineare come, qualora l'ultimo esercizio fosse l'anno precedente rispetto al periodo in corso, la condizione cui ci si riferisce in questo punto non è tecnicamente realizzabile e quindi diviene necessario lavorare su previsioni il più attendibili possibile.

La realizzazione contestuale delle condizioni appena indicate sembra riflettere, più che la realtà, un mero auspicio. In particolare, le condizioni individuate appaiono assai ardue da osservare a causa, da un lato della sinteticità delle informazioni che, in genere, contraddistinguono la nota integrativa e, dall'altro, dalla frequente impossibilità tecnica di analizzare il bilancio dell'esercizio successivo all'ultimo, in quanto ancora riferito ad un periodo, spesso, ancora in itinere.

Pertanto i Fondi rischi e oneri nello SP riclassificato possono essere determinati solo presuntivamente e non oggettivamente.

2. L'art. 2424 c.c. obbliga la rilevazione del debito per TFR (aggregato C) senza imporre la contestuale indicazione della quota a breve e di quella a lungo termine. A differenza dei Fondi rischi e oneri però, la indicazione specifica della quota TFR di competenza annua e dell'ammontare totale del debito per TFR consente, mediante l'incrocio dei due dati, di determinare oggettivamente la suddivisione della quota a breve e a lungo del debito. Tutto ciò però, può avvenire, anche in questo caso, solo se l'analista è in possesso dei dati contabili

---

[6]Per evitare inutili ripetizioni, si rinvia il lettore all'esempio numerico riportato nel punto successivo 2. riguardante il debito per TFR

anche dell'esercizio successivo a quello oggetto di approfondimento. Qualora manchi questo riferimento è possibile suddividere la posta solo presuntivamente.

A titolo di esempio, si ipotizzi l'analisi dei bilanci degli esercizi n e $n+1$.
Bilancio n: debito TFR 100; TFR di competenza 20.
Bilancio $n+1$: debito per TFR 104; TFR di competenza 10.
Se al $1/1/n+1$ il debito TFR ammonta a 100 e l'accantonamento TFR nell'esercizio $n+1$ è pari a 10, al $31/12/n+1$ ci si aspetterebbe un debito TFR pari a 110.

Poiché invece ammonta a 104, si può affermare che nel corso dell'esercizio $n+1$ si è proceduto al pagamento di TFR per un ammontare di 6. Di conseguenza, nel bilancio dell'esercizio n, il debito TFR è a breve termine per 6 e a lungo termine per 94. In assenza dei dati dell'esercizio $n+2$, è invece possibile identificare solo presuntivamente la quota a breve e a lungo del debito TFR esistente al $31/12/n+1$.

È evidente come l'analisi possa condurre ad una ripartizione della posta in modo inappropriato, in assenza del bilancio dell'esercizio successivo e se le previsioni sono errate, con conseguenze facilmente intuibili sui risultati dell'analisi. Dato che al n. 4 dell'art. 2427 c.c. non ci si riferisce soltanto al debito per TFR, le medesime considerazioni addotte per questa posta valgono anche per gli altri Fondi.

3. L'art. 2424 c.c. non obbliga alla rilevazione specifica di alcuni acconti. Basti pensare all'acconto a valere sul TFR, posta che, in alcune aziende (ad esempio, società cooperative), può essere contraddistinta da ammontari piuttosto elevati. Civilisticamente, tali anticipi sono rilevati, in maniera indistinta, assieme a tutti gli altri crediti.

Nell'ambito della riclassificazione cui ci si riferisce in questa sede, l'inserimento di questa posta fra gli attivi a breve o a lungo costituirebbe un grave errore logico in quanto l'anticipo dato ai lavoratori non si trasformerà finanziariamente in una entrata futura, ma si tradurrà in minore uscita. L'anticipo sul TFR deve, quindi necessariamente, essere portato in detrazione del passivo a breve o a lungo, a seconda della scadenza del debito per TFR nei confronti del dipendente cui è stata anticipata parte del trattamento. In presenza di tali acconti, il passaggio dal bilancio civile a quello riclassificato comporta dunque la determinazione di aggregati che potrebbero essere poco significativi.

Si deve notare anche come, per gli acconti ricevuti da clienti e pagati a fornitori, pur avendo a disposizione i singoli importi, nel bilancio risulti assente un'informazione che, se in molti casi è di scarso interesse, in altri può rivestire un'importanza assai rilevante. Si intende fare riferimento ai problemi connessi con gli acconti che, con ragionevole probabilità, non si trasformeranno in minori entrate o uscite (come accade nell'ipotesi di contratti che si presume vadano a buon fine) ma saranno oggetto di stralcio nel caso di un loro mancato buon fine.

Al verificarsi di questi casi, è necessario verificare se sia prevista la restituzione dell'acconto e, in caso contrario, è necessario ipotizzare una rilevazione della posta fra le 'Voci a sé stanti' nella colonna Dare (Anticipi a Fornitori) o Avere (Anticipi da Clienti). Le informazioni necessarie a tal fine non rientrano nelle quantità previste dal codice civile. Tale mancanza, in ipotesi di ammontari poco rilevanti, non incide sui risultati dell'analisi. In presenza invece, di importi rilevanti, l'assenza di simili informazioni potrebbe inficiare pesantemente la corretta riclassificazione della posta.

4. L'art. 2424 c.c. non impone una rilevazione specifica delle obbligazioni proprie riacquistate. Tali strumenti finanziari devono infatti, essere rilevati, in modo indistinto, nell'ambito dei Titoli (B III 3; C III).

Qualora tali strumenti siano a mani della società per procedere all'annullamento, la loro rilevazione nell'Attivo provocherebbe la determinazione di aggregati errati in quanto, come accade per gli acconti sul TFR, in ipotesi di futuro annullamento, il valore non va rilevato nell'Attivo, ma in detrazione del Passivo. Anche in questo caso, la mancata informazione inerente circa la presenza di obbligazioni proprie, può essere foriera di potenziali errori nella riclassificazione.

5. L'art. 2425 c.c. prevede che le plusvalenze ordinarie (derivanti da cessione di beni pluriennali) e le sopravvenienze attive ordinarie (derivanti, ad esempio, da valutazioni degli eventi cui i Fondi sono collegati e che si sono rivelate non adeguate agli eventi) vadano rilevate nella posta A5. In tale voce, inoltre, vanno iscritti i ricavi caratteristici derivanti da vendita di sottoprodotti aziendali, i fitti attivi e i c.d. 'altri ricavi' con separata indicazione dei soli contributi in conto esercizio.

Nella posta B 14 invece, vanno rilevate, in modo indistinto rispetto ai costi vari di gestione, anche le minusvalenze ordinarie e le sopravvenienze passive ordinarie. Tale circostanza impedisce di identificare l'importo totale delle plusvalenze, delle minusvalenze e delle sopravvenienze ordinarie le quali, per definizione, nella riclassificazione del CE non fanno parte né della gestione caratteristica né di quella operativa.

Una simile lacuna informativa può impedire, in maniera radicale, la determinazione del reddito dell'attività tipica aziendale e del reddito operativo. Spesso, l'indicazione indistinta rispetto ad altri ricavi e costi di plusvalenze o di minusvalenze e sopravvenienze ordinarie, implica che le poste A 5 e B14 vengano rilevate, per il loro intero ammontare, fra i costi e i ricavi caratteristici, con grave nocumento della capacità informativa degli aggregati.

Sulla base delle considerazioni appena svolte, il grado di oggettività e/o di soggettività degli indicatori elencati in precedenza e determinati sulla base delle mere risultanze del bilancio è il seguente:

indice di disponibilità: determinazione soggettiva in quanto non è possibile determinare, in maniera oggettiva, l'attivo a breve e il passivo a breve;

indice di liquidità: determinazione soggettiva in quanto non è possibile determinare in maniera oggettiva il passivo a breve;

indice di indebitamento: determinazione soggettiva in quanto alcune poste che, nell'atto della riaggregazione, devono essere detratte dalla colonna opposta (es. acconti da clienti, alcuni fondi rischi e oneri che presentano particolari caratteristiche, anticipi su TFR, obbligazioni proprie destinate ad annullamento, ecc.) non sono evidenziate negli schemi civilistici;

ROE: determinazione oggettiva in quanto è possibile quantificare sia il reddito sia il patrimonio netto;

ROA: determinazione soggettiva in quanto non è possibile determinare oggettivamente né il reddito operativo né il capitale investito;

ROI: determinazione soggettiva in quanto non è possibile determinare oggettivamente né il reddito derivante dall'attività caratteristica né il capitale investito;

ROS: determinazione soggettiva in quanto non è possibile determinare oggettivamente il reddito derivante dallo svolgimento dell'attività caratteristica.

Quanto sopra evidenzia solo alcuni dei problemi di riclassificazione che incontra un utente esterno all'impresa.

Poiché l'analisi del bilancio civilistico rappresenta un elemento fondamentale di conoscenza per molteplici *stakeholders* (banche, potenziali clienti, clienti già acquisiti che necessitano di una nuova valutazione del merito di credito dell'impresa, ecc.) appare indispensabile individuare soluzioni agli ostacoli creati dalle lacune informative fin qui brevemente riassunte. L'analista esterno deve pertanto procedere ad effettuare delle scelte relativamente alle poste contabili prive di specifiche indicazioni volte a garantire una loro corretta collocazione negli schemi riclassificatòri.

Riconoscere l'esistenza di ostacoli non significa, ovviamente, affermare l'impossibilità di procedere all'analisi esterna del bilancio. Come è noto, la 'consapevolezza della malattia' rappresenta un passo decisivo verso la soluzione dei problemi medici; anche nel campo che qui interessa, la percezione dei limiti dello strumento utilizzato per l'analisi identifica l'elemento chiave per superare le difficoltà e per interpretare correttamente i risultati che emergono dalle scelte dell'analista.

La percezione della soggettività degli aggregati desunti sulla base delle norme civilistiche e il conseguente riconoscimento dell'assenza di neutralità degli indicatori che ne emergono consente, quanto meno, di interpretare i risultati in maniera più coerente e corretta di quanto accadrebbe se si attribuisse a quei valori, una irrealistica imparzialità ed equanimità. La significatività dell'analisi dipende dunque dalla capacità di 'far parlare' il bilancio rispetto a quanto ricerca l'analista sulla realtà gestionale dell'impresa.

L'ostacolo più rilevante per desumere informazioni adeguatamente attendibili sulla realtà aziendale è la consapevolezza dell'impossibilità di esprimere un giudizio definitivo sulla fondatezza degli indicatori. Per cui si comprende bene come sia perfettamente ipotizzabile sia che gli indicatori emersi da un'indagine esterna rappresentino bene la realtà ricercata dall'analista, sia che essi siano falsati da interpretazioni scorrette dei valori che derivano da scelte soggettive dell'analista. L'analisi potrà considerarsi corretta e adeguata, se e solo se, vi è la disponibilità dell'impresa a condividere l'analisi di bilancio, fornendo anche i dati non compresi nel *set* informativo previsto dal Codice Civile. Affinché i risultati dell'analisi siano attendibili, è però necessario che la disponibilità comunicativa dell'azienda sia accompagnata sia dalla verifica che l'analista disponga di una vasta conoscenza dei problemi relativi al bilancio, alla sua riclassificazione e alla elaborazione dei *ratios*, sia dalla volontà dell'analista di avvalersi delle previsioni civilistiche.

3.3   Relazione sulla gestione e limiti informativi

Si è dunque visto come l'individuazione di aggregati e di indicatori finanziari, patrimoniali e reddituali effettuata sulla base del bilancio ponga insidie tali da indurre a considerazioni approssimative e addirittura errate sulla situazione aziendale e, di conseguenza, sul merito di credito.

Una lettura superficiale dell'art. 2428 c.c. potrebbe far ritenere che i limiti informativi del bilancio possano essere superati dai contenuti obbligatori della relazione sulla gestione. Ma non è così.

L'art. 2428 c.c., nel I e II c., stabilisce infatti che:

> «Il bilancio deve essere corredato da una relazione degli amministratori contenente un'analisi fedele, equilibrata ed esauriente della situazione della società e dell'andamento e del risultato della gestione, nel suo complesso e nei vari settori in cui essa ha operato, anche attraverso imprese controllate, con particolare riguardo ai costi, ai ricavi e agli investimenti, nonché una descrizione dei principali rischi e incertezze cui la società è esposta.
>
> L'analisi di cui al primo comma è coerente con l'entità e la complessità degli affari della società e contiene, nella misura necessaria alla comprensione della situazione della società e dell'andamento e del risultato della sua gestione, gli indicatori di risultato finanziari e, se del caso, quelli non finanziari pertinenti all'attività specifica della società, comprese le informazioni attinenti all'ambiente

e al personale. L'analisi contiene, ove opportuno, riferimenti agli importi riportati nel bilancio e chiarimenti aggiuntivi su di essi».

Il riferimento esplicito all'obbligo di inserire indicatori di risultato finanziaro, se mal interpretato, potrebbe indurre il lettore a credere che la relazione sulla gestione contenga informazioni fornite dall'impresa e contraddistinte dall'assenza di problemi interpretativi analoghi a quelli già illustrati.

Per valutare il contenuto informativo verso l'esterno della relazione sulla gestione, appare, innanzi tutto, opportuno sottolineare come l'art. 2428 c.c. imponga la comunicazione di una serie di notizie la cui neutralità lascia molto a desiderare.

I contenuti del I c. dell'art. 2428 c.c riguardanti, ad esempio, «l'analisi fedele, equilibrata ed esauriente della situazione della società e dell'andamento e del risultato della gestione nel suo complesso e nei vari settori in cui essa ha operato» e «la descrizione dei principali rischi e incertezze cui la società è esposta», identificano infatti, concetti la cui schematizzazione è sottoposta ad un grado di soggettività tale che, inevitabilmente, rende molto aleatorio il confine fra informazione esauriente e corretta e divulgazione incompleta di dati aziendali. Il problema si accentua se si considerano le ulteriori informazioni che, per legge, devono essere diffuse. L'utilizzo delle locuzioni: *indicatori di risultato finanziario* (quali? costruiti in quale modo? basati su quale riclassificazione? ecc.) e, *se del caso* (quando si verifica questa necessità?), *quelli non finanziari* (quali indicatori? determinati secondo quale logica? sulla base di quale ipotesi di analisi?) *pertinenti all'attività specifica della società, comprese le informazioni attinenti all'ambiente e al personale* (quali informazioni riguardanti l'ambiente? Mediante quale forma comunicativa devono essere divulgate tali informazioni? Attraverso valutazioni soggettive oppure determinazioni quantitative oppure ancora mediante valutazioni economico-finanziarie?), evidenzia che il contenuto della relazione sulla gestione, così come disciplinato dall'art. 2428 c.c., è ben lontano dall'essere scevro di elementi valutativi. Si identifica, infatti, un elenco di informazioni, la cui esatta connotazione assume contorni scarsamente identificabili, non solo tecnicamente.

Se quindi la soggettività caratterizza la redazione di un qualsivoglia bilancio, il grado di valutazione personale nella relazione sulla gestione raggiunge il proprio apice.

È però necessario precisare che la locuzione *indicatori di risultato finanziari* si riferisce non ai *ratios*, il cui compito è quello di approfondire la situazione finanziaria aziendale, bensì a tutti i quozienti sia di natura finanziaria, sia reddituale, sia patrimoniale.

Gli indicatori *non finanziari pertinenti all'attività specifica della società* riguardano invece, i vari indici che misurano efficienza, sviluppo, produttività, innovazione, rapporti con la clientela, posizionamento strategico e/o di mercato, ecc.

L'obbligo di diffusione di indicatori finanziari e non finanziari potrebbe, erroneamente, essere interpretato come l'elemento informativo oggettivo 'mancante' nel bilancio.

A prescindere dalla problematicità della determinazione dell'elenco degli indicatori da inserire nella relazione (la letteratura e la prassi hanno identificato una pluralità di indici e determinare quelli considerati ¡maggiormente significativi' non è semplice a causa delle divergenti opinioni dottrinali sul concetto di 'rilevante e significativo'), è necessario far fronte ad un ulteriore problema. Dal confronto delle varie opinioni si nota infatti come spesso, ad un medesimo indice, siano attribuite denominazioni diverse e come uno stesso acronimo identifichi una pluralità di *ratios*, profondamente differenti l'uno dall'altro.

Per comprendere gli effetti operativi di tale problema è utile far riferimento a due valori che indubbiamente rivestono un ruolo chiave nell'analisi di bilancio: l'*indice di indebitamento* e la *posizione finanziaria netta*.

Il valore assunto dall'indice di indebitamento assume notevole rilevanza al fine della comprensione del grado di dipendenza dell'azienda da fonti esterne di finanziamento. Tale indice però, può essere determinato secondo varie formulazioni:

a) *Capitale investito ÷ Patrimonio netto*
b) *Totale passivo a breve e a lungo) ÷ Patrimonio netto*
c) *Patrimonio netto ÷ Capitale investito*
d) *Patrimonio netto ÷ Totale passivo a breve e a lungo.*

Le varie formulazioni tecniche utilizzate non comportano alcun problema interpretativo dei dati a patto che l'analista conosca l'algoritmo di riferimento. Affermare, ad esempio, che l'indice di indebitamento ammonta a 3,2 non fornisce in sé alcuna informazione circa la situazione di autonomia dell'impresa da fonti esterne se, a monte, non si è conoscenza delle modalità di calcolo dell'indicatore.

Anche la posizione finanziaria netta, aggregato cui in questi ultimi anni è stata attribuita una sempre maggiore capacità informativa, pone i medesimi problemi interpretativi.

In proposito, illuminante è l'analisi svolta dall'Istituto di Ricerca cei Dottori Commercialisti e degli Esperti Contabili (IRDCEC) ove si legge che:

> «La dottrina economico-aziendale non ha dedicato ampio spazio alla tematica in parola, ciononostante sono rinvenibili posizioni interpretative talora non del tutto collimanti, che hanno condotto alla formulazione di differenti configurazioni di Posizione finanziaria netta. La questione è principalmente riconducibile alla considerazione (e relativa interpretazione) delle poste che entrano a far parte del computo: si allude, in particolare, alla declinazione delle attività finanziarie non liquide/liquidabili posto che men-

tre una parte di studiosi sembra escluderle, altra viceversa pare caldeggiarla» (IRDCEC, 22/2013: 5).

Dopo aver effettuato un'indagine teorica sulle proposte dottrinali ritenute di maggior pregio, l'IRCDEC conclude affermando che

> «la rassegna finora condotta consente di evidenziare come, sul piano teorico e metodologico, coesistano svariati approcci identificativi della posizione finanziaria netta, sebbene non esista una rappresentazione prevalente. Piuttosto, occorre prestare la massima attenzione sulla corretta interpretazione di tale grandezza, perciò specificando le modalità di calcolo all'occasione intraprese, essendo queste strettamente strumentali ai connessi fabbisogni conoscitivi» (IRDCEC, 22/2013: 9).

A fronte di una tale variegata composizione di proposte dottrinali, si assiste anche ad una panoramica, altrettanto multiforme, dei modelli di riferimento utilizzati dalla prassi.

Dopo aver evidenziato come spesso dai documenti ufficiali dello *International Accounting Standards Boards* (IASB), dell'Associazione fra le Società per Azioni (Assonime), ecc., vengano utilizzate locuzioni differenti per individuare ciò che l'IRDCEC identifica come posizione finanziaria netta nel documento n. 22/2013, si sottolinea come ciascun organismo abbia ritenuto opportuno proporre una qualificazione differente dell'aggregato.

Al termine di tale disamina l'IRDCEC propone una definizione di posizione finanziaria netta che dovrebbe rappresentare una sintesi teorica di quanto illustrato nel documento citato mediante una sostanziale 'adesione ragionata' (cioè, con qualche modifica), all'impostazione proposta da una parte della letteratura definita dall'Istituto di ricerca come 'la più accreditata'. La definizione è dunque la seguente (IRDCEC, 22/2013: 14-15):

a. Disponibilità liquide e prontamente liquidabili (< 3 mesi)

b. Attività finanziarie a breve (3 < mesi <12)

    Crediti finanziari a breve termine

    Titoli a breve

    Crediti finanziari verso controllate e collegate a breve

    Altre attività finanziarie a breve

    Ratei e risconti attivi (finanziari) a breve (...)

c. Attività finanziarie a medio lungo termine (> 12 mesi)

    Crediti finanziari a m/l termine

    Titoli a m/l termine

    Crediti finanziari a m/l termine vs controllate/collegate

Altre attività finanziarie a m/l termine

Ratei e risconti attivi (finanziari) pluriennali

(...)

TOTALE ATTIVITÀ FINANZIARIE (a+b+c)

d. Passività finanziarie a breve (< 3 mesi)

Scoperti di c/c

Debiti finanziari a breve

Debiti verso società factoring

Debiti verso società leasing

Debiti verso altri finanziatori a breve

Debiti finanziari verso controllate e collegate a breve

Ratei e risconti passivi a breve (finanziari)

(...)

e. Passività finanziarie a m/l termine (> 12 mesi)

Debiti verso banche

Prestiti obbligazionari

Debiti fruttiferi verso soci a m/l termine

Debiti finanziari verso controllate e collegate

Debiti verso altri finanziatori

Debiti verso società di leasing

Ratei e risconti passivi pluriennali (finanziari)

(...)

TOTALE PASSIVITÀ FINANZIARIE (d+e)

La configurazioni di posizione finanziaria netta che ne discendono sono le seguenti:

Posizione finanziaria netta di breve periodo:
Posizione finanziaria netta di I livello = (a−d)
Posizione finanziaria netta di II livello = (a+b) − d
Posizione finanziaria netta di lungo periodo:
Posizione finanziaria netta di I livello (a) − (d+e)
Posizione finanziaria netta di II livello (a+b) − (d+e)
Posizione finanziaria netta complessiva = (a+b+c) − (d+e)

Ciò che assume una notevole rilevanza è la conclusione a cui giunge l'IRD-CEC: dopo aver evidenziato la configurazone di *posizione finanziaria netta*, l'Istituto afferma infatti, testualmente che «essa costituisce solo uno dei possibili approcci percorribili».

Tutto ciò a dimostrazione che ben viva è la consapevolezza che le locuzioni utilizzate da letteratura e prassi per identificare aggregati finanziari (e reddituali) continueranno ad essere contraddistinte da differenze sostanziali.

Quanto sopra a dimostrazione dell'impossibilità di attribuire significati univoci a locuzioni che individuano aggregati e/o indicatori; il che vale, in realtà, per ogni valore contabile derivante da riaggregazioni e/o confronti fra valori.

Va da sé che gli indicatori derivanti dalle varie posizioni dottrinali e/o proposte dalla prassi assumono significati diversi a seconda della modalità di costruzione del dato, con la ovvia conseguenza che, associare un determinato risultato ad uno specifico acronimo in assenza di indicazioni analitiche sulle modalità di costruzione dei dati di base utilizzati, può rivelarsi un'operazione inutile o, addirittura, pericolosamente fuorviante. Ciò, ovviamente, comporta un serio problema di comunicazione verso l'esterno; così, l'assenza di specifiche informazioni riguardanti la composizione dei dati diffusi tramite la relazione sulla gestione può rendere poco significativo il valore medesimo.

Queste considerazioni hanno indotto autorevoli studiosi e prestigiosi centri studi ad evidenziare la necessità di corredare gli indicatori di risultato finanziario con le informazioni integrative citate. Tuttavia, nonostante queste sollecitazioni, gli indicatori forniti nelle relazioni sulla gestione, nella maggioranza dei casi, non sono corredati da alcuna specificazione circa le modalità di calcolo, con conseguente riduzione o, addirittura, annullamento della capacità informativa dei dati diffusi all'esterno.

Anche qualora il problema fosse superato, grazie a una comunicazione esauriente delle modalità di costruzione dei rapporti, è comunque necessario superare un'ulteriore difficoltà che, fra tutte, è di certo la più ostica. La significatività di ogni indicatore è infatti direttamente collegata alla correttezza con cui le singole poste sono state riaggregate e riclassificate. L'errata rilevazione di una posta può stravolgere totalmente i risultati finali.

Dall'esperienza maturata sul campo è possibile affermare che alcune poste di bilancio vengono spesso riclassificate in modo errato con conseguente determinazione di indicatori privi di significatività. Senza avere la pretesa di riportare dati derivanti da analisi di campioni statisticamente rilevanti o da popolazioni, più o meno estese, è possibile affermare che, molto diffusa appare la prassi di rilevare, ad esempio, i crediti verso soci per *versamenti di decimi ancora dovuti* (VAD) nell'attivo a breve o nell'attivo a lungo termine.

Si pensi, ad esempio, all'indice più citato nelle relazioni, cioè il ROE e si immagini che nello SP vi siano le seguenti poste:
- Crediti verso soci per decimi dovuti (VAD): 2.625
- Capitale sociale: 3.500
- Riserve totali: 700
- Utile di esercizio: 400

Qualora i crediti VAD siano inseriti nell'attivo a breve o a lungo, il ROE, costruito contrapponendo il reddito al patrimonio netto civilistico, evidenzierebbe un rendimento globale aziendale pari all'8,70%.

Se invece, come suggerisce la letteratura più evoluta (attenta, fra l'altro, a quanto indicato dai principi contabili nazionali e/o internazionali), il patrimonio netto posto al denominatore del ROE venisse determinato portando i crediti VAD in detrazione al capitale sociale, il rendimento risulterebbe del 20,25%.

L'esperienza però evidenzia come, molte imprese, nella riclassificazione dell'Attivo continuino a rilevare anche i crediti VAD con la conseguenza di giungere a indici reddituali scarsamente significativi. E, ovviamente, a nulla vale sottolineare che la scorretta collocazione della posta comporta la determinazione di un rendimento prudenziale più basso di quello reale, come se ciò potesse essere un elemento che, indirettamente, consente di accettare il calcolo errato dell'indicatore. Oltre all'inconsistenza di questa eventuale osservazione, va segnalato che si potrebbero elencare una vasta serie di errate collocazioni che, invece, evidenziano situazioni più floride di quella reale.

Ogni scorretta riclassificazione delle poste contabili andrebbe evitato, se non altro per non creare illusioni sul reale stato dell'azienda.

Nell'ambito del bilancio riclassificato, sovente compare la rilevazione di acconti ricevuti da clienti nel Passivo, di anticipi sul TFR nell'Attivo, dei fondi nel passivo a lungo, dei fondi ammortamento nel Passivo, delle azioni proprie nell'Attivo, e così via. Circostanze che possono condurre a risultati poco significativi sia come sottovalutazioni sia come sopravvalutazioni di elementi della situazione reddituale, finanziaria e patrimoniale dell'azienda.

Non si vuole qui giungere a stabilire generalizzazioni derivanti da correlazioni fra eventi con determinati gradi di probabilità che potrebbero discendere soltanto da ricerche su campioni statisticamente significativi, si vogliono tuttavia rappresentare alcuni *caveat* rispetto a possibili comportamenti opportunistici la cui sussistenza va verificata volta per volta e azienda per azienda.

È però indubbio che simili errori di riclassificazione hannno una frequenza elevata soprattutto presso le PMI per cui la relazione sulla gestione non sembra un documento in grado di colmare le lacune informative del bilancio.

Poiché l'art. 2428 c.c., nel III c, impone che dalla relazione deve in ogni caso risultare la prevedibile evoluzione della gestione, si potrebbe essere indotti ad ipotizzare che, quantomeno, si possano trarre informazioni utili alla valutazione propsettica del merito di credito di un'impresa. Invece, le informazioni sulle prospettive aziendali si sostanziano, in genere, in un'analisi molto generale dell'andamento dei mercati di riferimento con indicazioni generiche circa la programmazione economico-finanziaria dell'impresa.

È evidente come debba essere riconosciuto all'azienda un ampio diritto di riservatezza, in quanto la divulgazione di dati sensibili potrebbe ritorcersi contro l'impresa stessa. La lettura delle relazioni sulla gestione evidenzia comunque la generale tendenza delle imprese a diffondere dati generici, in realtà privi di peso informativo. A riprova si può tenere presente come, in ipotesi di valutazione del merito di credito, venga sempre più spesso richiesta la redazione di un *business plan* che, di regola, non è incluso nella relazione della gestione. Ne segue che per poter disporre di una valida base di informazioni, i bilanci pubblici dovrebbero essere completati da una serie informazioni fornite direttamente dall'impresa stessa.

Ipotizzare di poter esprimere giudizi sulla situazione aziendale sulla base dei documenti pubblicati è velleitario per non dire ingenuo. Presso le imprese quotate o di elevate dimensioni, si ha invece una *disclosure* inimmaginabile presso le imprese di minori dimensioni. La cultura di bilancio presente in simili grandi aziende, aventi spesso rilievo multinazionale, non è paragonabile a ciò che viene quotidianamente vissuto nelle imprese di dimensioni più ridotte se non altro perché l'ampiezza dei mercati ove combattono le prime richiede informazioni più vaste e attendibili.

È sempre errato abbandonarsi ad affermazioni apodittiche; ritenere cioè che mai un bilancio pubblico possa garantire un'analisi completa, esauriente e adeguata della situazione reddituale, finanziaria e patrimoniale di un'azienda, il che significherebbe assumere una posizione perentoria e pertanto poco corretta. Pensare però che presso le imprese di minori dimensioni si possa desumere dal bilancio pubblico e dalla relazione sulla gestione elementi di per se stessi in grado di fornire informazioni definitive, appare affermazione ancora più fuorviante.

3.4   I limiti informativi del bilancio abbreviato

Il Codice Civile prevede che le PMI, intese secondo l'accezione giuridica disciplinata dall'art. 2423*bis*, possano stilare un bilancio maggiormente sintetico rispetto a quello disciplinato dagli artt. 2424, 2425, 2425*bis*, e 2427 c.c.[7].

La facilitazione dell'abbreviazione di bilancio viene meno qualora le società, per il secondo esercizio consecutivo, abbiano superato due dei limiti indicati nel primo comma. Al verificarsi di una simile circostanza, il bilancio deve essere redatto in forma ordinaria.

---

[7]Fra le società di capitali, il c.c. considera 'PMI' le società che, non avendo emesso titoli negoziati in mercati regolamentati nel primo esercizio o, successivamente, per due esercizi consecutivi, non abbiano superato due dei seguenti limiti:
1) totale dell'attivo dello SP: 4.400.000 euro;
2) ricavi delle vendite e delle prestazioni: 8.800.000 euro;
3) dipendenti occupati in media durante l'esercizio: 50 unità.

Come è risaputo, il concetto di PMI non è univoco. Merita però ricordare come il Consiglio Nazionale Dottori Commercialisti ed Esperti Contabili (CNDCEC, 2012) abbia evidenziato come da un lato, la redazione del bilancio abbreviato rappresenti un tema assai sentito dalle piccole società e, dall'altro, come le imprese di minori dimensioni costituiscano la principale forza economico-produttiva a livello nazionale ed europeo rappresentando 99,9% della totalità delle imprese che operano nell'area dell'Unione Europea, per toccare il 99,95% delle imprese italiane.

Non tutte le PMI sono costituite in forma societaria (2435 bis c.c.); malgrado ciò, i limiti quantitativi individuati dal legislatore civilistico sono tali da garantire un'amplissima diffusione del bilancio abbreviato.

Nulla vieta che, per meglio applicare il postulato delle chiarezza imposto dall'art. 2423 c.c, il bilancio abbreviato integri il *set* informativo minimo indicato dall'art. 2435 bis. Le società che optano per la redazione di un bilancio abbreviato difficilmente, però, adottano strategie comunicative differenti da quanto previsto dal Codice. Chi infatti percepisce la necessità di fornire al mercato una *disclosure* più ampia di quella disciplinata dall'art. 2435 bis, tende ad optare per la stesura ordinaria: il bilancio in forma abbreviata costituisce infatti una scelta volontaria dell'impresa e non un obbligo di legge. Di conseguenza, nulla vieta che un'impresa, pur avendo la possibilità di avvalersi del bilancio abbreviato, opti per la sua versione integrale. Però le imprese che scelgono la versione abbreviata del bilancio tendono ad applicare la previsione dell'art. 2435 bis c.c., anche se non mancano esempi di imprese che, pur avendo optato per il bilancio abbreviato, comunicano all'esterno un'informativa supplementare.

Il bilancio abbreviato è contraddistinto dalle seguenti semplificazioni:

1. lo SP comprende solo le voci contrassegnate nell'articolo 2424 con lettere maiuscole e con numeri romani; le voci A e D dell'Attivo possono essere comprese nella voce CII; dalle voci BI e BII dell'Attivo devono essere detratti in forma esplicita gli ammortamenti e le svalutazioni; la voce E del Passivo può essere compresa nella voce D; nelle voci CII dell'Attivo e D del Passivo devono essere separatamente indicati i crediti e i debiti esigibili oltre l'esercizio successivo. In base a tali indicazioni, lo SP abbreviato assume la struttura illustrata dalla Tab 3.1.

Attività	*Passività e Patrimonio Netto*
B) Immobilizzazioni	A) Patrimonio netto
I Immobilizzazioni immateriali –	I Capitale sociale
fondo ammortamento –	II Riserva da sovrapprezzo azioni
altre svalutazioni	III Riserva da rivalutazione
II Immobilizzazioni materiali –	IV Riserva legale
fondo ammortamento –	V Risrve statutarie
altre svalutazioni	VI Riserve per azioni proprie
III Immobilizzazioni finanziarie	in portafoglio
	Altre riserve
C) Attivo circolante	Utili (Perdite) portati a nuovo
	Utili (Perdite) di esercizio
I Rimanenze	
II Crediti (inclusi crediti VAD,	B) Fondi per rischi e oneri
ratei e risconti attivi	C) Trattamento di fine rapporto
disaggio su prestiti)	risconti passivi e aggio su prestiti)
III Attività finanziarie che non	D) Debiti (inclusi ratei e
costituiscono immobilizzazioni	risconti attivi - disaggio su prestiti)
IV Disponibilità liquide	

Tabella 3.1: Stato Patrimoniale di un bilancio abbreviato

2. il CE può prevedere i seguenti raggruppamenti delle poste previste dall'articolo 2425 c.c.:

a) voci A2 e A3

b) voci B9(c), B9(d), B9(e)

c) voci B10(a), B10(b), B10(c)

d) voci C16(b) e C16(c)

e) voci D18(a), D18(b), D18(c)

f) voci D19(a), D19(b), D19(c)

g) voce E20 non è richiesta la separata indicazione delle plusvalenze

h) voce E21 non è richiesta la separata indicazione delle minusvalenze e delle imposte relative a esercizi precedenti.

In base all'art. 2435*bis* c.c., il CE può essere abbreviato come da Tab. 3.2.

3. Nella nota integrativa possono essere omesse le indicazioni richieste dal numero 10 dell'articolo 2426 e dai numeri 2), 3), 7), 9), 10), 12), 13), 14), 15), 16) e 17) dell'articolo 2427 e dal numero 1) del comma 1 dell'articolo 2427*bis*; le indicazioni richieste dal numero 6) dell'articolo 2427 sono riferite all'importo globale dei debiti iscritti in bilancio.

Le imprese possono limitare l'informativa richiesta ai sensi dell'articolo 2427, primo comma, numero 22*bis*, alle operazioni realizzate direttamente o indirettamente con i loro maggiori azionisti ed a quelle con i membri degli

Tabella 3.2: Conto Economico abbreviato

A) Valore della produzione:

1) ricavi delle vendite e delle prestazioni

2), 3) variazioni delle rimanenze di prodotti in corso di lavorazione, semilavorati e finiti e variazioni dei lavori in corso su ordinazione.

4) incrementi di immobilizzazioni per lavori interni

5) altri ricavi e proventi, con separata indicazione dei contributi in conto esercizio.

B) Costi della produzione:

6) per materie prime, sussidiarie, di consumo e di merci

7) per servizi

8) per godimento di beni di terzi

9) per il personale:

a) salari e stipendi

b) oneri sociali

c), d), e) trattamento di fine rapporto, trattamento di quiescenza e simili e altri costi

10) ammortamenti e svalutazioni:

a) ammortamento delle immobilizzazioni immateriali, ammortamento delle immobilizzazioni materiali e altre svalutazioni delle immobilizzazioni

d) svalutazioni dei crediti compresi nell'attivo circolante e nelle disponibilità liquide

11) variazioni delle rimanenze di materie prime, sussidiarie, di consumo e merci

12) accantonamenti per rischi

13) altri accantonamenti

14) oneri diversi di gestione

Differenza tra valore e costi della produzione (A − B)

C) Proventi e oneri finanziari:

15) proventi da partecipazioni, con separata indicazione di quelli relativi ad imprese controllate e collegate

16) altri proventi finanziari:

a) da crediti iscritti nelle immobilizzazioni, con separata indicazione di quelli da imprese controllate e collegate e di quelli da controllanti

b), c) da titoli iscritti nelle immobilizzazioni che non costituiscono partecipazioni e da titoli iscritti nell'attivo circolante che non costituiscono partecipazioni

d) proventi diversi dai precedenti, con separata indicazione di quelli da imprese controllate e collegate e di da controllanti

17) interessi e altri oneri finanziari, con separata indicazione di quelli verso imprese controllate e collegate e controllanti

17bis) utili e perdite su cambi.

Totale (15 + 16 − 17 ± 17 bis)

(segue)

(segue Tab. 3.2)

D) Rettifiche di valore di attività finanziarie:
18) rivalutazioni:
a), b), c) di partecipazioni, di immobilizzazioni finanziarie che non
costituiscono partecipazioni e di titoli iscritti all'attivo circolante
che non costituiscono partecipazioni;
19) svalutazioni:
a), b), c) di partecipazioni, di immobilizzazioni finanziarie che non
costituiscono partecipazioni e di titoli iscritti nell'attivo circolante
che non costituiscono partecipazioni
Totale delle rettifiche (18 − 19)
E) Proventi e oneri straordinari:
20) proventi straordinari
21) oneri straordinari
Totale delle partite straordinarie (20 − 21)
Risultato prima delle imposte (A − B ± C ± D ± E)
22) imposte sul reddito dell'esercizio, correnti, differite e anticipate
23) **Utile (perdita) dell'esercizio**

---

organi di amministrazione e controllo, nonché limitare alla natura e all'obiettivo economico le informazioni richieste ai sensi dell'articolo 2427, I comma, numero 22*ter*.

4. Qualora le imprese indicate nel primo comma forniscano nella nota integrativa le informazioni richieste dai numeri 3) e 4) dell'articolo 2428, esse sono esonerate dalla redazione della relazione sulla gestione. Le PMI rientranti nel *range* previsto dal codice civile non sono, pertanto, tenute alla redazione della relazione sulla gestione qualora, in nota integrativa, sia indicato il numero e il valore nominale sia delle azioni proprie sia delle azioni o quote di società controllanti possedute dalla società, anche per tramite di società fiduciaria o per interposta persona, con l'indicazione della parte di capitale corrispondente e il numero e il valore nominale sia delle azioni proprie sia delle azioni o quote di società controllanti acquistate o alienate dalla società nel corso dell'esercizio, anche per tramite di società fiduciaria o per interposta persona, con l'indicazione della corrispondente parte di capitale, dei corrispettivi e dei motivi degli acquisti e delle alienazioni.

La struttura del bilancio abbreviato disciplinata dall'art. 24235 bis c.c. rende tale documento inidoneo a sviluppare una significativa analisi reddituale, patrimoniale e finanziaria. A fronte di un CE sufficientemente analitico, le società che optano la stesura abbreviata del bilancio possono infatti, stilare uno SP che, per la sua estrema sinteticità, non offre gli spunti informativi necessari affinché possa essere svolto un serio approfondimento della situazione aziendale.

Qualora infatti il bilancio abbreviato fosse redatto secondo il disposto dell'art. 24235 bis, oltre alle informazioni assenti nel bilancio ordinario evidenziate nelle pagine precedenti, risulterebbero totalmente mancanti anche i seguenti dati: a) suddivisione, in base al principio di liquidità-esigibilità, di ogni posta attiva e passiva; b) informazioni circa l'ammontare dei crediti verso soci per versamenti ancora dovuti; c) composizione delle immobilizzazioni (immateriali, materiali e finanziarie) e dell'attivo circolante (rimanenze, crediti, attivo finanziario circolante e disponibilità liquide); d) composizione del totale debiti; e) composizione del totale fondi rischi e oneri; f) notizie su eventuali eventi significativi, verificatisi dopo la chiusura dei conti, che potrebbero incidere, in maniera rilevate, sulla valutazione del merito di credito in quanto, potenzialmente, possono aver modificato radicalmente, la situazione consuntiva riflessa del bilancio di esercizio in chiusura; g) evoluzione prevedibile della gestione.

In precedenza si è posto in rilievo come, per procedere ad un'analisi di bilancio, si debbano riaggregare i valori di bilancio per poter determinare alcuni quozienti fondamentali ai fini dell'approfondimento della situazione aziendale. Per le motivazioni già ampiamente illustrate, gli aggregati e gli indici su cui abbiamo focalizzato la nostra attenzione sono i seguenti:

A) Aggregati:

1) attivo a breve; 2) passivo a breve; 3) attivo a lungo termine; 4) passivo a lungo termine; 5) patrimonio netto; 6) reddito derivante dallo svolgimento dell'attività caratteristica dell'impresa; 7) reddito operativo.

B) Ratios:

1) indice di disponibilità; 2) indice di liquidità; 3) indice di indebitamento; 4) ROE; 5) ROI; 6) ROA; 7) ROS.

Si è già posto in rilievo come, in presenza di un bilancio civilistico redatto in forma ordinaria, alcune informazioni fondamentali al fine della determinazione dei *ratios* sopra elencati non ne consentano una oggettiva determinazione.

Al fine di completare l'analisi dei limiti informativi del bilancio è necessario comprendere se, in presenza di un bilancio abbreviato, i limiti caratterizzanti il bilancio ordinario siano amplificati e tali da rendere inattuabile una seria e completa analisi dei dati: si può sicuramente affermare che nel caso del bilancio abbreviato ex art. 2435 bis c.c., gli aggregati e gli indicatori fin qui considerati non sono determinabili a meno di intrudrre ipotesi talmente soggettive da rendere scarsamente significativi e inattendibili i loro valori.

Rientra peraltro nella facoltà di ogni impresa integrare l'informativa minima prevista con la diffusione di dati non obbligatori. È evidente che quanto più il bilancio abbreviato si avvicinerà alla struttura ordinaria tanto maggiore sarà la riduzione dei limiti fin qui indicati.

Resta perciò confermato che solo una collaborazione fattiva dell'impresa può fare in modo che un'analisi svolta sui dati contabili aziendali sia completa, esauriente e, soprattutto, significativa rispetto alla realtà aziendale; tale collaborazione è ben più necessaria qualora si tratti di analizzare un bilancio abbreviato. Questa esigenza assume rilievo notevole nel caso di analisi svolte dall'estreno e con l'obiettivo di condurre a conclusioni sul merito di credito del richiedente.

Riferimenti bibliografici

Avi M.S.
2012 *Management Accounting*, Vol I, *Financial Analysis*, EIF-e.Book.
2102 *Management Accounting*, Vol II, *Cost Analysis*, EIF-e.Book.

CNDCEC (Consiglio Nazionale dei Dottori Commercialisti ed Esperti Contabili)
2012 *La redazione del bilancio delle società di minori dimensioni: disposizioni normative e criticità*, Novembre.

IRDCEC (Istituto di Ricerca dei Dottori Commercialisti e degli Esperti Contabili)
2013 *L'iscrizione degli indicatori nella relazione sulla gestione. La posizione finanziaria netta*, Documento n. 22.

Capitolo 4

Dinamica finanziaria e merito di credito

di *Maria Silvia Avi*

4.1 Analisi finanziaria statica e dinamica

Nel bilancio, ai valori 'stock' patrimoniali e finanziari riferiti ai un preciso istante, si affiancano dati reddituali 'flusso' in quanto riferiti ad un arco temporale. Così anche il reddito rappresenta un valore 'flusso' che deriva dalla presenza, in CE, di valori riferiti per l'appunto ad un arco temporale.

La 'dinamica reddituale' non va però, confusa con la 'dinamica finanziaria', l'analisi della quale, travalicando l'ottica statica cristallizzata nei valori iscritti nello SP, è in grado di catturare l'intreccio dei flussi di natura monetaria e finanziaria che, incessantemente, si producono e si consumano nel fluire della gestione aziendale.

L'approfondimento della 'dinamica' dei valori contabili è pertanto, contraddistinto da una duplice rappresentazione: ad un'analisi dei componenti-flusso, negativi e positivi di reddito, va affiancata un'indagine sulla loro natura finanziaria.

Come accade per l'analisi reddituale (v. cap. 3), nemmeno l'approfondimento della dinamica finanziaria è attuabile attraverso la mera analisi dei valori di SP e di CE, soprattutto se aggregati secondo la logica civilistica. L'integrazione delle risultanze del bilancio con informazioni non ritraibili dai medesimi dati è anch'essa un'operazione necessaria affinché l'individuazione e l'interpretazione dei flussi possano essere condotte in modo corretto e proficuo.

L'analisi per flussi costituisce così un elemento conoscitivo fondamentale al fine della valutazione del merito di credito.

Il nuovo principio OIC 10 sottolinea che i benefici informativi del rendiconto finanziario, ossia del documento che riassume tutti i flussi prodotti e consumati dalla gestione aziendale, sono molteplici in quanto il rendiconto permette di valutare[1]:

a) le disponibilità liquide[2] prodotte e assorbite dalla gestione reddituale e le modalità di impiego e di copertura;

b) la capacità dell'impresa (o del gruppo) di affrontare gli impegni finanziari a breve termine;

c) la capacità dell'impresa (o del gruppo) di autofinanziarsi,

Tutti gli *stakeholders* sono interessati a comprendere se l'impresa è in grado di produrre flussi monetari e finanziari tali da garantire la distribuzione dei dividendi, il pagamento delle retribuzioni, degli oneri finanziari, degli oneri previdenziali e il regolare rimborso o rinnovo dei debiti. Per tali motivi, ogni *stakeholder* è interessato alle indagini sul rendiconto finanziario.

Studiando i flussi generati e consumati dalla gestione, dunque, si cerca di individuare gli elementi cardine per comprendere se un nuovo finanziamento, o il rinnovo di un finanziamento in scadenza, rappresenti un via percorribile e proficua nonché entro quali limiti un finanziamento identifichi un'operazione rischiosa e foriera di potenziali perdite. Non si dovrebbe dunque mai prescindere dall'analisi dei flussi finanziari.

Per comprendere la complessità di questo studio è tuttavia necessario, in primo luogo, distinguere due elementi:

---

[1] «Il rendiconto finanziario fornisce, infatti, informazioni utili per valutare la situazione finanziaria della società o del gruppo (compresa la liquidità e la solvibilità) nell'esercizio di riferimento e la sua evoluzione negli esercizi successivi. Le informazioni ricavabili dal rendiconto finanziario migliorano, inoltre, la comparabilità dei risultati tra società differenti o nell'ambito della stessa società in esercizi differenti, in quanto la determinazione dei flussi finanziari non presenta particolari incertezze valutative rispetto ad altre grandezze ricavabili dallo stato patrimoniale o dal conto economico. Il rendiconto finanziario fornisce informazioni di natura finanziaria non ottenibili dallo stato patrimoniale comparativo, anche se corredato dal conto economico, in quanto lo stato patrimoniale non mostra chiaramente le cause di variazione delle disponibilità liquide avvenute in un determinato esercizio.»

[2] In questa sede la locuzione *disponibilità liquide* verrà usata come sinonimo della locuzione *liquidità* e per *disponibilità liquide* si intendono quelle previste dall'OIC 10: «Le disponibilità liquide sono rappresentate dai depositi bancari e postali, dagli assegni e dal denaro e valori in cassa. Le disponibilità liquide comprendono anche depositi bancari e postali, assegni e denaro e valori in cassa espressi in valuta estera.».

1. *flussi finanziari intesi in senso lato*, comprendenti cioè le variazioni delle disponibilità liquide (v. *supra* n. 1), dei Debiti e dei Crediti;

2. *flussi monetari* (o *finanziari in senso stretto*), comprendenti soltanto le variazioni delle disponibilità liquide.

Nella letteratura sulle analisi di bilancio manca spesso un'integrazione formale e sostanziale che dovrebbe essere considerata elemento fondamentale di ogni indagine contabile. Come si è rilevato, attribuire uguali significati a diversi concetti, ovvero diversi acronimi a valori sostanzialmente identici, crea un ambiente favorevole all'assunzione di decisioni non coerenti con la effettiva situazione aziendale la quale ne risulta mal rappresentata da sistemi informativi privi di una essenziale e fondamentale congruità fra le parti che la costituiscono. Il *sistema informativo integrato di analisi* [v. AVI, *Financial Analysis* e *Cost Analysis*, 2012] garantendo completa integrazione, verticale e orizzontale, fra tutti gli elementi che compongono la complessa struttura di produzione e di comunicazione dei valori risolve i problemi operativi appena adombrati. In tale sistema, l'elemento 'finanziario' viene collegato, nei limiti del possibile, ai rapporti di credito, di debito e di liquidità. L'elemento 'liquidità' viene riferito in questa sede solo alla moneta legale e alla moneta bancaria (i c/c di corrispondenza delle banche commerciali) e quindi l'elemento 'liquidità' è parte integrante dell'elemento 'finanziario'.

Data la partizione proposta, si comprende come i flussi finanziari intesi in senso lato comprendano elementi contabili connessi sia con il sorgere di debiti e di crediti, sia con effetti sulla liquidità; questi ultimi individuano e analizzono solo i valori che modificano direttamente i saldi esistenti in Cassa e Banca. Qualora l'attenzione sia rivolta ai flussi finanziari intesi in senso più ampio di quello monetario, si deve scegliere la 'dimensione' da investigare. Così, in genere, quando si intende verificare l'intreccio dei flussi creato dalla gestione ma diversi da quelli che interessano la liquidità, il risultato dell'indagine fa riferimento al valore del c.d. *capitale circolante netto caratteristico* (d'ora in poi CCNC).

Derivando dalla contrapposizione fra l'Attivo e il Passivo a breve termine, il CCNC viene depurato dalle poste non attinenti alla attività caratteristica aziendale. Tralasciando le criticità contabili collegate a questo aggregato, si può affermare che, in forma semplificata, il CCNC è formato dalla somma algebrica di: Cassa, Banca attiva, Crediti commerciali, Scorte e Debiti verso fornitori. Ogni valore che incida su almeno una di queste componenti contabili identifica dunque un flusso finanziario di CCNC.

Allo stato, quasi unanimemente letteratura e prassi ritengono tuttavia che l'unica analisi utile ai fini di indagine sulla dinamica finanziaria delle aziende sia quella condotta in termini di liquidità.

I flussi di liquidità rappresentano un elemento informativo imprescindibile in quanto, per comprendere la situazione finanziaria globale delle aziende, è indispensabile integrare i dati puntuali riferiti a precisi istanti con informazioni riguardanti gli eventi verificatisi nell'arco di un determinato periodo. In altri termini, è evidente che confrontare diverse situazioni al 31/12 di una pluralità di esercizi si possono tracciare gli andamenti desunti dai dati contabili. Ma una simile analisi, nulla dice circa ciò che si è verificato nell'ambito di ciascun periodo amministrativo.

Ad esempio, nel caso di due valori identici al *31/12/n* e *31/12/n+1* si potrebbe desumere che si è avuto un andamento costante, il che però non implica che durante l'esercizio *n+1* non vi possano essere stati profondi mutamenti che, tuttavia, hanno condotto ad un valore finale uguale fra i due esercizi. È evidente che tale limite informativo è tanto più rilevante quanto maggiore è la durata del periodo considerato (esercizio, bimestre, trimestre, semestre, mese, settimana, giorno). Si comprende così come individuare un arco temporale ridotto abbia il vantaggio di ridurre l'ostacolo informativo cui ci si riferisce.

La lacuna informativa così ridimensionata incontra tuttavia un limite non superabile intrinseco agli indici. Infatti, anche se l'analisi finanziaria fosse condotta in modo sistemico, sistematico, integrato e solo tramite quozienti o altri aggregati statici, i risultati che ne deriverebbero non potrebbero mai essere considerati completi, esaurienti e completamente affidabili.

Tutto ciò, assume particolare rilievo nella valutazione del rischio assunto dal finanziatore. Qualora le indagini contabili dei finanziatori fossero realizzate solo mediante indici e aggregati statici, la possibilità di concedere prestiti a imprese non meritevoli o di negare credito ad aziende in perfetto equilibrio finanziario e reddituale, appare molto elevata.

Ad esempio, si pensi ad una impresa di servizi, priva di magazzino e di investimenti non caratteristici. In tale caso, l'indice che contrappone attivo a breve con passivo a breve (indice di disponibilità) evidenzia una buona situazione finanziaria se rientra nell'intervallo 1-1,5.

Si ipotizzi poi che in un'impresa l'indice di disponibilità risulti pari a 1,5 e sia costante nel tempo. Si supponga poi che l'attivo a breve sia costituito da magazzino e clienti e che al passivo sia registrata la quota annua di un mutuo. Si potrebbe dunque affermare che l'indice di disponibilità rappresenta una solida garanzia di una situazione finanziaria a breve termine ottima.

Si presuma ora di completare quanto sopra con l'informazione che, nel periodo successivo, l'impresa ipotizza di liquidare l'attivo a breve e di avere un'unica ulteriore rilevante entrata corrispondente all'ottenimento di un nuovo prestito a fronte di uscite collegate al pagamento del passivo a breve e dei salari.

In tal caso, la nuova informazione mette in discussione l'apparente equilibrio finanziario desunto in precedenza dall'indice di disponibilità.

Infatti, qualora l'impresa fosse costretta ad accendere un prestito per poter affrontare uscite ricorrenti per salari e per rimborsi di prestiti finanziari, non si potrebbe concludere che la situazione è in equilibrio finanziario nonostante l'indice di disponibilità rassicuri, dato il suo livello armonioso,

Quanto sopra illumina meglio la questione dell'interpretazione degli indicatori: l'analisi per quozienti infatti, seppur attuata in maniera sistemica e sistematica, non consente di analizzare la tipologia di entrate e uscite aziendali. Come già rilevato, nell'ambito dell'analisi tramite *ratios*, questo limite non è superabile in quanto rappresenta un elemento intrinseco degli indicatori. Il quoziente finanziario, infatti, è di per sé statico e privo di elementi informativi riguardanti le caratteristiche delle entrate e uscite relative al al periodo considerato. Pertanto, tale analisi è di per sé limitata e lacunosa e quindi abbisogna di essere integrata da approfondimenti sulla dinamica finanziaria.

Prescindendo da questioni tecniche relative alle difficoltà che un analista incontra nell'individuare i flussi di liquidità, è possibile affermare che solo l'equilibrio fra fonti ricorrenti (ossia entrate che si ripresentano nel tempo) e fabbisogni analogamente ricorrenti garantisce solidità finanziaria all'azienda. In presenza infatti di fabbisogni ricorrenti finanziati con fonti occasionali, l'impresa non può dirsi finanziariamente equilibrata. Quando invece il finanziamento di fabbisogni occasionali avviene con fonti ricorrenti, l'equilibrio finanziario si trasforma in una situazione esemplare di stabilità. Utilizzare fonti che sono destinate a ripresentarsi periodicamente nel tempo per far fronte ad uscite occasionali rappresenta, infatti, il raggiungimento della massima solidità finanziaria dinamica.

Anche in questo contesto, così come evidenziato nell'ambito dell'analisi per indici, la corretta interpretazione dei dati richiede la collaborazione del management dell'impresa.

Si pensi, ad esempio, alla distribuzione di dividendi o al pagamento del TFR.

In genere, queste poste vengono considerate ricorrenti in quanto si ipotizza, da un lato, che la distribuzione di dividendi sia tendenzialmente costante nel tempo e, dall'altro, che il fisiologico turnover della forza lavoro provochi una sostanziale ripetitività nel pagamento di debiti per TFR. Nulla vieta però che nell'ambito di una determinata impresa tali poste debbano essere considerate occasionali. Ciò può accadere, ad esempio, in imprese di minore dimensione in presenza di avvicendamento dei lavoratori estremamente ridotto e ove la distribuzione di dividendi rappresenti un evento di natura occasionale. Al verificarsi di queste ipotesi, i fabbisogni diventerebbero occasionali piuttosto che potenzialmente ricorrenti.

Una specifica informazione relativa ad alcune peculiarità delle imprese può, di conseguenza, far virare il giudizio da positivo a negativo o viceversa.

Anche in questo caso quindi, così come per i *ratios*, l'interpretazione dei dati è agevolata dalla disponibilità di un completo *set* informativo che dovrebbe essere fornito dall'impresa.

In conclusione, merita sottolineare come attualmente la letteratura e la prassi unanimemente ritengano che i flussi di liquidità siano maggiormente significativi dei flussi finanziari espressi dalla configurazione del capitale CCNC. Questi ultimi comprendono ogni operazione che, direttamente o indirettamente, ha effetto su almeno una delle sue componenti (Cassa, Banca, Clienti, Magazzino, Fornitori).

I ricavi caratteristici, ad esempio, generano sempre un flusso finanziario di CCNC pari al loro ammontare totale: questa componente infatti, può essere oggetto di incasso immediato oppure differito. Poiché sia la Cassa o la Banca sia i Crediti rientrano nel CCNC, il ricavo produce un flusso totale pari al suo importo.

Per comprendere appieno la irrilevanza informativa del flusso espresso in termini di CCNC, rispetto al flusso di liquidità, si immagini che un'impresa, nel corso dell'esercizio n, abbia effettuato due sole operazioni e che esse siano ricorrenti nel corso dgli esercizi succesivi:

1) vendite per 1000: incasso dilazionato 990, incasso per contanti 10;

2) acquisti di materie prime per 300: pagamento dilazionato 10; pagamento per contanti 290.

Se l'attenzione si concentrasse sui flussi finanziari di CCNC, si potrebbe ritenere questa situazione finanziaria perfettamente equilibrata: a fronte di una fonte ricorrente pari a 1000 (10 incassati, 990 dilazionati), si ha un fabbisogno ricorrente di 300 (di cui 290 pagati per cassa). Secondo un'ottica finanziaria intesa in termini di CCNC, il finanziatore dovrebbe essere rassicurato ed essere condotto ad valutazione del merito di credito favorevole.

La realtà è però ben diversa. Pur essendo accettabile la configurazione di 'flusso finanziario di CCNC', è indubbio che questo risultato non presenta alcuna utilità per valutare la capacità di un'impresa di rispettare le condizioni contrattuali del prestito (regolare pagamento degli oneri finanziari e, a scadenza, essere in condizione di rimborsare o di richiedere un rinnovo del presito, *in toto* o in parte). Pur in presenza di una fonte finanziaria ricorrente (1000) nettamente superiore agli analoghi fabbisogni (300), l'azienda evidenzia un palese squilibrio finanziario in termini monetari in quanto, ad un'entrata ricorrente di 10 contrappone un'uscita ricorrente pari a 290.

In passato, pur evidenziando la maggior significatività dei flussi monetari, si riteneva comunque utile procedere anche alla individuazione dei flussi di CCNC. Nel principio OIC 12, emanato nel 2005, pur riconoscendo ai flussi di liquidità una maggiore capacità segnaletica della situazione finanziaria, si evidenziava come il rendiconto espresso in termini di CCNC continuasse a conservare la sua validità. La situazione attuale, invece, vede convergere letteratura e prassi verso una univoca posizione che ritiene i flussi di CCNC elemento privo di qualsivoglia interesse. Anche il nuovo principio OIC 10 evidenzia come i flussi finanziari rappresentino «un aumento o una diminuzione dell'ammontare delle disponibilità liquide». Tale affermazione, che riprende quanto indicato nel principio IAS 7: «*cash flows are inflows and outflows of cash and cash equivalents*» che individua nei flussi di liquidità le uniche variazioni degne di rilevazione e di diffusione.

Secondo l'ottica oggi prevalente quindi, i flussi espressi in termini di CCNC, non sono annoverabili fra le informazioni finanziarie utili ai manager interni e agli utenti esterni alle aziende.

4.2   Forme alternative di rendiconto finanziario

Malgrado i flussi finanziari, intesi sia in senso lato sia in termini di liquidità, rappresentino un elemento conoscitivo fondamentale per chiunque sia interessato a valutare la situazione finanziaria di un'impresa, la normativa civilistica non ne fa menzione. Il Codice Civile infatti, pur attribuendo una generica rilevanza alla diffusione di dati finanziari, da un lato pone rilevanti limiti alla diffusione di specifiche informazioni che garantirebbero la possibilità di effettuare complete analisi statiche e, dall'altro, risulta privo di qualsiasi riferimento al rendiconto finanziario.

In base alla normativa, le imprese che redigono il bilancio civilistico (ossia quelle diverse dalle IAS/IFRS *adopters* (v. *supra*, cap. 3, n. 2) non hanno alcun obbligo giuridico relativamente alla diffusione di dati riguardanti i flussi. Tale silenzio provoca due conseguenze:

a) l'assenza di norme positive che regolamentino la diffusione delle informzioni relative all'individuazone tecnica dei flussi. Ogni considerazione in materia è desumibile soltanto dalla lettura dei principi contabili, nazionali e internazionali, e/o dalle indicazioni disponibili in letteratura;

b) chiunque percepisca l'esigenza di diffondere informazioni relative alla produzione e all'assorbimento dei flussi finanziari, può utilizzare gli strumenti tecnici che ritiene più adeguati. La mancanza di qualsiasi norma in materia determina l'automatica possibilità di diffondere l'eventuale *disclosure* riguardante la dinamica finanziaria, nelle forme e nei modi ritenuti più opportuni.

Nell'art. 4 della direttiva UE 34/2013:

«il bilancio di esercizio forma un insieme inscindibile e per tutte le imprese comprende almeno lo SP, il CE e la nota integrativa. Gli Stati membri, possono imporre alle imprese, diverse dalle piccole imprese, di includere nei bilanci di esercizio altri prospetti oltre ai documenti di cui al primo comma».

Nemmeno in questa direttiva quindi è individuabile un obbligo esplicito alla diffusione del rendiconto finanziario. Tutt'al più, tale documento può essere fatto rientrare nei c.d. 'altri prospetti' che ogni Stato membro sarà libero di imporre alle imprese. Ma ciò costituirebbe un atto d'imperio dello Stato che si realizzerà nei Paesi ove già si reputa indispensabile diffondere simili informazioni.

Relativamente all'Italia, si ritiene molto improbabile che in un futuro prossimo si possano creare le condizioni affinché il rendiconto finanziario sia fatto rientrare nei documenti di bilancio o, quantomeno, fra i prospetti alla cui redazione e diffusione sono obbligate tutte le società di capitali.

Ciò discende da due considerazioni:

a) già la IV direttiva CEE del 1978, così come modificata dall'art. 2 della direttiva CE 51/2003 prevedeva la possibilità che gli Stati membri potessero «autorizzare o prescrivere l'inclusione nei conti annuali di altri documenti». A fronte di tale prescrizione, il legislatore italiano non ha mai provveduto ad effettuare alcuna modifica alla normativa civilistica in vigore;

b) secondo i principi contabili nazionali, «il rendiconto finanziario va incluso nella nota integrativa» [OIC10][3].

Situazione assai differente si riscontra invece nei principi contabili internazionali.

Il principio IAS 1 afferma infatti che:

> «*a complete set of financial statements comprises: (a) a statement of financial position as at the end of the period; (b) a statement of profit or loss and other comprehensive income for the period; (c) a statement of changes in equity for the period; (d) a statement*

---

[3] «Nel precedente OIC 12 (nella versione rivista del 30 maggio 2005) si prevedeva che '*sebbene la mancata presentazione del rendiconto finanziario non venga considerata, in via generale, allo stato attuale, come violazione del principio della rappresentazione veritiera e corretta del bilancio, tale mancanza, tuttavia, in considerazione della rilevanza delle informazioni di carattere finanziario fornite e della sua diffusione sia su base nazionale che internazionale si assume limitata soltanto alle aziende amministrative meno dotate, a causa delle minori dimensioni*'. L'articolo 2423 del codice civile, comma 2, prevede che il bilancio deve essere redatto con chiarezza e deve rappresentare in modo veritiero e corretto la situazione patrimoniale e finanziaria della società e il risultato economico dell'esercizio. Il codice, tuttavia, non prevede espressamente la redazione del rendiconto finanziario come schema di bilancio obbligatorio. Considerata la sua rilevanza informativa, l'OIC ha deciso di dedicare al rendiconto finanziario un apposito principio contabile prevedendo una generale raccomandazione di redigere il rendiconto finanziario per tutte le tipologie societarie» [OIC10].

> *of* cash flows *for the period; (e) notes, comprising a summary of significant accounting policies and other explanatory information; (ea) comparative information in respect of the preceding period as specified in paragraphs 38and 38A; and (f) a statement of financial position as at the beginning of the preceding pe-riod when an entity applies an accounting policy retrospectively or makes a retrospective restatement of items in its financial statements, or when it reclassifies items in its financial statements...».*

Se ne deduce che, a differenza di quanto indicato dai principi OIC, i principi contabili internazionali IAS/IFRS, considerano il rendiconto finanziario parte integrante obbligatoria dell'informativa aziendale destinata all'esterno. Il Principio viene sottolineato anche nel *Conceptual Framework for Financial Reporting* ove, al § OB20 (*Financial performance reflected by past cash flows*) si evidenzia che:

> «*information about a reporting entity's cash flows during a period also helps users to assess the entity's ability to generate future net cash inflows. It indicates how the reporting entity obtains and spends cash, including information about its borrowing and repayment of debt, cash dividends or other cash distributions to investors, and other factors that may affect the entity's liquidity or solvency. Information about cash flows helps users understand a reporting entity's operations, evaluate its financing and investing activities, assess its liquidity or solvency and interpret other information about financial performance.*».

Le imprese che, pur in assenza di un obblighi normativi desiderano completare l'informativa esterna attraverso la diffusione del rendiconto finanziario, possono optare per la struttura formale che, a loro insindacabile parere, meglio illustra l'intreccio dei fabbisogni e delle fonti finanziarie. Si possono scegliere tre alternative:

1. applicare quanto illustrato nel principio IAS 7;

2. fare riferimento a quanto indicato nel principio OIC 10 [OIC10: Appendici A e B];

3. utilizzare uno schema proposto dalla dottrina nazionale e/o internazionale.

Ovviamente le società IAS *adopters* debbono utilizzare quanto indicato nello IAS 7; ogni altra impresa, senza alcun vincolo o limitazione può, invece, fare riferimento a qualsivoglia struttura formale.

Il citati Principi IAS 7 e OIC 10 si limitano ad individuare le basi teoriche da applicare in sede di determinazione dei flussi, senza imporre specifici schemi formali di rendiconto. Essi presentano una parziale sovrapposizione in quanto obiettivo dei documenti OIC è quello di comprendere in ambito nazionale, nei limiti del possibile, quanto stabilito dai principi internazionali. Malgrado la presenza di alcune differenze, le somiglianze fra gli schemi logici di base dei due principi è, infatti, evidente.

Sinteticamente, il Principio IAS 7 prevede che il rendiconto contenga i flussi di liquidità, suddivisi tra le gestioni operativa, di investimento e finanziaria e ne illustra i contenuti come segue:

Gestione operativa

I flussi finanziari generati dalla gestione operativa derivano dalle principali attività generatrici di ricavi. Perciò essi derivano, solitamente, da altri fatti e operazioni che partecipano alla determinazione dell'utile o della perdita dell'esercizio. Esempi di flussi finanziari dalla gestione operativa sono:

1) incassi dalla vendita di prodotti dalla prestazione di servizi;

2) incassi da *royalties*, compensi, commissioni e altri ricavi;

3) pagamenti a fornitori di merci e servizi;

4) pagamenti a, e per conto di, lavoratori dipendenti;

5) incassi e pagamenti di un'impresa assicuratrice per premi e risarcimenti, annualità e altre indennità previste dalla polizza;

6) pagamenti o rimborsi di imposte sul reddito – a meno che essi non possano essere specificatamente fatti rientrare nella gestione finanziaria e di investimento;

7) incassi e pagamenti derivanti da contratti stipulati a scopi di negoziazione commerciale.

Alcune operazioni, quali la vendita di un elemento degli impianti, possono dare origine a utili o perdite che vanno inseriti nella rilevazione dell'utile (perdita): i relativi flussi finanziari derivano dall'attività di investimento.

Tuttavia, i pagamenti in contanti per produrre o acquisire attività possedute per la locazione a terzi e successivamente possedute per la vendita [IAS16: § 68] relativamente agli immobili e agli impianti e macchinari sono considerati flussi derivanti da attività operative. Gli incassi derivanti da locazioni e successive vendite di tali beni sono anch'essi flussi finanziari derivanti da attività operative.

Lo IAS 7 evidenzia inoltre che il soggetto può possedere valori mobiliari e prestiti a scopo commerciale o di negoziazione; in questo caso essi sono trattati come rimanenze acquistate specificatamente per la rivendita. Perciò, i flussi finanziari derivanti dall'acquisto e dalla vendita di valori mobiliari posseduti a scopo commerciale o di negoziazione rientrano nell'attività operativa. Analogamente, le anticipazioni di cassa e i prestiti concessi da istituti finanziari sono solitamente classificati come attività operative dato che essi sono relativi alla principale attività generatrice di ricavi del richiedente i finanziamenti.

Gestione di investimento

Distinguere le informazioni relative ai flussi finanziari derivanti dalle gestione di investimento è importante in quanto tali valori misurano i costi sostenuti per acquisire risorse destinate a produrre futuri proventi e flussi finanziari. Esempi di flussi finanziari derivanti da attività di investimento sono:

1) pagamenti per acquisire immobili, impianti e macchinari, beni immateriali e altri beni immobilizzati. Questi pagamenti comprendono anche quelli relativi ai costi di sviluppo capitalizzati e a immobili, impianti e macchinari di costruzione interna;

2) entrate dalla vendita di immobili, impianti e macchinari, beni immateriali e altre beni immobilizzati;

3) pagamenti per l'acquisizione dei titoli di partecipazione o di titoli di debito di altre imprese e partecipazioni in *joint venture*;

4) incassi di titoli di partecipazione o di titoli di debito di altre imprese e da partecipazioni in *joint venture*;

5) anticipazioni e prestiti a favore di terzi;

6) incassi derivanti dal rimborso di anticipazioni e prestiti a favore di terzi;

7) pagamenti per contratti con consegna a termine, contratti a termine, contratti a premio e contratti di scambio eccetto quando i contratti sono posseduti a scopo di negoziazione o i pagamenti rientrano nella gestione finanziaria;

8) incassi derivanti da contratti per consegna a termine, da contratti a termine, da contratti a premio e da contratti di scambio, eccetto quando i contratti sono posseduti a scopo di negoziazione, o gli incassi rientrano nella gestione finanziaria.

Gestione finanziaria

L'indicazione distinta dei flussi finanziari derivanti dalla gestione finanziaria è importante in quanto indispensabile per la previsione degli impegni finanziari futuri per debiti già contratti.

Esempi di flussi finanziari derivanti dalla gestione finanziaria sono:

1) incassi derivanti dall'emissione di azioni o di altri titoli includibili nel patrimonio netto;

2) pagamenti agli azionisti per acquisire o liberare le azioni della società;

3) incassi derivanti dall'emissione di obbligazioni, di strumenti finanziari a reddito fisso e di effetti, assunzione di prestiti e di altri finanziamenti a breve o a lungo termine;

4) rimborso di prestiti e di altri debiti;

5) pagamenti da parte del locatario per la riduzione di passività inerenti a operazioni di leasing finanziario.

Il Principio OIC 10 invece ritiene, in modo parzialmente analogo, che i flussi di liquidità debbano essere rilevati e aggregati nel rendiconto finanziario secondo la seguente logica:

Gestione reddituale

I flussi finanziari della gestione reddituale comprendono generalmente i flussi che derivano dalla acquisizione, produzione e distribuzione di beni reali e dalla fornitura di servizi e dagli altri flussi non ricompresi nell'attività di investimento e di finanziamento.

Alcuni esempi di tali flussi sono: incassi dalla vendita di prodotti e dalla prestazione di servizi; incassi da *royalties*, commissioni, compensi, rimborsi assicurativi e altri ricavi; pagamenti per l'acquisto di materie prime, semilavorati, merci e altri fattori produttivi; pagamenti per l'acquisto di servizi; pagamenti a, e per conto di, dipendenti; pagamenti e rimborsi di imposte; pagamenti per oneri finanziari[4]; incassi per proventi finanziari.

Attività di investimento

Questi flussi derivano dall'acquisto e dalla vendita delle immobilizzazioni materiali, immateriali e finanziarie e delle attività finanziarie non immobilizzate. Ad esempio: acquisti o vendite di fabbricati, impianti, attrezzature o di altre immobilizzazioni materiali (incluse le immobilizzazioni materiali di costruzione interna); acquisti o vendite di immobilizzazioni immateriali, quali ad esempio: brevetti, marchi, concessioni; vi si comprendono anche quelli relativi agli oneri pluriennali capitalizzati; acquisizioni o cessioni di partecipazioni in imprese controllate e collegate; acquisizioni o cessioni di altre partecipazioni; acquisizioni o cessioni di altri titoli, inclusi titoli di Stato e obbligazioni; rimborsi ed esborsi a fronte di anticipazioni e prestiti a favore di terzi.

Attività di finanziamento

Questi flussi derivano dall'acquisizione e dai rimborsi di disponibilità liquide inerenti finanziamenti a titolo di capitale o di debito. Ad es.: incassi derivanti dall'emissione di azioni o di quote rappresentative di finanziamenti a titolo di capitale; pagamento di dividendi; pagamenti per il riacquisto di azioni proprie; incassi o pagamenti derivanti dall'emissione o dal rimborso di prestiti obbligazionari, titoli a reddito fisso, cambiali, accensione o restituzione di finanziamenti a breve o lungo termine; incremento o decremento di altri debiti aventi natura finanziaria.

Al termine di questa breve disamina delle indicazioni fornite al fine della redazione del rendiconto finanziario, è opportuno evidenziare che, in assenza di precise norme giuridiche, le aziende possono optare anche per una struttura di rendiconto proposta dalla letteratura. In proposito gli studiosi hanno proposto una pluralità di schemi cui riferirsi.

---

[4]Al § 43 il Principio specifica che tali oneri devono essere indicati nella gestione reddituale salvo particolari casi in cui tali costi si riferiscano direttamente ad investimenti (attività di investimento) o a finanziamenti (attività di finanziamento)

Descrizione delle operazioni	*Fabbisogni*	*Fonti*
Flusso di cassa dell'attività caratteristica		
(*cash flow* monetario caratteristico)		
Gestione Attività a l/t materiali e immateriali		
Gestione finanziaria		
Gestione del TFR		
Gestione patrimoniale		
Gestione fondi rischi e oneri		
Gestione tributaria		
Gestione del patrimonio netto e dei dividendi		
Δ Cassa e Banca		

Tabella 4.1: Rendiconto finanziario redatto secondo un sistema integrato di analisi e di programmazione

La struttura formale con maggior valenza informativa è il rendiconto proposto nell'ambito del citato *sistema informativo integrato* (v. Tab. 4.1) in quanto, da un lato è parte integrante di un sistema coerente e integrato, verticalmente e orizzontalmente, con ogni altro strumento contabile utile ai fini dell'analisi e della programmazione aziendale (es. riclassificazioni, *ratios*, aggregati finanziari e reddituali, valori analitici di prodotto, di area, di settore, ecc.); dall'altro, fornisce un *set* informativo sui flussi finanziari chiaro e intelligibile anche a soggetti non particolarmente esperti.

A fronte di questo schema, sono individuabili molte altre strutture tecniche, altrettanto apprezzabili, proposte dagli studiosi. Merita far notare che qualsiasi sia la struttura proposta, essa non identifica 'il rendiconto finanziario' ma si limita ad individuare una delle molteplici forme che il documento può assumere. Ed è proprio per questo motivo che i principi contabili, nazionali e internazionali hanno ritenuto più opportuno limitarsi ad illustrare i principi generali che devono essere posti alla base della redazione del documento, anziché individuare uno schema formale strutturato. Lo schema formale che qui si propone ha invece una struttura predefinita in quanto identifica una parte di un più ampio insieme di elementi che, a livello formale e sostanziale, devono essere contraddistinti da una perfetta coerenza e integrazione. Da qui la necessità di indicare una struttura vincolante che riesce a comunicare all'utente preziose informazioni.

4.3 Rendiconto finanziario vs. *cash flow*

La valutazione di un'impresa non dovrebbe poter prescindere dall'analisi dei flussi finanziari, ma ci si deve chiedere, però, se la determinazione del c.d. *cash flow* possa identificare un elemento informativo sufficiente per poter esprimere un valido giudizio sulla situazione finanziaria dinamica di un'impresa. L'individuazione di tale aggregato rappresenta infatti, molto spesso, l'unico elemento che le aziende forniscono a chi richiede informazioni sui flussi finanziari prodotti e consumati nel corso di un determinato esercizio.

Anzitutto è opportuno evidenziare come tale locuzione non abbia un significato univoco. A fronte di chi interpreta il *cash flow* in termini di flusso di liquidità netto prodotto dalla gestione tipica, vi è chi attribuisce a tale aggregato un significato finanziario più ampio che, spesso, converge verso una concezione di flusso che, seppur prodotto dalla attività caratteristica, è espresso in termini di CCNC. Chi interpreta il *cash flow* in senso ampio tende ad effettuare, comunque, un secondo passaggio tecnico al fine di evidenziare, oltre all'aggregato così determinato, anche il flusso monetario proveniente dallo svolgimento dell'attività tipica aziendale.

Si consideri l'esempio rappresentato nelle Tab. 4.2 e 4.3:

Attivo	n	$n+1$	Passivo	n	$n+1$
Clienti	100	400	Fornitori	100	200
Magazzino	50	100			
Tot. A. a breve	150	500	Tot. P. a breve	100	200

Tabella 4.2: Attivo e Passivo a breve caratteristici, al 31/12

Costi	Importo	Ricavi	Importo
Costi caratteristici (acquisto materie prime salari e servizi, contributi, provvigioni e costi vari) ([1])	1100	Ricavi caratteristici (ricavi di vendita e prestazioni di servizi ([1])	2800
Rimanenze iniziali	50	Rimanenze finali	100
Ammortamenti ([2])	400	TFR e accantonamenti	
Oneri finanziari	200	a fondi rischi e oneri([2])	300
Totale costi	2050	Totale ricavi	2900
Utile di esercizio	850		
Totale a pareggio	2900		

Tabella 4.3: CE dell'esercizio n

[1] I costi e i ricavi della gestione caratteristica possono essere pagati o riscossi nell'esercizio *n+1* oppure possono essere, in parte, pagati o riscossi nell'esercizio *n+1* e in parte essere oggetto di regolamento dilazionato. Per comprendere, con riferimento ad esempio, ai ricavi di vendita quanto è stato incassato e quanto è stato oggetto di dilazione a favore dei clienti, è sufficiente guardare la differenza fra Clienti al *31/12/n* e Clienti al *31/12/n+1*. Nell'esempio i clienti sono aumentati di 300 e ciò significa che, per 300, i ricavi rilevati in CE non sono stati incassati. I ricavi totali quindi (2.800) possono essere concettualmente divisi in ricavi incassati per 2.500 e ricavi oggetto di dilazione per 300 (ossia ricavi che hanno solo generato un credito ma nessuna entrata di cassa). Questo stesso concetto vale, naturalmente, anche per i fornitori. Applicando il medesimo ragionamento possiamo dire che i costi caratteristi per acquisto materie prime, salari, contributi, acquisto servizi, consulenze, provvigioni, costi vari di esercizio sono stati pagati per cassa per 1000 mentre per 100 sono stati oggetto di dilazione (cioè è sorto un debito).

[2] I costi non monetari identificano i costi derivanti da valutazioni di fine esercizio. Tali costi sono imputati per competenza e non hanno impatto sulla liquidità. Sono solo elementi contabili, privi di qualsiasi impatto finanziario.

	n	$n+1$
Clienti	100	400
Magazzino	50	100
Fornitori	− 100	− 200
CCNC	50	300

Tabella 4.4: Capitale Circolante Netto Caratteristico (CCNC)

Poiché il capitale circolante netto caratteristico identifica la variazione derivante dalla sommatoria algebrica dell'attivo e passivo caratteristico a breve, in base all'esempio, il CCNC ammonta a 250 (v. Tab. 4.4).

Come si può notare, il CCNC aumenta di 250. Il significato di tale variazione verrà illustrato in seguito.

In termini operativi, il *cash flow* caratteristico finanziario in senso lato, ossia come somma algebrica dei costi e ricavi tipici che hanno avuto impatto sul CCNC, ammonta a 1.750 (v. Tab. 4.5):

Posta contabile	*Importo*
Ricavi caratteristici (compresi ricavi di vendita e servizi resi)([1])	2.800
Rimanenze finali	100
Costi caratteristici (compresi acquisto materie prime, servizi, salari, contributi, consulenze, provvigioni, costi vari)([2])	−1.100
Rimanenze iniziali	−50
cash flow caratteristico (o finanziario in senso lato, o *cash flow* finanziario espresso in termini di CCNC)	1.750

Tabella 4.5: *Cash flow* finanziario caratteristico

[1] Non importa se oggetto di incasso immediato o dilazionato in quanto entrambi i valori (Cassa/Banca e Clienti) sono compresi nel CCNC.
[2] Non importa se oggetto di pagamento immediato o dilazionato in quanto entrambi i valori (Cassa/Banca e Fornitori) sono compresi nel CCNC.

Il *cash flow* finanziario in senso lato (o *cash flow* in termini di CCNC) rappresenta un flusso che comprende, in sé, anche la quota di costo e ricavo connessa con crediti e debiti per cui il flusso ammonta a 1.750.

Per comprendere l'impatto monetario di questo flusso, è necessario considerare il capitale circolante netto il quale è come una spugna immersa in un

Posta contabile	Importo
Ricavi caratteristici (compresi ricavi di vendita e per servizi resi)	2.800
Rimanenze finali	100
Costi caratteristici (compresi acquisto materie prime, servizi, salari, contributi, consulenze, provvigioni, costi vari)	(1.100)
Rimanenze iniziali	(50)
Cash flow caratteristico inteso	
in senso finanziario lato	1.750
Δ CCNC	(250)
Cash flow caratteristico monetario	1.500

Tabella 4.6: *Cash flow* monetario caratteristico

liquido: se la spugna aumenta di volume significa che ha assorbito il liquido. Se la spugna viene 'strizzata, diminuisce di volume perché rilascia liquido.

In termini tecnici, il liquido rappresenta una metafora per intendere liquidità aziendale (Cassa e Banca). Pertanto, se il CCN aumenta, significa che è stata drenata liquidità mentre se diminuisce vuol dire che si è creata liquidità. Più è grande l'aumento del CCN, minore è il flusso espresso in termini di liquidità.

Se, pertanto, il flusso finanziario è pari a 1.750 e il CCN è aumentato di 250, significa che è stata drenata liquidità per 250. Il flusso di cassa (o *cash flow* caratteristico monetario) è minore rispetto a quello finanziario per un ammontare pari a 250. Ed infatti, il *cash flow* monetario (che può essere calcolato anche, semplicemente, contrapponendo costi monetari (ossia quanto si è pagato = 1000) ai ricavi monetari (ossia quanto abbiamo riscosso = 2500), ammonta a 1500.

Il *cash flow* caratteristico monetario può essere, pertanto, rappresentato come in Tab. 4.6.

Il *cash flow* caratteristico monetario può essere quantificato anche senza la preventiva identificazione del *cash flow* finanziario inteso in senso lato. Il *cash flow* monetario caratteristico deriva, infatti, dalla sommatoria logica della parte dei ricavi caratteristici riscossi e dell'importo dei costi tipici pagati per cassa. Per questo, il flusso di cassa proveniente dall'attività tipica aziendale può essere individuato anche con la seguente modalità tecnica (v. Tab. 4.7):

Posta contabile	*Importo*
Ricavi caratteristici riscossi per cassa	2.500[1]
(compresi ricavi di vendita e per servizi resi)	
Costi caratteristici pagati per cassa	− 1.000[2]
(compresi acquisto materie prime, servizi,	
salari, contributi, consulenze, provvigioni, costi vari)	
Cash flow monetario caratteristico	1.500

Tabella 4.7: *Cash flow* monetario caratteristico

[1] Importo che deriva dalla contrapposizione fra il totale dei ricavi (2800) e il Δ Clienti (300) il cui incremento indica una dilazione di pagamento concessa.
[2] Importo che deriva dalla contrapposizione fra il totale dei costi (1100) e il Δ Fornitori (100) il cui aumento indica una dilazione di pagamento ottenuta.

Come più volte evidenziato, l'attenzione della letteratura e dei principi contabili è unanimemente focalizzata sui flussi di liquidità. A fronte di chi preferisce evidenziare il *cash flow* finanziario in senso lato e il Δ CCNC, vi è chi privilegia l'individuazione del flusso di cassa tramite contrapposizione dei costi e dei ricavi monetari (ovvero delle quote dei componenti reddituali positivi e negativi che hanno impatto su Cassa e Banca). Indipendentemente dalla soluzione prescelta, è indubbio però, che l'obiettivo finale è la determinazione del flusso di liquidità.

In conclusione merita ricordare che il *cash flow* monetario caratteristico può essere determinato applicando due diverse logiche metodologie quantitative: *diretta* o *indiretta*.

La determinazione diretta prevede la contrapposione fra ricavi caratteristici monetari (ossia delle quote dei componenti reddituali positivi e negativi che hanno impattato sulla Cassa/Banca), con o senza l'intermediazione' del *cash flow* finanziario in senso lato e del Δ CCNC.

L'esempio numerico in Tab. 4.7 esemplifica il calcolo diretto del *cash flow* monetario.

Col *metodo indiretto*, il *cash flow* deriva dalla sommatoria dell'utile, di tutti i costi e ricavi non monetari per definizone (ad es. ammortamenti, quote di accantonamento ai fondi, ecc.) e non rientranti nell'attività caratteristica (ad es.: oneri finanziari, oneri tributari, plusvalenze, ecc.). Riprendendo l'esempio di cui sopra, il *cash flow* monetario deriverebbe dal calcolo di cui in Tab. 4.8:

Posta contabile	Importo
Utile di esercizio	850
Accantonamneti a Fondi (TFR, Rischi e Oneri futuri)	300
Oneri finanziari	200
Cash flow finanziario	1.750
$\pm \Delta$ CCNC	-250
cash flow monetario	1.500

Tabella 4.8: Cash flow monetario calcolato col metodo indiretto

La metodologia di calcolo diretta sembra preferibile in quanto di immediata comprensione. Il calcolo indiretto invece, pur raggiungendo il medesimo risultato, può apparire di difficile interpretazione in quanto fa derivare un valore monetario dalla sommatoria di dati che non rappresentano valori afferenti la liquidità.

A questo punto è necessario comprendere se, nell'ambito della valutazione del merito di credito, la conoscenza del *cash flow* monetario sia sufficiente oppure se sia utile e necessaria una redazione completa del rendiconto.

Il flusso di liquidità derivante dallo svolgimento dell'attività tipica (o *cash flow* caratteristico monetario) individua senza dubbio un elemento di conoscenza indispensabile per chi deve esprimere giudizi sulla situazione finanziaria di un'azienda: l'aggregato infatti, evidenzia, in senso dinamico, la fonte, la 'sorgente' primaria della liquidità.

La valutazione del merito di credito è, pertanto, fortemente influenzata da questo valore. Poiché, la normativa civilistica non impone la diffusione di tale dato, appare rilevante comprendere se l'aggregato possa essere desunto dai dati offerti dal bilancio pubblicato (v. cap. 3, n. 1). Uno degli ostacoli più rilevanti che un operatore esterno incontra nell'individuazione del *cash flow* monetario è collegato con la difficoltà di individuare i costi e i ricavi caratteristici.

La conformazione del CE disciplinato dall'art. 2425 c.c., infatti, non ne consente l'identificazione: individuare questo flusso sulla base esclusiva dei dati resi pubblici appare, pertanto, operazione estremamente difficile a meno di non optare per semplificazioni molto evidenti (quali, ad esempio, l'inserimento nel *cash flow* caratteristico di eventuali plusvalenze ordinarie, minusvalenze ordinarie, fitti attivi, sopravvenienze ordinarie, ecc.).

Per questo motivo, è indispensabile che il calcolo di questo valore si avvalga della collaborazione diretta del management dell'impresa. Anche se l'analista non attribuisse particolare rilevanza al *cash flow* monetario caratteristico e optasse per la sola determinazione del flusso monetario derivante dalla gestione reddituale, come identificata dal principio IAS 7 o dal Principio OIC 10, incontrerebbe i medesimi ostacoli.

Come accade per i *ratio*, anche la determinazione del *cash flow* calcolato sulla base dei valori del bilancio pubblicato può essere sia perfettamente veritiera sia inficiata da valori non inerenti il calcolo cui si è interessati. Purtroppo, anche in questo caso, l'operatore esterno non è in grado di valutare il grado di correttezza e di precisione del dato di flusso determinato meramente sulla base del bilancio civilistico.

Resta da chiedersi se, avvalendosi delle informazioni fornite dal management dell'impresa, si possa giungere ad individuare con adeguata precisione l'aggregato in questione senza procedere alla redazione del rendiconto finanziario completo.

La risposta è negativa in quanto, sebbene al *cash flow* monetario, possa essere attribuita una rilevanza essenziale, l'analisi finanziaria dinamica richiede che il giudizio sulla situazione aziendale si basi sulla verifica dell'equilibrio fra fonti e fabbisogni ricorrenti. Solo un bilanciamento ponderato fra entrate e uscite che tendono a ripresentarsi periodicamente può infatti garantire una stabilità finanziaria all'impresa.

Ma la sola conoscenza del *cash flow* monetario caratteristico non consente di giungere ad una adeguata e affidabile conclusione: è ipotizzabile infatti che, pur a fronte di un *cash flow* di rilevante ammontare, la dinamica finanziaria evidenzi un insieme di fabbisogni ricorrenti (es. imposte, oneri finanziari, pagamento TFR, rimborso quote prestiti finanziari, ecc.) tali da rendere, l'aggregato non sufficiente a garantire equilibrio e solidità all'azienda.

Una situazione del genere si creerebbe anche qualora l'analista esterno fosse in possesso del solo flusso derivante dalla gestione reddituale (di cui ai principi IAS 7 e il Principio OIC 10). In questo specifico caso, poiché alcuni valori ricorrenti ne sono ricompresi, il problema potrebbe essere meno dannoso. Purtroppo però anche in questa ipotesi la mera conoscenza del flusso non consentirebbe, comunque, di esprimere giudizi sulla capacità dell'impresa di far fronte a fabbisogni ricorrenti con fonti contraddistinte da caratteristiche temporali analoghe.

La valutazione del merito di credito non può pertanto eludere l'analisi del rendiconto completo relativo ad un periodo oggetto di approfondimento.

La stesura del rendiconto completo, indipendentemente dalla struttura formale prescelta, richiede però la conoscenza di informazioni note solo al management aziendale; anche se non si può escludere per principio che un operatore esterno possa compilare un rendiconto completo in quanto, in linea teorica, è ipotizzabile che, ad esempio, la nota integrativa e la relazione sulla gestione contengano una serie di informazioni, previste dal codice, che permettono la determinazione di tutti i flussi.

Si tratta però un mero auspicio ben lontano dalla prassi seguita dalle imprese, il che è comprovato, in modo evidente, proprio dal dibattito, dottrinale e giuridico, riguardante l'opportunità di inserire il rendiconto fra i documenti a diffusione obbligata. Se tale prospetto potesse essere redatto in base ai dati rinvenibili dal bilancio pubblicato, non si avvertirebbe la necessità di interrogarsi circa l'opportunità di imporre la redazione e diffusione del rendiconto.

La valutazione del merito di credito quindi, non dovrebbe poter prescindere dalla richiesta di stesura del rendiconto finanziario, pena la possibilità di assumere decisioni totalmente approssimative in merito alla capacità dell'azienda di rispettare le condizioni contrattuali dei presiti.

E' necessario dunque attirare l'attenzione sul fatto che la valutazione del merito di credito non può basarsi soltanto sui valori consuntivi del bilancio pubblico: le prospettive future dell'impresa, appaiono infatti elemento di conoscenza fondamentale affinché le decisioni dei finanziatori, potenziali e/o attuali, siano congrue rispetto alle effettive condizioni delle imprese. Ma ciò richiede l'analisi di un budget tramite il quale individuare indici e flussi prospettici da confrontare successivamente con quelli effettivi al fine di individuarne lo scostamento e per attivare le politiche conseguenti.

Al fine di comprendere la rilevanza del rendiconto finanziario nell'ambito della valutazione del merito di credito, si ipotizzi che un'impresa, su richiesta dei finanziatori, nell'esercizio n, fornisca un budget reddituale e patrimoniale dell'esercizio $n+1$ e che evidenzi una ottima situazione reddituale e finanziaria statica (v. Tab. 4.9 e 4.10):

È ora possibile determinare i seguenti indici:

indice di disponibilità: Attivo a breve ÷ Passivo a breve (19.378 ÷ 12.889 = 1,50).

indice di indebitamento: Capitale investito ÷ Patrimonio netto (35.848 ÷ 10.114 = 3,54).

ROE: reddito ÷ patrimonio netto (1.078 ÷ 10.114 = 10,65%).

ROI: reddito operativo prodotto dalla gestione caratteristica ÷ capitale investito nella gestione caratteristica (3.585 ÷ 20.848 = 17,19%).

Sulla base di questi indicatori si può ipotizzare l'esistenza di un'ottima situazione prospettica sia reddituale sia finanziaria (naturalmente nei limiti che l'analisi di un solo esercizio può consentire): ROI e ROE sono contraddistinti da valori particolarmente positivi e i due *ratio* (disponibilità e indebitamento) evidenziano una situazione finanziaria, sia a breve termine sia complessiva, estremamente stabile ed equilibrata.

Per poter esprimere un giudizio sul merito di credito sarebbe necessario però, analizzare anche il rendiconto finanziario per verificare l'equilibrio fra fabbisogni e fonti ricorrenti.

Si supponga ora che l'impresa presenti il seguente rendiconto (v. Tab. 4.11) desunto dal confronto fra dati consuntivi di bilancio e valori prospettici rappresentati nel budget appena riassunto nelle Tab. 4.9 e 4.10.

Per facilitare l'interpretazione dei dati, i valori dei fabbisogni e delle fonti ricorrenti sono asteriscate. Dall'analisi del rendiconto si evince che:

Poste di bilancio	Importi
Ricavi di vendita	18.400
Totale ricavi caratteristici	18.400
Ammortamenti	530
Rimanenze iniziali prodotti finiti	400
Salari e contributi	1.600
Costi commerciali	280
Costi amministrativi	1.300
Costi industriali	4.500
Costi vari caratteristici	1.500
TFR	160
Acquisti materie prime	6.193
(Rimanenze finali prodotti finiti)	−1.648
Totale costi caratteristici	14.815
Reddito operativo prodotto da gestione caratteristica	3.585
Interessi attivi	200
Dividendi	100
Oneri finanziari	− 1.728
Imposte sul reddito	1.079
Reddito	1.078

Tabella 4.9: Budget economico dell'Impresa

Attivo	Importi	Passivo e Netto	Importi
Cassa	50	Banche	9.959
Rimanenze finali	1.648	Fornitori	1.651
Clienti a breve	3.680	Debito TFR a breve	100
Titoli per negoziazione	14.000	Quota a breve di mutuo	100
		Debiti tributari	1.079
Totale attivo a breve	19.378	*Totale passivo a breve*	12.889
Fabbricati	11.000	Mutuo	12.385
Impianti	13.000	Debito per TFR a lungo	460
Fondo ammortamento	(8.530)		
Partecipazioni di controllo	1.000		
Totale attivo a lungo	16.470	*Totale passivo a lungo*	12.845
		Capitale sociale	8.221
		Riserva di rivalutazione	100
		Utile di esercizio	1.078
		Riserve di utili	715
		Patrimonio netto	10.114
Capitale investito	35.848	Totale a pareggio	35.848

Tabella 4.10: Budget patrimoniale dell'Impresa

Flussi	Fabbisogni	Fonti
Flusso di Cassa della *Gestione Caratteristica* (o *cash flow* monetario o in senso stretto)	502	
Gestione dell'attivo a lungo materiale e immateriale		
— acquisto impianti	5.600	
— acquisto fabbricati	3.000	
Gestione finanziaria		
— accensione di un prestito bancario		9.659
— accensione di nuovo mutuo		12.085
— quota annua di rimborso di mutuo	300*	
— rimborso debiti fin. a breve	3.000*	
— pagamento oneri finanziari	1.728*	
Gestione patrimoniale		
— acquisto di titoli	12.000	
— acquisto di partecipazioni	1.000	
— riscossione di interessi attivi		200
— riscossione di dividendi		100
Gestione Fondi Spese non tributarie e Fondi Rischi		
— ...		
Gestione tributaria		
— pagamento di imposte	700*	
Gestione non caratteristica per definizione		
— ...		
Gestione TFR		
— pagamento TFR	50*	
Gestione patrimonio netto e dividendi		
— aumento di capitale sociale		6.336
— distribuzione di dividendi	500*	
Δ Cassa e Banca attiva		
TOTALI	28.380	28.380

Tabella 4.11: Rendiconto finanziario dell'Impresa

a. il *cash flow* monetario caratteristico che dovrebbe rappresentare la fonte ricorrente per eccellenza, provoca, al contrario un fabbisogno;

b. il totale dei fabbisogni ricorrenti è pari a 6.278 (non comprendendo il fabbisogno derivante da gestione tipica) a fronte di fonti ricorrenti che ammontano a 300.

Come si può notare, l'impresa non produce un *cash flow* positivo. Il flusso prodotto dalla gestione caratteristica infatti, anziché apportare liquidità all'azienda, drena abbondantemente.

È allora chiaro come, in presenza di un *cash flow* negativo, le fonti ricorrenti siano, notevolmente, inferiori ai fabbisogni ricorrenti, il che evidenzia un rilevante squilibrio finanziario dinamico.

Cardine della valutazione del merito di credito è l'analisi della capacità aziendale di rispettare le condizioni contrattuali dei prestiti: la mancanza di *cash flow* caratteristico in entrata e il rilevante superamento dei fabbisogni ricorrenti rispetto all'ammontare delle fonti di analoga natura, identificano due informazioni che dovrebbero mettere in dubbio l'esistenza di un reale equilibrio finanziario e quindi della difficoltà, da parte del debitore, di rispettare le condizioni contrattuali pattuite.

Come si vede dall'esempio, ogni giudizio espresso senza un'accurata analisi del rendiconto finanziario può condurre a valutazioni troppo approssimative sul merito di credito delle imprese perché quanto i flussi evidenziano non può essere desunto da alcun altro strumento informativo pubblico.

Le analisi sviluppata solo tramite *ratio* o altri aggregati statici e senza la collaborazione del management delle imprese sono foriere di rilevanti assunzioni di rischio per i finanziatori.

Riferimenti bibliografici

AVI M.S.
2012 *Management Accounting*, Vol I, *Financial Analysis*, EIF-e.Book.
2102 *Management Accounting*, Vol II, *Cost Analysis*, EIF-e.Book.

CE, Regolamento (Ce) n. 1606/2002 del Parlamento europeo e del Consiglio, del 19 luglio 2002.

CE, L. 30 ottobre 2003, n. 306.

DIRETTIVA CE DEL 26 GIUGNO 2013, N. 2013/34/UE relativa ai bilanci d'esercizio, ai bilanci consolidati e alle relative relazioni di talune tipologie di imprese, recante modifica della direttiva 2006/43/CE del Parlamento europeo e del Consiglio e abrogazione delle direttive 78/660/CEE e 83/349/CEE del Consiglio, in Gazzetta Ufficiale dell'Unione Europea del 29 giugno 2013, n. L 182, p. 19.

DIRETTIVA CE DEL 18 GIUGNO 2003, N. 2003/51/CE in Direttiva del Consiglio dell'8 dicembre 1986, n. 86/635/CEE relativa ai conti annuali ed ai conti consolidati delle banche e degli altri istituti finanziari in GU L 372, 31.12.1986.

CNDCEC (Consiglio Nazionale dei Dottori Commercialisti ed Esperti Contabili)
2012 *La redazione del bilancio delle società di minori dimensioni: disposizioni normative e criticità*, Novembre.

IAS, *Conceptual Framework for Financial Reporting, IAS 1, IAS 7, IAS 16* (http://www.eifrs.ifrs.org/)

IRDCEC (Istituto di Ricerca dei Dottori Commercialisti e degli Esperti Contabili)
2013 *L'iscrizione degli indicatori nella relazione sulla gestione. La posizione finanziaria netta*, Documento n. 22.

OIC (Organismo Italiano di Contabilità),
2005 *Composizione e schemi del bilancio di esercizio di imprese mercantili, industriali e di servizi*, Documento n. 12, maggio.
2014 *Rendiconto finanziario*, Documento n. 10, agosto.
2014 *Composizione e schemi del bilancio di esercizio*, Documento n. 12, agosto.
2014 *Immobilizzazioni materiali*, Documento n. 16, agosto.

Capitolo 5

Problemi finanziari e livello di affidabilità

di *Giulio Tagliavini*

5.1 Premessa

Un problema interessante sotto il profilo accademico e proficuo sotto il profilo professionale è il seguente: come utilizzare i dati di bilancio di una impresa per mettere in evidenza i problemi in atto, i pericoli, la relativa forza per affrontare una fase avversa del ciclo economico o una dinamica ostile del proprio mercato.

Una impresa che richiede un finanziamento sicuramente presenta un fabbisogno finanziario e per tale ragione sicuramente esprime un problema da affrontare. Le imprese che non hanno alcun problema non si rivolgono ad un finanziatore per individuare una soluzione. Le banche affidano imprese che hanno un problema connesso alla sfasatura del ciclo monetario e, per tale ragione, esprimono un fabbisogno finanziario. Ma ci sono fabbisogni finanziari che sono affrontabili dalla banca senza alcun problema o preoccupazione ed altri fabbisogni che sono eccessivi, o troppo pericolosi, e che quindi le banche tendono a non 'servire'.

Le imprese che si rivolgono ad una banca non presentano solo il fabbisogno da finanziare; presentano anche una configurazione di bilancio e una performance di periodo o di grande, di media o di scarsa soddisfazione.

Come individuare i problemi in atto? Come giudicarli importanti o trascurabili? Come valutarli tra l'alternativa 'causa' o l'alternativa 'conseguenza'?

Ci sono problemi finanziari che sono la conseguenza di un profilo insoddisfacente della gestione caratteristica, che sta a monte; ci sono altri problemi finanziari che sono la conseguenza del successo (e non, come pare logico ad un neofita, la conseguenza dell'insuccesso); ci sono poi problemi finanziari che originano esattamente nell'ambito dei comportamenti finanziari.

La distinzione tra problemi finanziari da cui originano problemi più ampi dell'impresa e problemi finanziari che ne sono le conseguenza è quanto si affronta in questa sede. Si sviluppano allora alcune riflessioni su tre piani di analisi coerenti con l'obiettivo:

– autofinanziamento;

– gestione del capitale circolante;

– altri approcci che considerano l'equilibrio finanziario e la forza finanziaria dell'impresa.

5.2   L'autofinanziamento

Uno dei primi oggetti logici che occorre padroneggiare per mirare a comprendere il livello di merito di credito di una impresa è l'*autofinanziamento*. Per gestire i problemi finanziari bisogna sapere che cos'è, bisogna saperlo descrivere e calcolare e poi, una volta descritto come idea metodologica e una volta calcolato, bisogna giudicare se sia sufficiente o insufficiente e sapere cosa fare quando è insufficiente.

L'imprenditore preferisce, in linea di massima, coprire il proprio fabbisogno finanziario attraverso l'autofinanziamento e, solo per la parte eccedente, ricorrere all'aiuto di finanziatori esterni. Ben si comprende il suo rilievo nel giudizio del merito di credito: un'impresa con un livello robusto di autofinanziamento ha, verosimilmente, un elevata capacità di rimborso e quindi, a parità di altri fattori, può utilizzare in misura più aggressiva forme di indebitamento esterno e mirare ad un più rapido ritmo di sviluppo. Un livello modesto di autofinanziamento rende invece molto più difficile una politica del debito, rende più lento il percorso di sviluppo, rende più elevato il rischio sopportato dalla controparte bancaria. L'autofinanziamento, oltre che alto o modesto, può poi essere stabile o insicuro, e anche da ciò derivano ovvie conseguenze di atteggiamento dei finanziatori.

Autofinanziamento è però un termine allo stesso tempo molto preciso e molto vago. Molto preciso perché probabilmente corrisponde ad una precisa definizione di ogni manuale di finanza aziendale. È un termine anche molto vago perché nella realtà fa parte del gruppo dei vocaboli utilizzati spesso in modo improprio o con accezioni diverse. Chi usa il termine autofinanziamento di solito ha in mente un'idea precisa, spesso una delle tre idee che verranno illustrate nel seguito, che sono corrette, pur non coincidendo. Esistono poi altre definizioni sbagliate o illogiche, che non si riferiscono ai concetti e alle metodologie corrette lungo le tre direttrici condivise.

Il primo modo per qualificare l'autofinanziamento è prendere in considerazione gli utili non distribuiti. Gli utili non distribuiti, cioè gli utili passati a capitale, in effetti sono autofinanziamento. Sono l'accrescimento dei mezzi patrimoniali in conseguenza della gestione caratteristica e di tutto il resto. L'azienda ha un conto economico, produce margini, quindi accresce la propria ricchezza. L'utile misura questo accrescimento di ricchezza e, alla fine dell'anno, questa ricchezza non viene prelevata dagli azionisti ma viene lasciata all'interno dell'azienda. La consistenza patrimoniale dell'azienda di conseguenza cresce e quindi l'azienda si è autofinanziata. Questa prima idea quindi è corretta e dice che l'autofinanziamento è l'utile accantonato.

Un'altra idea di autofinanziamento è quella che considera gli ammortamenti.

La quota di ammortamento dell'anno è veramente autofinanziamento? In che termini? Gli ammortamenti dell'anno, quelli che si trovano in conto economico, sono 'cassa che entra', 'cassa che esce' o sono 'no-cassa'?

L'ammortamento in effetti è un costo, ma in questa fase non interessa sapere se aumento i costi e quindi guadagno meno o, addirittura perdo. Interessa sapere invece se produco Cassa.

Sicuramente si conosce la locuzione '*cash flow*'. Qual è la forma più semplice per calcolare il *cash flow*?: 'Utile più ammortamento', come è noto. Per spiegare che l'ammortamento è 'cassa che entra' possiamo fare questo ragionamento: quando si immette sul mercato un prodotto, quando si decide il prezzo da proporre al cliente, si cerca di stimare se esso sia conveniente. Quindi cosa deve essere incluso in tale prezzo? Devono essere considerati ed inclusi gli ammortamenti che è necessario accantonare. Ne consegue che, quando viene fissato il prezzo, si tiene conto del costo dell'energia elettrica, dei costi generali, ecc. e poi aggiungo '*anche 200.000 euro come recupero del capitale*'; quindi nel momento in cui faccio quel ragionamento, il prezzo sale di 200.000 euro. Propongo dunque un prezzo accresciuto dell'ammortamento.

Dobbiamo dunque riflettere sul fatto che, dal punto di vista contabile, 'gli ammortamenti sono iscritti in conto economico e non corrispondono ad una variazione di cassa, ma sono una correzione di un valore per attribuirne una quota all'anno in corso'. Ma, osservando lo stesso fenomeno da un altro punto di vista, si vede che nel conto economico, fra i ricavi, vi è il fatturato, cioè il prezzo pagato dal cliente, comprensivo della quota di ammortamento, pari a 200.000, che si è 'caricata' nel prezzo proposto al cliente.

Se si cerca la Cassa corrispondente, si può prendere il Conto economico e, partendo dall'alto, vedere che una parte dei ricavi sono quote di capitale che rientra. Oppure, si può partire dal basso del conto stesso e, risalendo, trovare gli ammortamenti e considerare che si tratta di costi addizionali non monetari ma compensati dai ricavi di vendita che comprendono la quota caricata al prezzo. Quindi è vero che nel linguaggio che si sta utilizzando c'è una iper-semplificazione: gli ammortamenti non sono misurati da una variazione monetaria negativa di cassa ma, in realtà, gli ammortamenti sono compresi nel fatturato, cioè nelle variazioni positive di cassa. Ne segue che gli ammortamenti possono essere osservati anche come una parte delle variazioni positive di cassa cui non corrispondono variazioni negative di cassa: per questo gli operatori considerano gli ammortamenti come parte delle variazioni positive di cassa che restano disponibili in quanto non vi corrispondono variazioni negative.

È necessario perciò riflettere sul fatto che non vi è corrispondenza fra ammortamenti e variazioni di cassa: chi fa il bonifico è il cliente che paga il prezzo il quale comprende anche la quota di ammortamento.

Se ipotizziamo in via esemplificativa un bilancio ove all'attivo si ha un cespite del valore di 2 milioni e nel passivo un fondo ammortamento di 1 milione, e ci poniamo nuovamente la domanda per capire se dal bilancio si può capire se l'investimento originario sia già monetariamente rientrato, in tutto o in parte, osserviamo che è rientrato per la metà. Quindi il bilancio ipotizzato mi segnala che metà dell'investimento è già rientrato in forma monetaria, esattamente attraverso il processo di ammortamento.

Se si immagina che tale rientro si sia sviluppato in cinque esercizi, durante i quali il risultato comprende per cinque volte un ammortamento da 200.000 euro ma durante i quali non si sia realizzato alcun utile, si mette a fuoco una situazione per cui i ricavi di vendita corrispondono esattamente alla quota di ammortamento annuo per cui l'impresa ha complessivamente incassato 1 milione. Se lo Stato patrimoniale iniziale di questa impresa comprende all'attivo un investimento di 2 milioni, che genera pertanto un fabbisogno di pari importo, e al passivo fonti finanziarie ripartite tra 1 milione di capitale proprio e 500.000 euro di debiti per un totale di 1.500.000 euro, si riesce a comprendere cosa accade dopo i cinque esercizi ipotizzati. I mezzi patrimoniali sono rimasti identici perché non si sono realizzati utili; il debito si è invece ridotto a 500.000 euro

Se le banche avevano all'origine un credito di 1.500.000 euro e dopo cinque anni si trovano ad avere un credito di 500.000 euro, quale meccanismo ha portato a tale riduzione del debito? L'unico fenomeno in azione in questo esempio è stato l'ammortamento ed in effetti l'ammortamento è il meccanismo che consente non solo di attribuire sui vari esercizi i costi pluriennali ma anche di recuperare monetariamente gli investimenti già effettuati. L'ammortamento è quindi effettivamente una componente di autofinanziamento.

Questo elemento sfugge ad una prima valutazione perché siamo abituati a ragionare in termini contabili e non monetari, per cui l'ammortamento non avrebbe un rilievo effettivo. Ma l'esperto di finanza aziendale sa che gli ammortamenti sono semplicemente autofinanziamento. In via esemplificativa: quando viene realizzato un utile di 1 milione, sicuramente si produce un accrescimento del saldo di conto corrente per 1 milione, in quanto lo sbilancio tra ricavi e costi monetari produce un avanzo.

Oltre a questo fattore primario vi anche un fattore secondario collegato agli ammortamenti corrispondenti ai vecchi investimenti. Siccome si vuole valutare l'autofinanziamento, cioè quanti fondi si sono resi disponibili, l'approssimazione del fattore primario può essere affiancata dal fattore 2, ove emerge il margine che si rileva nel conto economico ove si osserva la differenza fra fatturato (incassi) e costi imputati. Quindi, la somma di utile e ammortamenti è una stima migliorativa (rispetto al solo utile) dell'incremento dei fondi in conto corrente.

In realtà, a fronte di un buon autofinanziamento, o di un altissimo autofinanziamento, il modo più preciso per misurarne l'effetto è la variazione della *posizione finanziaria netta* (la somma algebrica di tutte poste finanziarie dell'attivo e del passivo): si deve giudicare se vi è stato un peggioramento o un miglioramento della posizione finanziaria netta. Se ad esempio si ha un autofinanziamento di 3 milioni, le poste finanziarie dovrebbero segnalare una diminuzione di 3 milioni; si vogliono stimare i fattori che hanno portato alla diminuzione del fabbisogno finanziario, cioè di quanta parte l'autofinanziamento ha modificato il fabbisogno finanziario, devo considerare il fattore primario, cioè la 'produzione' di cassa imputabile alla gestione caratteristica – cioè l'utile – e devo considerare il fattore 'secondario', cioè i fondi resi disponibili per la gestione a fronte della parte recuperata dell'investimento nell'esercizio precedente.

L'imbarazzo nel considerare l'ammortamento come un fenomeno finanziario deriva dal fatto che raramente si è abituati ad osservare il conto economico 'dal basso', il che capita spesso a coloro che trovano una occupazione vicina ai problemi finanziari delle imprese.

Il conto economico è costruito sommando algebricamente vendite, costi, risultato operativo, oneri finanziari, risultato lordo, imposte e risultato netto. Poi, naturalmente, nei casi concreti ci sono più dettagli, ma sostanzialmente il conto economico è sempre costruito così. Si può leggerlo partendo 'dall'alto' (dal fatturato) o partendo 'dal basso' (dall'utile netto o dall'utile distribuito). Usualmente i non specialisti partono dall'alto: cioè il conto serve per vedere quanto ho venduto, quanti sono i costi e alla fine quanto è il margine (loro o netto). Lo specialista di finanza non ha tempo di leggerlo dall'alto, perché ci sono troppe voci e si devono fare troppi conteggi prima di arrivare alla conclusione che serve. Egli si chiede che cosa stia calcolando. Cosa sta cercando e qual è il percorso più breve per arrivare a quello che sta cercando. La strada più breve è quasi sempre quella che parte dall'ultima riga del conto economico e si risale con somme algebriche per giungere al fenomeno cercato.

Se ci si chiede quali sono i fondi disponibili stimati da questo conto economico – e questo è il risultato da cercare – si può provare a partire dalle vendite (ricavi conseguiti), dedurre i costi sostenuti, poi dedurre gli ammortamenti (i costi imputati che non indicano variazioni monetarie). La differenza indica l'autofinanziamento, cioè l'utile più l'ammortamento, quindi lo stesso risultato cui giungo partendo 'dal basso'.

Si hanno costi monetari, ammortamenti, risultato operativo, oneri finanziari, risultato lordo, imposte, risultato netto. Questo conto economico divide due categorie di costi: quelli monetari (uscite di cassa) e quelli che ho imputato che sono gli ammortamenti e che corrispondono al recupero del capitale iniziale.

Se si immaginano (v. Tab. 3.1) 1000 di vendite, 300 di costi monetari, 200 di ammortamento: il risultato operativo sarà di 500 (con segno meno si indicano i componenti negativi di reddito). Con oneri finanziari pari a 100, il risultato lordo è 400; aggiungendo 130 di imposte, si ottiene un risultato netto di 270. Con questo piccolo esempio di conto economico, ci si chiede: quali siano i fondi monetari prodotti da questa gestione. Chi non ha mai fatto una valutazione finanziaria, esamina il conto economico partendo 'dall'alto', dalla prima riga, per stimare quanti sono i fondi disponibili. Partendo dall'alto si ottiene quanto esposto alla terza colonna della Tabella. Si tratta delle poste che hanno dato luogo a movimenti di cassa. Il totale è 470. Può essere denominato *cash flow* perché segnala che la gestione ha prodotto un utile, cioè un incremento di ricchezza di 270 e un *cash flow* di 470.

Voci	C. E.	'dall'alto'	'dal basso'
Vendite	1000	1000	
Costi monetari	-300	-300	
Ammortamento	-200		200*
Risultato operativo	600		
Oneri finanziari	-100	-100	
Risultato lordo	400		
Imposte	-130	-130	
Risultato netto	270		270*
Cash flow		470	470

Tabella 5.1: *Calcolo dell'autofinanziamento partendo 'dall'alto' e 'dal basso' del CE*

Entrando in un ambiente volto ad 'accelerare' la valutazione finanziaria partendo dal conto economico e cioè partendo 'dal basso', si sommano le voci asteriscate e si ottiene 470. Come si vede il calcolo giunge alle medesime conclusioni.

Si tratta di un calcolo più semplice solo apparentemente perché richiede un cambio di paradigma, un cambio di mentalità: la somma algebrica che parte 'dall'alto' sottrae i costi monetari sostenuti; quella che parte 'dal basso' somma invece i costi che non sono variazioni monetarie.

Semplificando brutalmente: quali sono i soldi che sono entrati in questa gestione? Sono 470. Se si parte 'dal basso', sono entrati il risultato netto più gli ammortamenti. Gli ammortamenti sono soldi che sono 'entrati' veramente anche se non direttamente. Per vedere che sono soldi 'entrati veramente' devo andare in cima al conto, osservare il fatturato e poi tornare alla fine confidando che le somme algebriche intermedie siano corrette.

Le valutazioni che partono 'dal basso' sono diverse. Quando il bilancio ha otto righe, compresi i parziali, si può dire che è stupido non fare la somma di otto numeri per semplificare e averne due; ma se le righe sono 80 conviene sommarne soltanto 2. Il Conto economico di una società viva e reale, con tutte le complicazioni che presenta, ha un un conto complesso e per conteggiare il *cash flow*, conviene partire dal basso ma è necessario disporre di un metodo robusto. Se si parte 'dall'alto' ci si convince a mano a mano che il conteggio ha senso. Ma se si parte 'dal basso' si deve disporre di una teoria robusta che permette di calcolare il *cash flow* mettendo assieme due numeri: il linguaggio della finanza aziendale è diverso dal linguaggio contabile, giungono alle medesime conclusioni numeriche ma colgono fenomeni diversi.

Si può dunque concludere che l'autofinanziamento:

1. è costituito dal *cash flow*, cioè dall'utile più gli ammortamenti,

2. può essere calcolato in modo semplificato sommando l'utile e gli ammortamenti.

3. misura la quantità di fondi che si rendono disponibili.

Quest'ultima questione merita un approfondimento che richiede una precisazione metodologica collaterale allo schema principale appena delineato.

Si immagini di valutare un investimento che comporta al tempo zero l'impegno di 2 milioni, che naturalmente è un flusso di cassa negativo, e che si decida un ammortamento in 10 anni che implica una disponibilità di fondi di 200.000 annui per 10 anni.

La tesi sostenuta in precedenza sosteneva che la contabilità ha un meccanismo un po' complicato ma che consente di mirare al recupero del capitale investito attraverso la procedura dell'ammortamento che serve per misurare correttamente l'utile dell'esercizio: è un compito che spetta al direttore amministrativo.

Per il direttore finanziario, l'ammortamento è una procedura che consente di recuperare l'investimento, cioè di ritrovare il capitale nel conto corrente. Ciò significa che 200.000 nel conto economico come ammortamento, indicano

200.000 in più nel conto corrente. Se le cose vanno bene si realizza un investimento (- 2 milioni) al tempo zero, e un recupero di 200.000 euro annui per 10 anni.

E' noto che esiste una regola di buon senso che dice che se si ha all'attivo un bene che vale 2 milioni e che dura 10 anni, il tempo di recupero dell'investimento non è incerto, sarà di 10 anni e il processo di ammortamento richiede un recupero di 200.000 l'anno. Si ipotizza che il bene duri 10 anni anche se, dal punto di vista tecnologico, dura 40 anni: ma dal punto di vista finanziario rientra nei 10 anni. La regola direbbe che se si investe in un cespite che dura 10 anni occorrerebbe trovare un finanziamento da iscrivere nel passivo, della durata di circa 10 anni. Questo ragionamento indica la necessità di una certa simmetria, una certa coerenza, tra la durata delle poste dell'attivo e la durata delle poste del passivo.

Ma perché esiste questa regola? La risposta è nota ma è spesso dimenticata o fraintesa. La spiegazione è nei fatti assolutamente sofisticata, di grande buon senso, ma occorre porre attenzione. Se si chiede agli operatori, ai direttori finanziari o a interlocutori vari, la ragione di questa simmetria, spesso si ottengono risposte imprecise, sbagliate, incongrue o incomplete. La risposta più frequente, che si trova anche nei manuali di finanza aziendale e in diversi scritti è che *'in caso di difficoltà finanziaria occorre che la liquidazione delle poste dell'attivo si produca in tempi corrispondenti alle prestazioni pretese dai finanziatori'*. Quindi si fa il caso del blocco della vita aziendale, si fanno cioè dei ragionamenti che non convincono.

Il ragionamento corretto è invece il seguente.

A fronte di un investimento di 2 milioni posso stipulare un finanziamento a 10 anni da rimborsare con rate annuali in conto capitale di circa 200.000 euro. Se invece viene stipulato un finanziamento a tre anni, allora la quota capitale della rata, cioè la parte di rata che corrisponde al rimborso di capitale, sarà di circa 2 milioni diviso 3 anni. Quindi ogni anno sarà necessario rimborsare circa 670.000 euro di quota capitale. Il punto è che questi fondi che consentono il rimborso della rata difficilmente possono essere prodotti, eppure è necessario produrli per procedere al rimborso. L'autofinanziamento non sarà probabilmente proporzionato per sostenere la quota capitale di rimborso del mutuo.

La restituzione della rata capitale ovviamente non è indicata nel conto economico, perché in conto economico c'è la componente degli interessi e non la componente capitale. Dal punto di vista monetario però, occorre rimborsare 670.000 euro per ognuno dei primi 3 anni.

Dove sarà possibile reperire i fondi? La soluzione sarà varia ma, di sicuro, non sono sufficienti i mezzi generati attraverso i processi di ammortamento.

Quand'è invece che siamo ragionevolmente sicuri che il processo di ammortamento ci fornisca i fondi in misura corrispondente alla quota capitale che dovete restituire? Quando la durata del recupero degli investimenti corrisponde alla durata del finanziamento.

Questa è la ragione che ci suggerisce di avere un indebitamento, qualitativamente e quantativamente, coerente con i tempi di recupero tramite ammortamento. In questo modo precostituisco le condizioni per non essere in difficoltà a rimborsare il prestito. Non è un problema di eleganza, non è un problema di coerenza, non è un problema vago, è un preciso problema economico.

L'eventuale disallineamento tra durata delle poste dell'attivo e la durata di poste del passivo si può osservare nel bilancio, in via sintetica, attraverso il calcolo del *margine di struttura*, cioè l'aggregato che si calcola sullo stato patrimoniale e che confronta i cespiti con le fonti a lungo termine, cioè il capitale proprio e i debiti a lungo termine. Se questo margine segnala che i cespiti hanno un valore significativamente più consistente rispetto alle fonti a lungo termine, allora ciò significa che questo fabbisogno finanziario, corrispondente al margine di struttura, è stato coperto con poste finanziarie a breve termine.

Se il margine di struttura sussiste, significa che il fabbisogno finanziario corrispondente alla restituzione dei finanziamenti, cioè la cassa che serve per pagare le rate, è un problema la cui soluzione è impostata dall'origine; impostata correttamente quando si è creata una simmetria tra flussi monetari che entrano e flussi monetari che escono. Se il margine di struttura è sbilanciato, questa simmetria non c'è. Se viene realizzato un impianto e si sostiene una uscita di 2 milioni, ci si deve porre il problema delle modalità di restituzione di questo prestito.

Con quali fondi si può restituire il prestito ottenuto per avviare l'investimento? Cioè quali sono le vie per trovare i fondi per restituire il prestito? Le domande banali sono sempre quelle che creano un maggior valore aggiunto mentale.

Il primo meccanismo a disposizione dell'imprenditore è trovare i fondi nella procedura di ammortamento, ma la procedura di ammortamento è una componente del punto 2, quindi nell'autofinanziamento. L'imprenditore allora può restituire i finanziamenti attraverso l'autofinanziamento. Questa è la prima strada. È opportuno che l'imprenditore costruisca una gestione finanziaria che vada in questa direzione e un imprenditore un po' attento costruisce una soluzione finanziaria tale per cui l'autofinanziamento va a risolvere il problema.

Se l'autofinanziamento non basta o non c'è, qual è il 'piano B'?

La strada che ha l'imprenditore è lo smobilizzo. di qualche cespite iscritto nell'attivo, cioè 'vendere pezzi dell'attivo'. La risposta è correttissima.

Ci sono tre modi per rimborsare un prestito:

1. usare l'autofinanziamento;

2. smobilizzare dei pezzi dell'attivo;

3. accendere altri finanziamenti, cioè rimborsare il finanziamento con un altro finanziamento.

Bisogna però tenere conto che smobilizzare pezzi dell'attivo è un po' come vendere i piatti di casa, soprattutto se quegli attivi appartengono alla gestione caratteristica: è ovvio che si creano dei grossi problemi. Si smontano cioè i meccanismi di produzione di reddito. È un'operazione un po' pericolosa, nel senso che è un po' di emergenza, a meno che non si sia sbagliato a suo tempo quando si è comprato quel cespite. Se una persona vuole fare l'imprenditore, deve mantenere in essere gli investimenti sul tempo lungo. È vero che con lo smobilizzo si rimborsa effettivamente la banca, però può essere che si riduca la possibilità di fare impresa. Non è una soluzione fisiologica ottimale. Comunque c'è questa possibilità, da architettare con attenzione.

La sostituzione di un finanziamento con un altro si chiama, nel gergo tecnico attuale, 'ristrutturazione'. Gli imprenditori in effetti chiedono finanziamenti per mille motivi: in questo periodo di crisi, nell'80% dei casi, l'imprenditore chiede un finanziamento che gli serve per restituire il finanziamento che è in fase di scadenza, quindi sta ristrutturando il suo passivo. È molto frequente che un finanziamento venga rimborsato con l'accensione di un finanziamento, presso la stessa banca o una banca diversa. E sempre molto frequente ma, in questo periodo, ancora di più.

Se si riescono a dimensionare i flussi di finanziamento in sintonia con i flussi di ammortamento e se ci si accorge che i flussi di ammortamento sono in effetti flussi di autofinanziamento si abbassa la possibilità di dover avere in futuro dei problemi finanziari da affrontare con smobilizzi dell'attivo o con ristrutturazioni, cioè con nuovi prestiti contratti per rimborsare vecchi prestiti.

È utile considerare che non è molto agevole, dal punto di vista negoziale, andare in banca e chiedere un finanziamento per un progetto che è stato realizzato tre anni prima perché, se non lo rifinanziano, si creano guai molto seri. Non è come all'inizio, quando si poteva disattivare il progetto; se l'iniziativa è già avviata e non viene rifinanziata la conseguenza logica è l'insolvenza. In ogni caso, l'imprenditore è in una posizione debolissima. Di solito ciò implica un rifinanziamento a prezzi poco convenienti, dato l'aumentato rischio.

Resta da discutere un terzo metodo per stimare l'autofinanziamento di un'impresa. Per rispondere rapidamente possiamo cercare di individuare qual è il difetto della seconda soluzione. Essa stimava l'autofinanziamento, cioè i fondi, la cassa in più che ci si ritrova o ci si dovrebbe ritrovare a fine anno nel conto corrente.

Ma cosa può essere successo, se il conto corrente non si è effettivamente accresciuto?

Per dare una risposta è utile immaginare il caso in cui l'autofinanziamento, misurato con la soluzione 2, è rilevante ma nel conto bancario, nella posizione finanziaria netta, non si registra un corrispondente incremento.

La formula propone di sommare l'utile agli ammortamenti, ma ovviamente si ragiona al netto degli eventuali dividendi, altrimenti potrebbe essere in effetti che l'autofinanziamento si riduca a causa della distribuzione dei dividendi. Quello che può essere successo, tipicamente, è che la dinamica del capitale circolante netto abbia comportato un ulteriore fabbisogno finanziario, cioè ci possono essere degli assorbimenti del capitale circolante netto che, in realtà, non vengono adeguatamente tenuti in conto dalla soluzione 2. Sicuramente è noto l'effetto che sottrae la liquidità attraverso il capitale circolante netto. Quindi può essere che il *cash flow* stimato sulla soluzione 2 sia consistente, ma che in realtà i mezzi finanziari non siano finiti in banca: sono finiti sì nelle poste di capitale circolante, ma diverse dalla voce banca. Si avrà modo di approfondire questo aspetto.

La soluzione 1 è semplicissima, ma è parziale. La soluzione 2 è semplice, non semplicissima ma semplice. Non è semplicissima perché comprendere esattamente cosa voglia dire 'utile più ammortamenti' non è una banalità. La soluzione 2 è semplice, ma anche questa ha dei difetti. La soluzione 3 è molto complicata perché devo stimare esattamente la cassa che si è prodotta e per quale motivo si è prodotta, tenendo conto degli assorbimenti di capitale circolante. Per fare questo tipo di calcolo devo saper gestire il rendiconto finanziario (v. *supra*, cap. 2).

Quindi è il rendiconto finanziario che stima esattamente il flusso di cassa della gestione corrente. Ha il vantaggio di essere assolutamente preciso, ma ha uno svantaggio: richiede un tempo considerevole. Quindi la soluzione 3 è precisa ma onerosa in termini di tempo. La soluzione 2 è meno precisa perché non configura la stima esatta di autofinanziamento, ma è una stima di autofinanziamento potenziale. È potenziale perché può accadere qualcosa che lo rende indisponibile. Però in poco tempo è possibile fare la somma che serve per avere una stima significativa.

5.3 La gestione del capitale circolante

Il capitale circolante può assorbire o liberare risorse finanziarie: per comprendere questo meccanismo è utile ricordare che il capitale circolante netto (CCN) si legge nello stato patrimoniale ed è la somma algebrica delle poste attive e passive, legate direttamente al circuito 'acquisto - produzione - vendita'. Sono queste quelle poste che configurano degli investimenti o dei finanziamenti 'automatici', che scattano immediatamente dopo il momento in cui ho deciso di produrre o di vendere qualcosa.

Il CCN è dato da clienti + magazzino − fornitori. Nei casi concreti questa formula non ha solo tre addendi, ne ha altri di carattere secondario. Sotto un profilo didattico si ricordano questi tre, i più significativi. Se in un bilancio concreto, reale, di un'impresa esistente, si fa questo conteggio, invece di tre addendi se ne avranno una quindicina, ma se si sommano solo questi tre si ottiene

il 97% del risultato, gli altri servono per dettagliare e precisare ulteriormente
il risultato.

Come si può osservare, il CCN, calcolato in questo modo, non ha tra i
propri addendi poste di natura finanziaria. Cioè non sono mai comprese poste
che rappresentano relazioni contrattuali con finanziatori. Definito in questo
modo, il CCN ha una differenza importante rispetto ad altre configurazioni: la
differenza è che non ci sono le 'banche a breve termine'.

Il CCN così calcolato non è al netto di debiti a breve termine nei riguardi
delle banche ed è una configurazione particolarmente utile all'esperto di finanza aziendale perché configura il fabbisogno finanziario: misura esattamente il
fabbisogno finanziario. Nell'attivo ci sono le poste attive di capitale circolante,
cioè clienti e magazzino; nel passivo ci sono le poste passive del capitale circolante, cioè i fornitori. Le poste dell'attivo sono impieghi, quelle del passivo
sono fonti, la differenza è l'impiego in eccesso, che deve essere finanziata dalle
fonti. Quindi il CCN iscritto nell'attivo viene coperto con finanza. Il CCN è
una posta che va sostenuta da un finanziatore, al pari del capitale fisso.

Una relazione finanziaria è molto diversa da una relazione commerciale.
L'operatore finanziario entra in contatto con l'impresa perché soddisfa un fabbisogno finanziario, ma vuole essere remunerato. Quindi il CCN viene finanziato da una banca, da un socio, da un gruppo di soci, o da un'altra istitu-
zione finanziaria; l'obiettivo di questo finanziatore e quello di lucrare un tasso
d'interesse o un *capital gain*.

È possibile immaginare il CCN come una spugna. Se il CCN è una spugna
e se le sue dimensioni si decrementano, il ΔCCN diminuisce e quindi lo spazio
della spugna si stringe, questa spugna viene compressa e ne esce liquidità, cioè
cassa, che va ad accumularsi nella voce 'banche'. Se invece le dimensioni del
capitale circolante attivo si incrementa, cioè si ha un ΔCCN, cioè il valore del-
l'investimento in poste circolanti aumenta, allora la spugna prende uno spazio
più consistente. Una spugna che si espande si riempie di liquidità, si riempie
di cassa. Questo è un meccanismo che assorbe o libera cassa, a seconda dei
fattori che causano la variazione del CCN.

Se si vuole calcolare il *cash flow* si deve decidere se tenere conto o meno
della variazione di CCN da un anno all'altro. Se si ha poco tempo, si usa il
sistema di stima numero 1 o il sistema numero 2, con l'obiettivo di calcolare un
cash flow dal conto economico; si produce un'operazione rapida, che in realtà
ha il difetto di non considerare che quella cassa magari veramente cassa non
è. Oppure, se è possibile approfondire, si considera questo *cash flow* e lo si
aggiusta per le variazioni di CCN.

Il ragionamento è connesso strettamente con la questione della valutazione
dell'autofinanziamento.

Nel sistema 1 è utile accantonato, nel sistema 2 è autofinanziamento potenziale misurato solo sul conto economico – il modo più sbrigativo è utile

più ammortamenti, che è veramente *cash flow*. Ma in realtà, ad un'analisi più precisa, non è flusso di cassa, bensì *flusso di capitale circolante netto*, cioè sono risorse entrate in azienda e che si ritrovano nel capitale circolante – in questo senso si chiama flusso di capitale circolante – anche se nella realtà operativa difficilmente si usa un'espressione così complessa. Gli operativi dimenticano il significato di 'flusso di capitale circolante'; ma, dato che in questo momento è chiaro il quadro della situazione, si comprende perché questo *cash flow* in realtà non è veramente cassa effettiva, ma è cassa potenziale, cioè è un innalzamento del capitale circolante.

Quindi se sono entrati 500.000 come *cash flow*, così misurato, in realtà è un flusso di capitale circolante che mi ritrovo in un 'Δ Cassa'. Questo *cash flow*, dunque sono risorse finanziarie che sono entrate e che si ritrovano nel CCN o in banca: non c'è altra possibilità.

Esiste qualche complicazione tecnica che è opportuno approfondire.

Quando si redige un rendiconto finanziario, volendo essere precisi, non si stima la componente 'autofinanziamento potenziale' sommando soltanto 'utile più ammortamenti'. In realtà, il modo con cui si costruisce il rendiconto finanziario, questa variabile è stimata come 'utile più ammortamenti più un'altra posta'.

Il *flusso di cassa della gestione corrente* è un aggregato che va molto bene per rispondere alla domanda 'Quanto è l'autofinanziamento?'.

Un interlocutore qualificato dichiara il suo autofinanziamento al lordo e non al netto degli investimenti. L'aggregato di interesse preferenziale per indicare l'autofinanziamento è dunque quello già definito come *cash flow*, flusso di circolante, utile più ammortamenti, aggiustato con le variazioni di CCN.

Ora si pone il problema di misurare in modo più raffinato l'autofinanziamento potenziale, cercando di farne una stima un po' meno grossolana rispetto a quella che emerge sommando gli utili agli ammortamenti.

Una soluzione logicamente perfetta, teorica ma comunque perfetta, è quella di prendere le imposte e di attribuire all'autofinanziamento potenziale le imposte che sono di competenza di ciascuna area: al capitale circolante le imposte generate dal capitale circolante stesso, agli investimenti le imposte generate da quella componente e alla gestione finanziaria le imposte relative. Ogni area deve avere la rispettiva imputazione degli oneri fiscali generati: questa è la soluzione proceduralmente corretta. Ma nessuno procede con un conteggio del genere, se non in ipotesi molto scolastiche. La regola appena ricordata è corretta ma troppo complicata e dispendiosa.

Gli operatori in realtà chiudono sbrigativamente il problema, imputando le imposte sempre a livello di gestione operativa. Per convenzione, pur in modo inesatto ma sbrigativo, le imposte vengono tutte dedotte dall'autofinanziamento potenziale perché vengono riferite al fenomeno principale che genera le imposte, al fattore causativo primario (la gestione caratteristica).

Si ricorda che l'autofinanziamento potenziale, il pi§ delle volte è desunto dal conto economico e viene stimato come somma algebrica 'utile più ammortamenti più oneri finanziari'.

Dobbiamo rifocalizzare per quale ragione si sommano algebricamente gli oneri finanziari.

La prima ipotesi che viene in mente (perché si tratta di flussi di cassa) è errata anche se, effettivamente, si tratta di flussi di cassa; quindi utile più ammortamenti è cassa a disposizione, ma sommando algebricamente anche gli oneri finanziari riduco la disponibilità di cassa, trattandosi di una variazione negativa di cassa.

Si aggiungono gli oneri finanziari non perché non sia un flusso di cassa ma perché si tratta di una variazione generata da un motivo diverso; non è collegata, cioè, alla gestione caratteristica.

Quindi si sommano gli oneri finanziari qua e si tolgono nella parte del rendiconto finanziario dedicato alla finanza. In questo modo si carica il risultato del *cash flow* della gestione caratteristica come se non ci fosse la gestione finanziaria e la gestione finanziaria viene penalizzata degli oneri finanziari pagati. In questo modo si attribuisce a ciascuna area la conseguenza specifica del proprio operato.

Se si vuole calcolare il risultato monetario in senso complessivo si deve fare $cashflow = utile + ammortamenti$. Se si vuole, invece, una misurazione della cassa prodotta dall'attività caratteristica, occorre sommare $utile + ammortamenti + onerifinanziari$, per non attribuire il decremento di cassa alla gestione caratteristica, che in realtà compete alla gestione finanziaria.

È possibile approfondire la valutazione di questo problema immaginando una società in ottima salute finanziaria e che continua la sua vita sull'asse dei tempi.

Si può immaginare una società che, a titolo d'esempio, nella fase della sua maturità sia in una ottima condizione. Si tratta di una società con una redditività corposa, che dà grandi soddisfazioni agli azionisti, ha molta forza finanziaria. Tutti i parametri che si possono usare per giudicare la solidità, la redditività, la solvibilità di un'impresa, sono a livello ottimale. Immaginiamo poi che diversi anni dopo la medesima società sia insolvente. Viene conseguentemente dichiarata una procedura concorsuale. Sono passati tanti anni e si è passati da una situazione molto favorevole a una situazione di insolvenza. Ci si può chiedere allora cosa possa essere accaduto nel processo di deterioramento della situazione, e come tale deterioramento si sia progressivamente riscontrato sul bilancio.

È assai probabile che nel corso della vita dell'azienda il bilancio abbia esplicitato dei segnali. È inimmaginabile che esso segnalasse piena salute finanziaria fino a ridosso della crisi. È invece logico pensare che, in un momento intermedio, il conto economico avrà cominciato a segnalare perdite. È incerto se tale passaggio nella zona di perdita sia avvenuto presto o tardi, molto o poco a ridosso dell'insolvenza, ma è accaduto. Ovviamente ogni caso sarà diverso, ma a un certo punto nel conto economico è cambiato qualcosa. Tuttavia la dinamica di bilancio evidenzia, tra la fase del successo e quella finale dell'insolvenza, diversi 'passaggi di stato' fra i quali, il passaggio in zona di perdita, è uno dei tanti.

Anche il debito sarà cominciato a crescere progressivamente e, ad un certo punto, sarà andato oltre il limite del massimo indebitamento sopportabile. Oltre questo limite, l'impresa sarà insolvente. È utile ricordare che quando si individua una società con un debito crescente, non è mai possibile capire all'istante - se non con un po' di pazienza e qualche analisi ulteriore - se tale crescita sia un segnale favorevole o sfavorevole. Perché in realtà il debito in una impresa può crescere sia conseguenza del successo sia dell'insuccesso. Non è possibile dare per scontato che la crescita del debito sia la conseguenza di qualche problema: vi sono società che vanno alla ricerca di maggiori finanziamenti proprio perché hanno successo.

L'aumento dell'indebitamento è ovviamente collegato al *cash flow* prodotto, perché le imprese che tendono ad incrementare l'indebitamento sono quelle che producono *cash flow* insufficiente.

		Utile	
		Buono	Insoddisfacente
	Buono	[1]	[2]
Cash flow			
	Insoddisfacente	[3]	[4]

Tabella 5.2: *Possibili tipologie di imprese*

L'impresa in ottima salute finanziaria sarà dunque nel quadrante 1. L'impresa insolvente sicuramente nel quadrante 4: è una società in perdita ed è, allo stesso tempo, una società che distrugge cassa. Nella fase del successo e della maturità l'impresa si colloca nella casella 1 e nel momento dell'insolvenza sicuramente si colloca nella casella 4.

È interessante allora porsi il seguente problema: il passaggio dalla casella 1 alla casella 4 avviene direttamente, perdendo simultaneamente autofinanziamento e utile? Oppure transitando nella casella 2, perdendo utile prima che *cash flow*? Oppure ancora transititando per la casella 3, perdendo *cash flow* e rimanendo temporaneamente con un utile accettabile?

Le imprese che vanno da una situazione di successo a una situazione di insolvenza transitano per situazioni di incerta definizione e interpretazione. I segnali conseguenti allo scadimento nella produzione di margini sono segnali fortissimi, ma si manifestano in modo ritardato; i segnali che invece si possono cogliere sul fronte della gestione finanziaria (misurando la produzione di *cash flow*) sono meno netti, meno gravi, ma decisamente più anticipati. Nella maggior parte dei casi, anche se non è una regola assoluta, il risultato in termini di autofinanziamento peggiora prima rispetto a quanto si possa riscontrare sul risultato reddituale. Le imprese che si avvitano verso l'insolvenza o comunque una situazione di forte difficoltà finanziaria a un certo punto cominciano ad esprime una perdita di bilancio, ma ciò accade dopo che si è deteriorato il livello di autofinanziamento.

Esistono precise ragioni per cui il *cash flow* si deteriora in anticipo rispetto al risultato reddituale:

– i margini economici derivano da politiche contabili, mentre il risultato finanziario ne risente molto meno;

– il CCN tende a manifestare anticipatamente lo scadimento della posizione competitiva.

Sotto il primo aspetto, infatti, un'azienda può nascondere (più facilmente, se adotta soluzioni irregolari) la perdita ma non può dissimulare facilmente una diminuzione del *cash flow*. Siccome non è possibile dissimulare un *cash flow* insoddisfacente a meno di scorrettezze documentali, mentre invece è possibile posticipare di qualche tempo la manifestazione di un utile insoddisfacente; in definitiva, lo scadimento del risultato economico può essere osservato in ritardo, dall'esterno, rispetto al risultato finanziario.

Cash is the king. Profit is an opinion.

Secondo alcuni questa osservazione è molto rilevante: sistemi per individuare le imprese che sono in difficoltà ormai si basano sull'osservazione del risultato per cassa, meno sull'osservazione dell'utile misurato con il criterio della competenza.

Sotto il secondo aspetto, ancora più importante e di rilievo generalizzato, va notato che ad un certo punto il CCN – in via sintetica composto da clienti, magazzino e fornitori – tenderà a dare segnali tutti negativi. La voce 'Clienti' aumenterà, perché la società farà fatica a far seguire gli incassi alle vendite; il 'Magazzino' aumenterà, perché diverrà problematica la relazione con i clienti e un maggiore quantitativo di merce resterà invenduta nei magazzini; la voce 'Fornitori', i quali conoscono molto bene il settore, diminuirà perché le controparti non saranno disponibili a concedere dilazioni di pagamento. Tutti e tre questi fenomeni, oppure uno o due dei tre, si svilupperanno al primo manifestarsi delle difficoltà.

Nel percorso di crisi c'è sempre un appesantimento del capitale circolante, che assorbe in modo significativo risorse monetarie. Quindi si verifica un innalzamento del debito generato da un aumento del CCN; questo fabbisogno finanziario addizionale, indotto dalla difficoltà, si manifesta sempre. Nel percorso dall'azienda in una ottima situazione finanziaria all'insolvenza c'è sempre una fase in cui il CCN sale. Questa fase avviene sempre prima rispetto al peggioramento dei parametri del conto economico. Quando una società comincia a trovarsi in difficoltà, comincerà ad adottare politiche di vendita, di produzione o di approvvigionamento che esprime un maggiore fabbisogno finanziario. Il CCN peggiora quindi in anticipo. Il *cash flow* misurato in modo intelligente e attento – non in modo troppo semplicistico – segnalerà correttamente quello che sta accadendo.

Tuttavia, quando si osserva il peggioramento della gestione finanziaria conseguente al rallentamento della rotazione del CCN, non si può essere certi che nella fase successiva si produrranno perdite e, in seguito, l'insolvenza. In un momento in cui una impresa di successo manifesta un problema di CCN, l'analista attento coglie un pericolo. Il pericolo arriva dalla constatazione di un rallentamento del CCN, in anticipo sul percorso verso una situazione di difficoltà finanziaria. Questa è la ragione per cui gli analisti finanziari osservano con attenzione questa circostanza; non tanto per l'effetto finanziario immediato – cioè non è grave in senso stretto e immediato – ma piuttosto per la dinamica che si innesca. Siccome è necessario diagnosticare in anticipo le difficoltà, è inopportuno attendere che l'impresa registri perdite e che siano erosi i mezzi propri: l'osservazione del capitale circolante è decisiva in questo senso.

5.4 La forza finanziaria di una impresa

Ci sono diversi modi per valutare se una impresa abbia un accettabile equilibrio finanziario. Alcune modalità sono raffinate ed evolute; altre sono grezze; talvolta le prime non sono più efficaci delle seconde. Di seguito si elencano gli approcci comunemente suggeriti.

Una impresa con una buona situazione finanziaria evidenzia:

1. il controllo nel breve periodo del divario tra le entrate e le uscite monetarie;

2. una struttura finanziaria (una composizione del Passivo) coerente con la strategia seguita;

3. una dinamica del capitale circolante ben raccordata con l'evoluzione del fatturato;

4. una corretta relazione tra rendimento del capitale investito (ROI) e costo delle risorse finanziarie (OF) utilizzate;

5. un rapporto corretto tra reddito operativo (RO) ed oneri finanziari, tenendo conto anche delle possibili dinamiche prospettiche legate alle condizioni di rischiosità operativa e finanziaria;

6. un rapporto corretto tra valore economico dell'Attivo e valore delle passività;

7. una accettabile relazione tra flusso di cassa complessivo e sviluppo aziendale;

8. una struttura finanziaria che massimizza il valore dell'impresa.

Un esperto di finanza e di gestione bancaria deve sapere giudicare l'impresa
con riguardo a ciascuno di questi profili e deve soprattutto essere in grado di
selezionare quei criteri e affrontare i casi aziendali applicandoli con proprietà.
Diviene dunque necessario maturare qualche idea in proposito.

5.4.1 Il divario tra le entrate e le uscite monetarie

Utilizzando una espressione tradizionale, si tratta del controllo di tesoreria.

Una impresa è in equilibrio se riesce ad avere un buon controllo della tesoreria nel tempo, ossia se le sue entrate riescono a fronteggiare le uscite, tenuto
conto dell'andamento della posizione finanziaria netta. È evidente che le uscite
possono sopravanzare le entrate per periodi importanti della vita aziendale, in
particolare quando sono in fase di realizzazione i piani di investimento. Occorre
tuttavia che tale sbilancio rimanga sotto controllo e che non porti la posizione
finanziaria complessiva in zona di debito eccessivo.

Quando le difficoltà aziendali si ripercuotono sul divario tra entrate ed
uscite, la fase di avvitamento degli squilibri è, di regola, in fase piuttosto avanzata. In pratica è ben difficile a quel punto ridurre il grado di pericolosità
della situazione. Il più delle volte, il percorso di crisi di una azienda parte da
inidoneità della formula imprenditoriale di fronte ai cambiamenti di contesto
(percezione delle occasioni di business, articolazione dell'approccio strategico,
strutturazione organizzativa, ecc.). Successivamente si riscontrano elementi di
scarsa economicità (l'utile diventa molto basso in quanto i prezzi di vendita
non sono più remunerativi); infine si riscontra una situazione di crisi finanziaria (le uscite che, appunto, sopravanzano le entrate). Attendere questa fase
per giudicare il disequilibrio finanziario, corrisponde ad aspettare una fase di
avvitamento delle difficoltà troppo avanzata. Occorre disporre di un criterio di
giudizio dell'equilibrio finanziario idoneo a percepire con maggiore anticipo i
motivi di difficoltà.

Sul divario tra entrate ed uscite si ripercuotono, quasi sempre, decisioni di
finanza strategica che vale la pena di governare apertamente. Per imprese in
fase di successo, medio o pronunciato, il questione dell'equilibrio tra entrate
ed uscite monetarie non è un indicatore particolarmente rilevante. Se l'impresa ha una buona formula competitiva e viene positivamente considerata dai
finanziatori, ogni disequilibrio di tesoreria può essere riassorbito con idonei
interventi finanziari (se non proprio per tutti i disequilibri). Il giudizio degli
investitori fiduciosi ha un limite solo nel valore del capitale economico ed è,
almeno in linea di principio, poco interessato agli equilibri di tesoreria di breve
termine. Esiste una vasta classe di imprese che ha uscite più corpose rispetto

alle entrate e nessuno certo pensa che siano in effettivo disequilibrio; si tratta di imprese che investono o che aumentano rapidamente il giro d'affari. In tali casi, il divario di tesoreria è un sintomo positivo e non negativo.

Occorre aggiungere che, per le imprese in fase di successo, il costo degli errori di programmazione della tesoreria non è particolarmente elevato. Se il divario tra entrate ed uscite dovesse temporaneamente andare fuori controllo, una impresa con rilevante capacità di credito potrebbe sopperirvi con opportuni interventi di finanza esterna. Certamente queste operazioni hanno un costo, ma non tale da mettere in difficoltà la buona situazione di fondo. D'altra parte, una buona gestione della tesoreria produce guadagni che possono essere molto interessanti per determinate imprese ma che, di solito, non sono relativamente rilevanti.

Gli spazi di trattazione di questi profili, ad esempio per un consulente esterno, sono rilevanti solo per imprese di dimensione relativamente grande: le imprese minori sono poco interessate al problema, in termini generali, e poco attrezzate sui meccanismi di governo delle informazioni di dettaglio, necessarie per impostare una procedura professionale di gestione della tesoreria.

In conclusione, il concetto di equilibrio finanziario inteso come equilibrio di tesoreria è importante ma spesso non è quello su cui si concentra l'attenzione del direttore e/o del consulente finanziario.

5.4.2 Coerenza della struttura finanziaria

Si sostiene che la struttura finanziaria (essenzialmente la composizione del Passivo tra debito e mezzi propri e, in subordine, la composizione del debito) deve essere coerente con la formula competitiva adottata, ossia coerente con la natura della specifica impresa.

Si tratta di un tema potenzialmente molto rilevante ma è assai complesso definire un comportamento ottimale o accettabile. In termini generali, si sostiene che il grado di indebitamento deve essere inversamente proporzionale al grado di variabilità dei margini operativi (al fine di tenere sotto controllo la possibilità di portare il bilancio in perdita nei momenti sfavorevoli) legati, a loro volta, al posizionamento nel mercato. In sintesi, le imprese con una redditività delle vendite (ROS) variabile debbono mantenere il grado di leva finanziaria su livelli contenuti.

Come affrontare però operativamente questo tema non è mai stato precisato in modo convincente: la stessa azienda può infatti essere giudicata in equilibrio o non in equilibrio, a partire dalle medesime informazioni. La coerenza del Passivo deve inoltre essere misurata attraverso la struttura degli investimenti fissi e circolanti; le imprese che hanno una formula più imperniata sul capitale fisso dovrebbero appesantire l'incidenza dei finanziamenti a lento rigiro; le imprese con cospicui investimenti in capitale circolante potrebbero invece puntare su formule di finanziamento a rapido rigiro e a scadenza ravvicinata.

Le regole tradizionali sottolineano che l'impresa in equilibrio finanziario dispone, in sostanza, di un livello ottimale di risorse reperite con protratte e adeguate condizioni di scadenza; la regola è quella dell'adattamento tra la durata e la variabilità dei fabbisogni e quelle delle fonti di finanziamento. In questa logica, l'errore da evitare è quello di finanziare fabbisogni durevoli, sia in capitale fisso e sia in capitale circolante, con capitali raccolti a breve termine. Tale criterio è molto rilevante ed esso solo, almeno fino al 1980, veniva citato con forza in letteratura. Non rispettare tale indicazione comporta effettivamente rischi di triplice natura:

– vi è un rischio di tasso di interesse (gli investimenti sono a tasso prefissato ed un eventuale incremento dei tassi di mercato, applicato sui rinnovi dei prestiti, erode la performance reddituale aziendale);

– vi è un rischio di rifinanziamento (legato alla possibilità che la controparte bancaria abituale si rifiuti di continuare a servire il fabbisogno finanziario aziendale);

– vi è una naturale posizione di debolezza nel ricontrattare e rifinanziare i prestiti assolutamente necessari (ne deriva un effetto di perdita di autonomia decisionale nei riguardi della banca).

Il tema della struttura del passivo e della composizione dei debiti per scadenza è dunque potenzialmente rilevante ma, al di là di poche regole ovvie, è in realtà difficilissimo schematizzare delle *guideline* operative. Nella realtà si riscontra che gestioni finanziarie che non rispettano i canoni appena elencati spesso prosperano, ponendo in dubbio la loro validità operativa.

Un ulteriore elemento di complicazione in questo contesto deriva dalla necessità di tenere conto della posizione finanziaria dell'imprenditore e del sistema di garanzie rilasciate a favore dell'indebitamento societario. Per imprese di dimensione non elevata, è evidente che la posizione finanziaria viene definita sulla base di schemi di garanzia molto diffusi, che attenuano la posizione di rischio di finanziatori i quali seguono imprese con struttura finanziaria scarsamene idonea nel senso appena precisato.

Trattandosi di contratti accessori, le regole di rilevazione delle garanzia in bilancio non sono efficaci ai fini dell'analisi finanziaria.

Inoltre le banche analizzano il merito di credito indipendentemente dalle garanzie per cui i criteri di giudizio diventano maggiormente precari. In altre parole, è possibile che una impresa non giudicata in equilibrio finanziario possa essere considerata affidabile in ragione delle garanzie (caso in Italia ancora particolarmente diffuso, ancorché in diminuzione). Resta il fatto che le garanzie non riequilibrano la situazione finanziaria dell'impresa: essa può essere finanziata se la banca ritiene che il valore del rischio assunto corrisponda al valore delle garanzie. In caso contrario il garante potrebbe vendere i beni posti a garanzia e immettere quei valori nell'impresa. Il rischio resterebbe in capo all'impresa e non alla banca.

5.4.3 Raccordo fra dinamica del capitale circolante e del fatturato

Una particolare configurazione di equilibrio finanziario è connessa con l'evoluzione delle poste del capitale circolante di pertinenza gestionale. Il saldo netto delle poste del capitale circolante operativo può essere positivo (sopravanzano le poste dell'attivo) o negativo (sopravanzano le poste le passivo). Un CCN positivo comporta dunque un assorbimento di risorse finanziarie, mentre un CCN negativo comporta la disponibilità di risorse finanziarie che possono essere investite liberamente nel ciclo degli investimenti fissi, o in qualche posta finanziaria, col vantaggio di non incrementare gli oneri finanziari.

Solitamente la gestione d'impresa comporta la configurazione di un CCN positivo di diversa entità principalmente in relazione ai tempi relativi alla velocità di rigiro del circuito produttivo acquisizione-trasformazione-vendita (fornitori-magazzino-clienti). È evidente che un disequilibrio finanziario rilevante si produce quando vi è un innalzamento delle poste attive del CCN, non compensato da un innalzamento delle poste passive. Tale situazione comporta un importante assorbimento di risorse finanziarie cui consegue un innalzamento del debito, anche molto significativo rispetto all'incremento del fatturato.

Un criterio di valutazione dell'equilibrio finanziario deriva proprio dalla verifica dell'incremento del CCN.

Se si riscontra un aumento del CCN più che proporzionale all'incremento del giro d'affari, è possibile che si manifesti lo scadimento della posizione finanziaria (aumentano le scorte invendute, aumentano i tempi di incasso da clienti o perché essi sono meno solvibili o perché le vendite sono state sorrette da un politica del credito commerciale più larga) ovvero che si sia manifestata la indisponibilità dei fornitori a mantenere gli abituali termini di pagamento. Il controllo dell'evoluzione del CCN e la sua coerenza con l'andamento del fatturato è molto importante e può fornire elementi preziosi per inquadrare con prontezza il venir meno delle condizioni di equilibrio.

La questione può essere messa a fuoco osservando il rendiconto finanziario o, più semplicemente, osservando il periodo medio dilazione del credito commerciale (riscossione dai clienti, pagamento dei fornitori e giacenza media in magazzino). Ogni innalzamento o contrazione significativa di tali indicatori ha un significato rilevante e comporta immediatamente un effetto sulla posizione finanziaria, sul credito bancario.

Per valutare questo aspetto si utilizza tradizionalmente l'*indice di liquidità*.

Come è noto, tale indicatore è il rapporto tra attivo corrente e passivo corrente e può essere costruito nel modo più tradizionale, come rapporto tra attivo a breve termine e passivo a breve termine, o nel modo più vicino al concetto di capitale circolante di pertinenza gestionale, attivo circolante e passivo circolante di pertinenza gestionale.

L'indice viene inteso in senso favorevole quando assume un valore elevato o aumenta. Se l'indicatore aumenta, ciò significa che le poste attive a breve termine sopravanzano, o si incrementano, rispetto alle poste passive a breve termine, comprese le 'banche a breve'. Ma, in realtà, l'innalzamento delle poste attive può nascondere un innalzamento delle sole poste attive del CCN che comportano un assorbimento di risorse finanziarie; la forma di copertura potrebbe essere rintracciata nella zona dei finanziamenti a protratta scadenza o del capitale proprio. In questa ipotesi l'innalzamento dell'indice di liquidità sarebbe un segnale negativo, piuttosto che positivo.

D'altra parte, una riduzione dell'indice di liquidità potrebbe essere generato da un irrobustimento della voce fornitori, che sarebbe un segnale positivo piuttosto che negativo, per la gestione finanziaria,, come semplificando suggerisce la tradizione.

In sostanza l'interpretazione dell'indice di liquidità è equivoca, soggetta ad errori evidenti; l'indice di liquidità fornisce un segnale coerente solo per la controparte che finanzia a breve termine ed è un indicatore estremamente parziale dell'equilibrio finanziario. Si tratta dunque di un indicatore particolare di equilibrio finanziario: in primo luogo non è particolarmente significativo dell'equilibrio di tesoreria, come invece potrebbe fare intendere la sua denominazione; in secondo luogo, nella versione tradizionale, può fornire indicazioni errate.

Con riferimento allo sviluppo del CCN l'indicatore ha comunque una notevole rilevanza: si tratta però di una visione parziale pur se relativa ad una area della gestione finanziaria di notevole importanza.

5.4.4   Rendimento del capitale e costo delle risorse

L'esigenza di rapportare il rendimento del capitale investito al costo delle risorse finanziarie è un'altra alternativa metodologica per misurare l'equilibrio finanziario.

Una impresa in equilibrio finanziario è una impresa che ha un attivo che rende in modo adeguato rispetto al costo del debito e, più in generale, al costo delle risorse finanziarie. Questo criterio di valutazione è ovviamente molto significativo. Però ha natura prevalentemente economica, invece che finanziaria. Il direttore finanziario che assume tale punto di vista si pone l'obiettivo di reperire risorse finanziarie a costo coerente con il rendimento dell'attivo.

L'obiettivo di abbassare il costo del passivo non è però specifico e riguarda tutte le imprese, non soltanto quelle che hanno problemi di redditività dell'attivo. È evidente che un costo del capitale contenuto è un fattore desiderabile di per se stesso. Secondo alcuni direttori finanziari, l'abbassamento del costo del capitale si ottiene con un corretto dosaggio fra risorse provenienti dal netto patrimoniale e dai finanziamenti. Il capitale proprio infatti non produce oneri finanziari e abbassa il costo medio delle fonti. È noto, tuttavia, che l'opinione prevalente e condivisibile sostiene invece che il direttore finanziario deve muoversi attribuendo ai mezzi propri un adeguato livello di costo-opportunità e si ritiene che, se ciò non avviene, ne seguirà un netto abbassamento del valore dei mezzi propri stessi.

In proposito possono utilmente essere ripresi due punti di analisi intrecciati fra loro: il ROE e il ROI.

Il ROE è, tradizionalmente, il parametro di valutazione della performance dell'impresa, il parametro principe. Quindi, di solito, se si confrontano due imprese, in prima battuta lo si fa a livello di ROE, perché è un indicatore che ha a che fare con la redditività del capitale investito dai soci. Si intende quindi indicare in quale misura percentuale si sta rafforzando il patrimonio netto attraverso i margini prodotti.

Si tratta tuttavia ancora di un indicatore economico, quindi di performance economica e non finanziaria. Non corrisponde a un flusso di cassa. Il ROE può essere soddisfacente o non soddisfacente ma non è assolutamente indicativo della performance finanziaria. Ovviamente tutti si augurano che il ROE sia elevato: successivamente, si tratta di verificare se esso sia collegato a un buon risultato finanziario o a un cattivo risultato finanziario; però, a livello economico, ci si augura che si tratti di un parametro robusto.

Si tratta poi di capire quali sono i fattori che spingono il ROE verso l'aumento: ma su questo le idee sono poco chiare; tuttavia si può tentare di fare chiarezza utilizzando uno schema di Stato patrimoniale assai sintetico, nella sua formulazione più sintetica: $Attivo = Debiti + MezziPropri$.

Dato che il ROE è la performance dei mezzi propri, possiamo chiederci i motivi che generano un determinato livello (elevato, basso, soddisfacente o non soddisfacente) del parametro. Esso deriva, innanzitutto dalla redditività del capitale investito, cioè dal ROI. Quindi l'affermazione 'il ROE è uguale al ROI' è vera perché il capitale netto è investito nell'Attivo.

Quanto alla parte dell'Attivo finanziato con debiti, va segnalato che il patrimonio netto non 'riscuote' una redditività pari al ROI, ma la sola differenza tra ROI e (OF/D), cioè la differenza fra ROI e il costo del pezzo di attivo finanziato con debito (OF/D).

Questa differenza deve essere attribuita agli azionisti e quindi il ROE è uguale al ROI relativamente alla parte di attivo finanziata con mezzi propri; $[ROI - (OF/D)]$ rappresenta invece la redditività dell'attivo finanziato dal debito.

$$ROE = ROI + [ROI - (OF/D)] \tag{5.1}$$

Questa differenza (la parentesi quadra della 3.1) può essere attribuita agli azionisti pro-quota rispetto al debito e il risultato viene ribaltato pro-quota sui mezzi propri investiti. Questo è il motivo per cui questa espressione deve essere moltiplicata per D/MP (Debiti su Mezzi Propri).

$$ROE = ROI + [ROI - (OF/D)] \cdot D/MP \tag{5.2}$$

La formula, utile e molto tradizionale, viene così riqualificata da un ragionamento che la rende intuitivamente viva.

Quindi il ROE è costituito:

– dal rendimento dell'investimento del capitale netto in attività e, quindi, per questa parte è dato dal ROI;

– dal rendimento dell'attivo finanziato dal debito.

Ma questo rendimento è costituito dalla differenza fra il rendimento di questa parte di attivo e il costo del finanziamento di questa parte di attività $[(ROI - (OF/D)]$.

Moltiplicando per D/MP, questa differenza viene attribuita ad ogni unità di debito e pesa su ogni unità di mezzi propri.

In conclusione, il ROE, che misura la redditività per gli azionisti, è data dalla redditività operativa (che a sua volta dipende da molti altri fattori) e dal risultato della gestione finanziaria che, a sua volta, dipende dal costo del passivo (OF/D); il risultato complessivo è dato così dall'effetto leva', cioè dal grado di indebitamento.

Effetti fiscali

La conclusione cui si è giunti, tuttavia, non è perfetta perché, per convenzione sempre condivisa, il ROI è espresso al lordo delle imposte, mentre il ROE è espresso al netto delle imposte. Non esistono eccezioni a questa convenzione; il ROE considera le imposte di competenza mentre nel polinomio a destra dell'equazione le imposte non risultano imputate. La formula funziona solamente all'interno di determinate condizioni, nel senso che, data l'aliquota di imposta (T) si hanno due alternative:

– si sottraggono le imposte $(T \cdot imponibile)$;

– si moltiplica per $(1 - T)$.

Più frequentemente si adotta la seconda soluzione.

$$ROE = [ROI + (ROI - OF/D) \cdot D/MP] \cdot (1 - T) \tag{5.3}$$

Ad un'analisi di maggiore dettaglio si osserva il seguente problema: se si moltiplica per $(1 - T)$ si ipotizza implicitamente che tutti i componenti inclusi nella parentesi quadra della 3.3 siano anche componenti positivi o negativi del reddito imponibile. Nella realtà, non essendovi coincidenza esatta tra componenti di reddito e componenti di reddito imponibile, occorre decidere qualche semplificazione finalizzata ad un risultato accettabile.

In particolare una regola recente prescrive che «...gli oneri finanziari sono deducibili solamente fino a un plafond massimo determinato dal 30% circa del risultato operativo lordo di ammortamenti»; questa regola è stata introdotta per ostacolare le imprese troppo indebitate, le quali, attraverso gli oneri finanziari, riducono considerevolmente l'utile imponibile. È una norma che pone un limite nella deducibilità fiscale degli oneri finanziari. Con questa regola è evidente che, quando qui si dovessero esporre oneri finanziari molto elevati e alla fine si moltiplicasse per il fattore $(1 - T)$, in realtà si commetterebbe un errore. Cioè, il ROE non è più uguale a quello desunto per via algebrica perché l'algoritmo considera gli oneri finanziari tutti deducibili. In realtà, con le più recenti regole fiscali, gli oneri finanziari sono deducibili fino a un certo punto e quindi la formula indicata nel testo è quella tradizionale, ma si deve fare attenzione perché vi sono casi per i quali essa può condurre a conclusioni fuorvianti per via degli effetti fiscali che allontanano la base di commisurazione delle imposte.

L'alternativa all'algoritmo appena ricordato, volto a ricercare i fattori causativi del ROE, è una formula esplicativa più semplice:

$$ROE = RN/MP = RN/RO \cdot CI/MP \cdot CI/RO \qquad (5.4)$$

Si tratta di un algoritmo che si ricorda molto più facilmente di quello precedente e di utilizzo particolarmente agevole.

Il suo significato narra che 'Il ROE dipende da tre variabili' ma occorre evidenziare che queste variabili sono interdipendenti e pertanto difficili da gestire.

In particolare se si segue una politica di incremento del debito ci si ritrova un parametro 'capitale investito su mezzi propri' più alto, che induce un maggiore effetto moltiplicativo del ROE. Però al progredire del moltiplicatore 'capitale investito su mezzi propri' automaticamente si abbassa l'indicatore 'risultato netto su risultato operativo'. Il 'risultato netto su risultato operativo' è una frazione di 1, perché evidentemente il risultato netto è molto più basso del risultato operativo (se il risultato operativo è pari a cento, il risultato netto potrà essere a venti, o pari a trenta, ma non può essere pari a 120), dato che al risultato operativo si sottraggono le imposte e gli oneri finanziari (più altri elementi solitamente di secondaria importanza) per giungere al risultato netto. Di conseguenza l'elemento 'risultato netto su risultato operativo' è sempre un 'demoltiplicatore'.

Il ROE è dato dal prodotto del ROI per un fattore moltiplicativo e per un fattore demoltiplicativo, cioè per un numero maggiore di 1 e per un numero inferiore a 1. Ad una attenta osservazione, si evidenzia che questi due numeri sono legati tra di loro e quindi non è possibile organizzare un ragionamento lineare. Questa formula ha questo difetto: quello dell'intreccio di variabili fintamente indipendenti.

L'utilizzo della formula additiva (la 3.3) ha il vantaggio dell'indipendenza reciproca delle variabili indipendenti e quindi è possibile ipotizzare la modificazione di un fenomeno, per vederne l'effetto sul ROE. Quindi sotto questo profilo questa formula è preferibile.

L'algoritmo 'additivo' ha peraltro i suoi specifici motivi di difficoltà applicativa, in particolare non è semplice fare quadrare i conteggi, con un utilizzo superficiale.

La formula moltiplicativa (la 3.4) non può funzionare in modo decente per il legame forte tra due delle variabili indipendenti; la formula additiva sì, ma richiede una lavorazione dello stato patrimoniale. Senza questa lavorazione funziona male, anche se per ragioni diverse rispetto alla formula moltiplicativa.

Per applicare questa formula occorre infatti utilizzare lo schema di semplificazione dello stato patrimoniale sopra indicato. Occorre eliminare dallo stato patrimoniale il cosiddetto 'passivo non oneroso'. Nel bilancio dell'impresa ci sono delle imposte passive che non sono onerose di interessi e quindi, in realtà, si sarebbe dovuto procedere con uno schema che comprende queste voci, che non rappresentano MP e non rappresentano neppure debiti. Il debito non oneroso è composto, ad esempio, da Fornitori e dal Fondo TFR; si tratta di poste negative del capitale circolante. Le poste passive del capitale circolante sono tipicamente considerate non onerose, perché si tratta di un passivo che non è nato per finanziare un'impresa ma che serve per finanziare l'impresa solo in seconda battuta, come effetto collaterale. Ad esso non si applica una clausola di onerosità finanziaria.

Se si dovesse applicare l'algoritmo ad uno schema di bilancio che esplicita il passivo non oneroso, ne deriverebbe l'inapplicabilità della formula; in sintesi il motivo è che la parte (OF/D) viene traguardata su un debito che non è più l'aggregato per cui si generano gli oneri finanziari, ma un aggregato molto più ampio. Con questo schema di stato patrimoniale non sarebbe più possibile considerare congiuntamente il passivo non oneroso e il passivo oneroso e, mediante l'applicazione della formula, concludere per la convenienza dell'incremento del debito.

Non sarebbe possibile perché, all'incremento del debito finanziario, il parametro (OF/D) non rimane costante. Quindi la relazione, erroneamente costruita, implica relazioni inattese di tipo incrociato. L'algoritmo dunque funziona solamente se nel passivo sono stati inclusi i soli i debiti onerosi, cioè i debiti finanziari.

Quando è necessario escludere dalla valutazione il passivo non oneroso si procede prendendo quelle poste e ponendole nell'attivo (con l'inversione del loro segno). Prendendo il passivo non oneroso che c'è nel passivo (avere) e lo si porta nell'attivo (in dare) con segno meno, ne deriva che, evidentemente, nell'attivo non ci sarà più capitale circolante lordo, positivo, ma il capitale circolante netto.

D'altra parte è noto che il capitale circolante netto è fonte di fabbisogno finanziario e, quindi, dopo questa piccola lavorazione, ci si ritrova un bilancio in cui nell'attivo si ha il CCN ed il capitale fisso, cioè gli investimenti dell'impresa. L'impresa ha investito in capitale circolante netto e nel capitale fisso le fonti che risultano esposte ordinatamente nel passivo, dove sono inclusi i mezzi propri e i debiti. Per 'debiti', si intendono correttamente i soli 'debiti finanziari': questa piccola correzione – banale dal punto di vista algebrico, ma che va gestita con molta lucidità mentale – è essenziale e viene spesso utilizzata dagli analisti finanziari perché consente di usare lo schema di analisi del ROE sopra esposto. È opportuno utilizzare questo schema di analisi del ROE perché l'alternativa ha difetti poco gestibili.

Questo tipo di descrizione degli impieghi e delle fonti è più preciso per gli obiettivi dell'analisi finanziaria, rispetto ad uno schema di Stato patrimoniale che metta nell'attivo il capitale circolante lordo e in avere le passivitò non onerose, cioè le poste negative di capitale circolante.

La politica dei mezzi propri

È opportuno considerare anche una ulteriore utile correzione.

È cioè opportuno che in Avere non siano esposti esattamente debiti finanziari, ma la posizione finanziaria netta. Perché se gli investimenti finanziari rimangono indicati in Dare, ci si ritrova uno schema di investimenti e di fonti da analizzare inutilmente complicato. Quando si applica la formula additiva, si avrebbe un capitale investito maggiorato dalla componente finanziaria, la quale non contribuisce alla definizione del risultato operativo ma che invece contribuisce alla definizione del margine finanziario netto.

Se si riscontra nell'attivo un 20% di investimenti finanziari, si avrà un capitale investito che è pari a 100 ma il risultato operativo non viene prodotto da 100 ma da 80: il che significa che (RO/CI) dipende da un comportamento finanziario. L'analista ha però necessità di un ROI che non dipenda da un comportamento finanziario, che dipenda solamente dai comportamenti di investimento e di rendimento dell'attività caratteristica. Quindi è inopportuno calcolare il ROI considerando un attivo 'inquinato' da poste finanziarie.

Ipotizziamo che la situazione dell'impresa da valutare sia caratterizzata da un debito consistente: il ROE viene influenzato dal parametro (D/MP) e viene influenzato anche dal parametro (OF/D). L'idea predominante è che (OF/D) tenda a crescere: il premio al rischio che viene aggiunto rappresenta la più elevata probabilità di insolvenza che ha l'impresa indebitata in modo consistente. Un'impresa che ha debiti consistenti come determinerà il proprio livello di ROE? Avrà un ROE tendenzialmente soddisfacente o tendenzialmente insoddisfacente?

La formula additiva permette di ragionare sul problema. Innanzitutto dobbiamo esplicitare che stiamo ragionando a parità di ROI. Un'impresa che abbia una redditività operativa, ossia un'impresa che abbia un risultato della gestione positivo, di soddisfazione e quindi un ROI di livello elevato. Il dubbio che può sorgere è se i debiti siano effettivamente eccessivi.

Una questione correlata, su cui l'analista finanziario sviluppa una riflessione, è la seguente: se diminuiamo il debito – visto che è troppo consistente o che si sospetta questa situazione – si otterrà un ROE crescente o in diminuzione?

Le variabili che hanno a che fare con questi problemi sono il moltiplicatore (D/MP) e la variabile (OF/D). Quest'ultima rappresenta il 'tasso di interesse' (sia pure stimato in modo assai impreciso). Ma sappiamo che il tasso di interesse è reattivo al grado di indebitamento, quindi esiste un legame trai due fenomeni, seppure un legame secondario e viene giudicato tale, tanto che che la formula 3.3 viene ritenuta sufficientemente significativa e quindi utile ai fini della valutazione del problema. Quindi se si innalza il grado di indebitamento si aumenta la componente (OF/D).

Questo innalzamento di "(OF/D) diventa però un fenomeno di rilievo importantissimo quando il segno complessivo della differenza con il ROI si inverte. Se (OF/D) fosse superiore al ROI significa che l'impresa assume finanziamenti che hanno un costo superiore rispetto alla rendimento, il che diventa controproducente. Quindi il suggerimento operativo sarebbe semplicemente questo: 'occorre smontare la leva finanziaria, occorre restituire i finanziamenti, quando il ROI è inferiore a (OF/D)'.

L'altro fenomeno ha a che fare con il rapporto D/MP, che è un moltiplicatore e quindi la differenza tra ROI e (OF/D) viene moltiplicato per ogni unità di debito e ripartito per ogni unità di mezzi propri e quindi, siccome questo *spread* è positivo, sarebbe augurabile avere molti debiti.

Quindi l'idea è che (D/MP) è un moltiplicatore ed è opportuno che sia ad un livello aggressivo. La conseguenza del rimborso di debiti, è un abbassamento del ROE. Quindi, se l'impresa ritiene di avere dei debiti consistenti, e procede al rimborso attraverso l'autofinanziamento di periodo, cioè il *cash flow*, o attraverso il disinvestimento di poste dell'attivo, il ROE tenderà a decrescere.

Ci si può chiedere poi se la diminuzione del ROE quando si rimborsano i debiti sia una regola assoluta o se si verifica solo in qualche caso. Cioé si verifica solamente quando il ROI è molto alto o si verifica anche quando il ROI è più contenuto? In realtà il rimborso del debito non è mai conveniente per un'azienda redditizia ma può essere conveniente – per gli effetti sul ROE – per una azienda poco redditizia. Questa è la regola che si ricava dalla formula additiva.

L'aumento di capitale

L'operazione che successivamente è opportuno qualificare è l'aumento di capitale, che è un'operazione diversa da quella prima descritta.

Se l'impresa procede con l'aumento di capitale, si produce in via automatica un abbassamento del debito; i fondi versati dagli azionisti confluiscono nella posizione finanziaria netta, migliorandola; non esiste cioè un aumento di capitale che non sia destinato, almeno nell'immediato, a migliorare nella stessa misura la posizione finanziaria netta. In un momento successivo la situazione può cambiare perché i fondi così affluiti possono ad esempio essere utilizzati per una acquisizione e ovviamente la posizione finanziaria netta torna al livello di partenza. Ma, nel momento in cui viene effettuato l'aumento di capitale – ad esempio suggerito da una valutazione sul livello del debito preesistente – i fondi affluiscono alla posizione finanziaria netta che è destinata automaticamente a migliorare.

Qual è l'effetto di un aumento di capitale sul ROE? Se la redditività è molto alta o soddisfacente si avrà un effetto depressivo sul livello del ROE. Con l'aumento di capitale il moltiplicatore (D/MP) scende, sia perché diminuisce il debito, sia perché aumentano i mezzi propri. Nell'azienda meno redditizia, l'aumento di capitale produce un eguale decremento del moltiplicatore; quindi o l'impresa si trova in difficoltà, e allora si procede all'aumento di capitale per difesa e quindi seguendo motivazioni diverse dal ROE, oppure anche qui si riscontrerà la decrescita del ROE. La valutazione conseguente è che, quando le imprese fanno aumento di capitale, il ROE peggiora.

In base alle argomentazioni sopra sviluppate rimane da spiegare per quale ragione le imprese talvolta procedono con un aumento del capitale: in realtà vi ricorrono quando sono costrette a farlo. In apparenza l'aumento di capitale è opportuno per la sua convenienza; in realtà è inopportuno sotto il profilo della convenienza. L'aumento di capitale infatti modifica i parametri e riduce il ROE. I fondi che confluiscono nella tesoreria aziendale per l'aumento di capitale permettono di ridurre il volume degli oneri finanziari. Ma quegli oneri finanziari erano deducibili dall'imponibile, e consentivano di sostenere minori oner fiscali. Questo è il problema per cui assumono rilievo i costi delle varie fonti di capitale: i debiti e i mezzi propri.

Quanto è il costo del capitale? Qual è il costo del capitale che raccolgo attraverso i debiti? Il loro onere non è connesso soltanto con il solo tasso d'interesse.

Il tasso di interesse viene alleggerito dell'effetto parafiscale. Se l'impresa ottiene un finanziamento all'8%, il suo costo e pari [8% · $(1 - T)$]. La ragione è che gli oneri finanziari sono posti a decremento dell'imponibile e su quella componente di reddito non vengono pagate imposte. In altre parole, gli oneri finanziari sono pagati nominalmente all'8%, ma l'effetto finale considera il risparmio di imposta pari a [8% · $(1 - T)$].

Il costo del capitale acquisito a debito, se considerato al lordo delle imposte, è l'interesse (i); se, invece, è considerato al netto dell'imposta, sarà [$i · (1 - T)$]. Circa il costo dei mezzi propri esistono in pratica due teorie o, meglio, due diverse sensibilità. Alcuni sono convinti che i mezzi propri non abbiano alcun costo mentre altri sono convinti che invece il costo esista. Siccome questo secondo gruppo non rintraccia il costo fra le poste contabili, si ricorre all'espressione 'costo-opportunità'. L'espressione si riferisce al fatto che l'impiego di capitale in azienda richiede sempre di rinunciare ad una alternativa.

Se i mezzi finanziari fossero stati investiti al 4%, il loro costa sarebbe del 4%. Il costo-opportunità non è solamente un rimpianto per un scelta non fatta nel passato, ma è anche un obiettivo minimo accettabile per il futuro e, se non si raggiunge questo obiettivo minimo, si procederà ad una svalutazione del capitale che non sarà più recuperabile nella misura conferita. Il costo-opportunità è presumibilmente più alto del tasso di interesse sul debito. La ragione è che i mezzi propri sopportano il rischio di impresa, cioè supportano la possibilità fisiologica di perdere. Lo spettro dei risultati è molto più ampio dello spettro di risultati della banca che finanzia. Per questa ragione il tasso di rendimento (intendendo quello ipotizzato ex-ante al fine della determinazione delle decisioni di investimento e non necessariamente quello ex-post) deve essere maggiore del tasso dell'interesse perché include un premio maggiore per il rischio.

I mezzi propri hanno quindi sempre un costo maggiore rispetto ai debiti.

Questo è un modo diverso di osservare la regola appena esposta: per quale ragione l'imprenditore aumenta di capitale? Non certo per convenienza. Con l'aumento di capitale l'imprenditore aggiunge capitali che costano di più e rimborsa capitali che costano di meno. Se il direttore finanziario procede in questo senso non lo fa per convenienza, ma perché è costretto. Il problema che si definisce allora, è quello di individuare l'elemento costrittivo dell'aumento di capitale.

Su questo punto esistono diversi segnali caratteristici. Si procede con l'aumento di capitale quando arriva un segnale dall'esterno o dall'interno? Spesso la costrizione deriva dalla richiesta di un finanziatore che dichiara l'indisponibilità a mantenere le linee di fido.

Sotto il profilo interno, invece, il segnale di opportunità di un aumento di capitale deriva il più delle volte dall'osservazione del livello degli oneri finanziari dati i livelli di margine industriale. Quando ci si accorge che nel conto economico esistono margini, ma gli oneri finanziari si approssimano al loro livello, allora si procede a mettere in sicurezza l'impresa – anche se non conviene ai fini dell'ottimizzazione del ROE – facendo un aumento di capitale e abbassando la presenza di oneri finanziari nel conto economico.

Vi sono anche soggetti che non sono affatto convinti che i mezzi propri abbiano un costo e, in particolare, non sono convinti che i costi siano maggiori del costo del debito; addirittura alcuni pensano che i mezzi propri non costino nulla.

La tesi del costo-opportunità è un'invenzione recente della finanza di impresa; tra l'altro molto seguita ed apprezzata. Non esiste consulente o libro di testo che dica che il costo-opportunità non esiste. Diversi imprenditori non hanno però una sensibilità così raffinata da cogliere questa logica del costo-opportunità. Ci sono imprenditori che mettono mezzi propri solamente con una sensibilità traguardata sul lungo termine, cioè 'capitale-paziente'. Se l'imprenditore impegna capitali e dichiara di investire nello sviluppo dei suoi progetti e, per quattro o cinque anni, non si avranno grandi risultati, ma tra dieci anni si sarà realizzato un grande progetto e una realtà di grandissimo impatto: in questo caso il capitale non ha un costo-opportunità predefinito, ma lo si impiega a costo zero. Il capitale viene impiegato come 'capitale-paziente' sapendo che il traguardo è su un lungo periodo; quindi i casi in cui gli imprenditori mettono 'capitale-paziente' a costo zero nelle imprese sono casi non contemplati dalla formula che assumiamo.

5.4.5   Il rapporto tra reddito operativo ed oneri finanziari

Una area di controllo molto semplice per la verifica dell'equilibrio finanziario è quella che rapporta il livello dei margini operativi con il livello degli oneri finanziari.

Potremmo denominare tale controllo *verifica della tensione finanziaria* che dipende dal rapporto fra margine operativo e oneri finanziari. La tensione finanziaria decresce quanto più sale il rapporto tra margine operativo e oneri finanziari.

L'indicatore di bilancio maggiormente utilizzato in questo senso è certamente ($EBIT/OF$) (*Earning Before Interest and Taxes*/Oneri Finanziari). EBIT è la somma dell'utile di bilancio senza gli interessi e le tasse sul reddito, rappresenta l'ammontare disponibile per sostenere la gestione finanziaria e, quindi, per pagare gli oneri finanziari. Se l'indicatore ($EBIT/OF$) fosse pari a 3, ciò significa che l'impresa ha a disposizione 3 euro di margini per pagare 1 euro di oneri finanziari. Il divario tra i due aggregati sarebbe in questo caso piuttosto consistente. Ponendo il limite di allarme a 1, che rappresenta il caso in cui i margini operativi non sono più in grado di sostenere il costo del debito, e trovandosi un indicatore pari a 3, si è in una situazione ove sono possibili peggioramenti dei margini operativi, da un lato, ed innalzamento del debito e/o del tasso medio di interesse, d'altro lato. Tali comunque da non compromettere la solidità dell'impresa.

L'indicatore ($EBIT/OF$) è molto chiaro e può essere utilizzato in modo particolarmente efficiente. Infatti, l'analista riesce ad avere una indicazione di massima del grado di tensione finanziaria, verificando questo solo indicatore nel tempo. Il suo pregio sta nell'analizzare congiuntamente il profilo finanziario, la la dimensione del debito e la dimensione economica (livello dei tassi e dei margini operativi). I messaggi operativi che l'indicatore ($EBIT/OF$) segnala sono molto chiari:

– se l'indicatore è inferiore ad 1, l'azienda è in perdita (in quanto i margini non sono grado di sopportare il costo del debito) ed in grave tensione finanziaria;

– se l'indicatore è inferiore a 2, ne deriva che l'azienda è in precario equilibrio finanziario (ha un debito troppo costoso rispetto al rendimento del business o ha debiti già molto consistenti, che non possono assolutamente incrementarsi);

– se è invece maggiore di 5, è chiaro che l'impresa ha un potenziale di investimento non sfruttato o delle capacità di restituzione del capitale proprio esuberante.

È ovvio che i termini numerici del problema sopra indicati sono significativi ma non corretti in senso assoluto. L'indicatore permette di impostare un ragionamento preciso e convincente. Se è basso, l'analista deve scoprire, sulla base di altri indicatori, se è la redditività operativa che è bassa o se è la gestione finanziaria che è appesantita.

Lo schema di analisi del problema è il seguente:

$$EBIT/OF = [(EBIT/V \cdot V/D)/(OF/D)] \qquad (5.5)$$

Tale schema mette in relazione l'indice di tensione finanziaria con il ROS – $[(EBIT/V) - ROS]$ – , cioè con un indicatore di indebitamento rapportato alle vendite e con il costo medio del debito stesso.

Molti analisti finanziari analizzano il punto qui indicato con l'indicatore (OF/V), creando così un terminie di raffronto ideale .

In realtà questa soluzione è un cattivo sostituto essendo tale indicatore meno efficiente per due motivi. Anzitutto, l'indicatore (OF/V) trascura il fatto che le imprese hanno dei margini operativi molto variabili e quindi lo stesso livello di (OF/V) può risultare, a seconda dei casi, accettabile o assolutamente eccessivo. Le imprese di successo hanno un ritorno sulle vendite (ROS) che può benissimo andare dal 25%, nei casi migliori, al 2%. Un valore di (OF/V) del 5% può risultare dunque assolutamente accettabile nel primo caso ma certamente insoddisfacente nel secondo. È vero che l'analisi può essere precisata confrontando il ROS con (OF/V), ma l'indicatore $(EBIT/OF)$ permette appunto il medesimo raffronto in modalità sintetica, tenendo correttamente conto dei margini operativi prodotti.

L'indicatore $(EBIT/OF)$ è significativo per se stesso e non richiede confronti immediati con altri indicatori per risultare interpretabile.

L'analisi può avvalersi anche dell'indicatore $(EBITDA/OF)$.

La differenza è che l' EBITDA (o Margine Operativo Lordo - MOL) è lordo di ammortamenti e quindi mira a misurare l'autofinanziamento in modo compiuto.

È opportuno misurare la tensione finanziaria con EBIT se il *cash flow* implicito nell'ammortamento deve essere indirizzato nei ripristini e rinnovi del capitale fisso. Se invece le ricorrenti esigenze di impiego finanziario nel capitale fisso sono modeste, come accade in alcuni settore, allora è preferibile misurare la tensione finanziaria in termini di EBITDA.

5.4.6 Il valore economico dell'attivo e delle passività

Secondo questo punto di vista, l'equilibrio finanziario è effettivo quando l'attivo ha un valore superiore al valore del debito complessivo.

Questo *test* corrisponde alla valutazione, a prezzi di mercato, del capitale economico, ossia del valore corrente del netto patrimoniale. Se, a valori correnti, l'impresa mostra un netto patrimoniale positivo, si dirà, secondo questo punto di vista, che è in equilibrio finanziario. Questo modo di vedere la gestione finanziaria deriva dal fatto che si può legittimamente presupporre che il rimborso dei debiti possa avere origine sulla base dei valori dell'attivo.

Questo punto di vista è legittimo ma non è l'unico possibile. I debiti infatti possono essere rimborsati sulla base di un mix basato su tre strategie mediante: smobilizzo di poste dell'attivo; i flussi finanziari in entrata originati dalla gestione corrente; l'accensione di nuovi prestiti che sostituiscono quelli giunti a scadenza.

Se l'analista ritiene che il rimborso si realizzi sulla base della strategia a), allora utilizzerà il criterio di valutazione esaminato in questo paragrafo. In realtà, come ben conosce ogni operatore economico, i prestiti sono rimborsati con modalità più varie nell'ambito delle tre possibilità sopra descritte, oltre che con capitali versati dai soci.

Il criterio patrimoniale (smobilizzo dell'attivo) corrisponde, a ben vedere, all'ottica patrimoniale di una banca miope, che finanzia osservando il ruolo di garanzia dell'attivo. L'equilibrio patrimoniale, come caso specifico dell'equilibrio finanziario, ha una sua importanza e una sua legittimità professionale, ma non esaurisce di certo il problema complessivo dell'equilibrio finanziario. Se si usa molto debito e se non si è in grado di mostrare l'evoluzione successiva dei propri flussi di cassa, allora diventa inevitabile rapportarsi con la banca sulla base dei valori dell'attivo. Per determinati settori, per gli investitori in immobili in particolare, questo *test* è molto importante. Il criterio patrimoniale non dà indicazioni sui flussi economici, ossia non distingue situazioni in cui l'equilibrio patrimoniale esiste ma vi è un assorbimento di risorse finanziarie e situazioni in cui vi è produzione di cassa. È chiaro che ciò è particolarmente insoddisfacente. Ragionare solo sulla base dell'equilibrio patrimoniale non consente di ragionare in modo articolato e in modo da ottimizzare la finanza, ma permette solo di effettuare un *test* preliminare.

L'utilizzo della logica patrimoniale appena discussa è poi messo in seria difficoltà dalle modalità di sviluppo delle imprese più aggressive e dinamiche. Le imprese impegnate nei settori più moderni e più tecnologici, infatti, investono in modo massiccio in beni immateriali (in pubblicità, nel proprio marchio, nello sviluppo di brevetti in particolare). Frequentemente questi investimenti non hanno evidenza contabile in quanto vengono, anche per convenienza fiscale, spesati nell'esercizio. L'analista dovrebbe riprenderli in sede di normalizzazione e riclassificazione. È chiaro che una valutazione patrimoniale di tale beni risulta particolarmente penalizzante e tali imprese finiscono per risultare in pratica non bancabili, almeno secondo questo criterio. È pur vero che le imprese tecnologiche sono candidate ideali per interventi in capitale di rischio, ma è esperienza comune che tali imprese sono pure ottimi clienti per finanziatori tradizionali.

Diversi analisti suggeriscono strumenti per tenere in corretta considerazione gli investimenti immateriali ed il criterio appena discusso finisce invece per penalizzare le imprese più dinamiche, verso le quali conviene invece sbilanciare il portafoglio prestiti della banca. In conclusione, la verifica della superiorità del valore dell'attivo complessivo rispetto al valore del debito è ancora (purtroppo) molto utilizzata. Questo *test* di equilibrio finanziario in chiave patrimoniale è tuttavia sempre meno in grado di fornire valutazioni corrette per i motivi sopra illustrati.

5.4.7 La relazione tra flusso netto di cassa complessivo e sviluppo aziendale

Se il criterio precedentemente illustrato corrisponde alla logica tradizionale del finanziatore per giudicare l'equilibrio della propria clientela, la verifica invece della produzione di flussi di cassa coerenti con il proprio percorso di sviluppo corrisponde ad una logica più recente di chi finanzia appunto osservando il *cash flow*. È ovvio che tale criterio di giudizio è essenziale per seguire, da parte degli interessati, l'azienda dinamica, in sviluppo, i progetti imprenditoriali aggressivi. Sotto il profilo metodologico, le procedure di lavoro si fanno però più complesse.

Occorre in primo luogo essere in grado di:
— calcolare con precisione il flusso di cassa complessivo;
— dimostrare il relativo grado di probabilità del manifestarsi di tali flussi;
— articolarne una pianificazione nel tempo.

Per il primo problema, il calcolo del flusso di cassa complessivo, occorre essere metodologicamente preparati per distinguere tra flusso di circolante della gestione corrente e flusso di cassa della gestione corrente, che tiene conto delle evoluzioni del capitale circolante. Occorre poi governare il piano degli investimenti che definisce la dinamica, appunto, del flusso di cassa complessivo relativo a tutta la gestione operativa.

Per il secondo problema, dimostrare il relativo grado di realizzabilità delle previsione, occorre essere in grado di agganciare alle proiezioni finanziarie una complessiva 'visione' dell'evoluzione della formula imprenditoriale e del posizionamento di mercato.

È evidente come l'approccio all'equilibrio finanziario delineato possa essere tradotto solo nel linguaggio dei preventivi finanziari. Sulla base di essi, il direttore finanziario programma una politica di ricorso al mercato dei capitali che sia in grado di accompagnare in modo ottimale il programma di sviluppo. Si tratta dunque di un equilibrio finanziario dinamico, visto nella sua proiezione temporale, che richiede l'attenzione di diverse competenze. Fra l'altro, i preventivi finanziari devono essere interpretati non tanto come preventivi in senso letterale, essendo invece delle stime sulle traiettorie impresse alla gestione finanziaria dalle caratteristiche attuali della formula competitiva, e non devono essere intesi come meri esercizi di calcolo, ma utilizzati per verificare la fattibilità finanziaria del piano strategico.

Frequentemente, ed assai frequentemente in passato, l'equilibrio dinamico che raccorda il ritmo di sviluppo dell'impresa con i flussi di finanziamento viene interpretato in senso restrittivo. La posizione di equilibrio viene ricercata nel massimo tasso di sviluppo che può essere sorretto in una logica di mantenimento dell'assoluto controllo dei diritti di comando. Si tratta, dunque, di trovare un percorso di crescita 'autofinanziata', in grado di mantenere contenuto il proprio tasso di crescita in conseguenza della volontà di non forzare lo sviluppo con manovre sul capitale proprio.

Ma un disequilibrio di tale traiettoria di sviluppo 'autofinanziata' si ripercuote spesso in un livello eccessivo del debito. Per concludere è utile chiarire in quali casi, adottando questa logica, si definisce una situazione di disequilibrio finanziario. Ciò accade quando il flusso di cassa prodotto dall'impresa è insufficiente per sostenerne lo sviluppo, il che si realizza quando il flusso di cassa è insufficiente per finanziare direttamente i nuovi investimenti in capitale fisso e circolante e, simultaneamente, quando è insufficiente per assicurare la corretta remunerazione ai finanziatori.

Nella logica della crescita 'autofinanziata', l'impresa è in disequilibrio quando il fabbisogno è eccessivo rispetto alla sostenibilità dell'attivo aziendale e del patrimonio personale dell'imprenditore e sopravanza il ritmo di accumulazione dell'autofinanziamento.

5.4.8 La struttura finanziaria che massimizza il valore societario

L'equilibrio finanziario si realizza, secondo questo punto di vista, in corrispondenza delle scelte finanziarie che sono in grado di massimizzare il valore dell'impresa o, secondo un punto di vista prettamente operativo, che riesca ad ottenere performance economiche superiori rispetto a quelle attese dal mercato dei capitali.

Come è noto, questo è un problema estensivamente analizzato dalla teoria della finanza aziendale: esiste un teorema fondamentale in tale disciplina, dovuto a Modigliani e Miller, che assicura che il valore dell'impresa è invariante rispetto alle scelte di struttura del passivo, subordinatamente all'esistenza di condizioni di perfezione del mercato. Siccome il mercato è imperfetto sotto diversi punti di vista, si definisce in effetti un punto di ottimo in corrispondenza del quale il valore dell'impresa è massimo, essenzialmente in considerazione dell'effetto parafiscale del debito, dei costi di agenzia e di controllo sull'impresa, oltre che dei costi indotti dal fallimento. Trovare tale punto di ottimo è compito del direttore finanziario, che ricerca una politica finanziaria indicativamente ottimale per l'accrescimento del valore. Il direttore finanziario deve trovare le corrette modalità di rapportarsi con i fornitori di capitale di rischio e di debito al fine di mantenere relativamente contenuto il costo del capitale; ciò corrisponde alla massimizzazione del valore dell'impresa.

Esistono alcuni schemi di lavoro professionale per assistere le imprese a giungere a tale risultato: la gestione degli EVA, proposta da Stern Stewart Co., è probabilmente la soluzione metodologica che ha avuto maggiore diffusione. L'approccio del valore richiede di sapere calcolare correttamente il costo del capitale e di attribuire il valore di competenza, creato nei singoli esercizi. Una gestione finanziaria finalizzata a preservare e perseguire il valore dell'impresa è già ora un campo di intervento prioritario per i consulenti specializzati in quest'area e lo sarà ancor di più in futuro. Questo punto di vista è molto importante perché consente di connettere il profilo finanziario alle ordinarie operazioni di gestione dell'azienda. Una decisione di qualsiasi natura è vantaggiosa se concorre ad innalzare il valore complessivo. Potendo valutare la ricaduta sul valore creato nel periodo, si riesce ad improntare a precisi criteri finanziari tutta la gestione aziendale. Questo schema di analisi è di particolare rilievo per il finanziatore in capitale di rischio, mentre il finanziatore in capitale di debito ottiene vantaggi più modesti.

5.5   La finanza come area critica

È necessario chiedersi se una difficoltà finanziaria possa essere un elemento critico della vita di una impresa.

Nella letteratura aziendalistica si definisce *area critica* quel problema o quel gruppo di problemi dalla cui soluzione dipende in misura decisiva il successo o l'insuccesso dell'impresa.

Secondo il punto di vista più tradizionale l'eventuale manifestarsi di un elemento di criticità segue la sequenza:

problemi strategici -> problemi di mercato -> marginalità calante -> squilibri finanziari -> squilibri patrimoniali -> insolvenza

Il disequilibrio finanziario risulta essere la conseguenza, e non la causa, di qualche elemento di difficoltà di ordine più generale: la gestione finanziaria difficilmente risulta essere, di per sé, l'area critica dell'impresa. Questo punto di vista sorregge la visione della finanza come funzione secondaria, di solito strumentale al raggiungimento degli obiettivi dell'impresa. L'estrazione culturale ed i precedenti lavorativi del soggetto imprenditoriale, il più delle volte nel campo produttivo o commerciale, finiscono per rafforzare notevolmente tale visione.

Ammessa in termini generali la ragionevolezza di questa posizione, in qualche caso specifico l'area finanziaria può assumere il ruolo di area critica. È quindi possibile che le difficoltà finanziarie siano di vario tipo, originarie o derivate. Una buona sistemazione della questione riconduce le difficoltà finanziarie alle seguenti classi:

1. derivanti da squilibri più generali della formula finanziaria (l'area critica è 'a monte' e se ne vede gli effetti sulla performance finanziaria);

2. innestate su di una formula imprenditoriale di successo e che sono potenzialmente in grado di metterla rapidamente in difficoltà (l'area critica è proprio la finanza): si tratta di squilibri endogeni al profilo finanziario, non originati in altre aree;

3. squilibri e inadeguatezze della direzione finanziaria che possono rendere nel medio termine più difficile perseguire il pieno dispiegamento del potenziale della formula imprenditoriale, pur non rappresentando nel breve una rilevante area critica.

Al direttore finanziario è richiesto di identificare subito quali problemi finanziari l'impresa manifesti e in quale classe di problemi essi siano riconducibili. Con riferimento alla seconda classe (la finanza come vera area critica originaria), è possibile indicare una varietà di casi rilevanti [Coda 1976].

Le scelte finanziarie risultano una area critica nei seguenti casi:

— la variabilità del ROI è eccessiva rispetto al suo livello medio: in questo caso ogni soluzione di finanziamento è problematica ed occorre utilizzare in via assolutamente preponderante capitali propri;

— il grado di indebitamento è troppo elevato in rapporto alle caratteristiche del ROI ed al costo del capitale di credito;

— il saggio di ritenzione degli utili è troppo basso in rapporto alle esigenze di autofinanziamento e/o troppo alto in rapporto alle esigenze di remunerazione del capitale di rischio;

— il saggio di crescita del capitale investito è sproporzionato rispetto al saggio di autofinanziamento: ciò solitamente deriva da un fortissimo sviluppo del fatturato (*overtrading*) non messo a preventivo e non affrontato in modo idoneo nei risvolti finanziari;

— la performance dell'impresa è esposta in misura significativa agli effetti prodotti dalla variabilità dei cambi o dei tassi: ciò può accadere o perché l'impresa si trova per via naturale esposta a tali rischi o perché sono state aperte posizioni di speculazione sui mercati finanziari.

Si tratta di elementi di varia rilevanza e di varia natura che in linea di base possono essere facilmente messi a fuoco dal direttore finanziario sulla base dei criteri di giudizio precedentemente enunciati. Con riguardo alla terza classe, è rilevante sottolineare che la sottovalutazione della finanza al fine del riuscire a raggiungere il potenziale della business idea è un pericoloso elemento di debolezza. Esistono precisi elementi che giustificano il fatto che è progressivamente rilevante cogliere il nesso tra strategia dell'impresa e politiche finanziarie a essa funzionali.

5.6   Un sintetico percorso di analisi

Sulla base della discussione svolta, è possibile proporre alcune regole base che compongono l'ossatura di un efficiente percorso di analisi svolto dal direttore finanziario, dall'intermediario finanziario e dal consulente.

In primo luogo, il giudizio sull'equilibrio finanziario si deve sempre basare, in prima approssimazione, sul grado di tensione finanziaria. È quindi necessario monitorare nel tempo l'indicatore EBIT/OF o qualche altro indicatore succedaneo. L'impatto degli oneri finanziari sul conto economico è facile da precisare ed ha implicazioni molto rilevanti anche nel brevissimo termine. Se tale profilo non è ottimale è assolutamente inutile approfondire l'analisi con criteri più complessi. L'equilibrio finanziario giudicato nella relazione tra margini operativi e costo finanziari permette di chiarire subito tre quarti del giudizio complessivo sugli equilibri finanziari. L'equilibrio finanziario inteso come incidenza dei costi finanziari sui margini industriali può essere meglio approfondito ma l'indicatore EBIT/OF già presenta una valutazione significativa del problema.

In secondo luogo, ogni elemento di disequilibrio deve essere correttamente inquadrato sullo schema delle varie possibilità: squilibrio derivato; area critica; ostacolo al pieno dispiegamento del potenziale di successo. Per maturare questo giudizio è opportuno individuare gli indicatori di bilancio più significativi e verificarne l'andamento nel tempo.

Una volta ragionato sui due profili appena accennati, l'analista procede sulla base della propria cultura d'impresa, della propria conoscenza degli strumenti dell'analisi finanziaria e della possibilità di approfondire i vari problemi. I criteri di giudizio dell'equilibrio finanziario sono tutti significativi ma, quasi certamente, quelli che si dimostrano più pregnanti di implicazioni a favore dello sviluppo dell'impresa sono quelli della coerenza con la crescita e quello della massimizzazione del valore.

Occorre di conseguenza basarsi su congrue logiche di pianificazione finanziaria e su modelli efficaci di calcolo del flusso di cassa della gestione operativa.

Occorre poi verificare l'andamento della posizione finanziaria riguardo al percorso di crescita ed assicurarsi che siano attivabili le fonti di finanziamento coerenti con l'esigenza di percorrere il sentiero di crescita potenziale. La gestione finanziaria è congrua quando si ottiene una ottimizzazione dei valori societari. Ciò viene ottenuto tenendo in grande considerazione gli aspetti che legano la variabile finanziaria con la variabile fiscale; occorre individuare la struttura finanziaria che massimizza il valore dell'impresa al netto dei profili fiscali ordinari. In seconda battuta, occorre individuare la struttura finanziaria che massimizza il valore societario tenuto conto dell'imposizione sulle operazioni di finanza straordinaria e di distribuzione di *cash flow*. Tali operazioni vanno progettate con attenzione alle implicazioni sullo sviluppo e sul valore (acquisizioni, fusioni, scorpori da un lato; acquisto di azioni proprie, distribuzione di dividendi, aumenti di capitale d'altro lato)

In sintesi, occorre concludere che presso le piccole e medie imprese non è certamente diffusa l'adozione di sistemi di programmazione e controllo finanziario e, ancor meno, l'adozione di procedure di controllo di tesoreria. La valutazione dei fabbisogni finanziari avviene spesso sulla base dell'esperienza o sulla base di criteri empirici piuttosto grossolani. La natura del problema è invece intrinsecamente complessa ed è sostanzialmente impossibile individuare in modo diretto ed intuitivo le conseguenze finanziarie di un piano di sviluppo aziendale.

È evidentissima l'esigenza di innalzare la razionalità della gestione finanziaria per valutare la compatibilità finanziaria dei programmi aziendali, da un lato, e per apprezzare le caratteristiche qualitative dei fabbisogni finanziari, in subordine. È vero che difficilmente la finanza è l'area critica che può impedire il successo dell'impresa e che quindi opportunamente l'imprenditore si concentra sulle aree critiche effettivamente rilevanti. È anche vero però che sempre più frequentemente la finanza diviene un fattore di accelerazione o di decelerazione delle traiettorie di sviluppo delle imprese. In questo senso, la finanza è quasi sempre l'area critica degli imprenditori ambiziosi.

Si può dunque immaginare che vi siano imprese in equilibrio finanziario secondo diversi criteri illustrati ma che trascurano la finanza o che la relegano in posizione eccessivamente defilata. Che la mentalità finanziaria (ossia il frequente riscontro dei piani d'azienda con i criteri dello sviluppo equilibrato del passivo e della creazione del valore) sia progressivamente indispensabile risulta da una serie di precise riflessioni.

Anzitutto, diversi *business* tendono recentemente a mostrare un ampio divario temporale tra momento dell'investimento e momento di *break-even* finanziario, con un incremento dei capitali necessari allo sviluppo; ciò richiede di rapportarsi con i finanziatori con i criteri di lavoro più appropriati. In secondo luogo, in diversi settori si rileva la convenienza dell'incremento delle dimensioni aziendali e del posizionamento in più mercati geografici. Infine, diverse imprese costruiscono il proprio sentiero di successo sulla base della crescita per acquisizioni.

Tutti questi elementi conducono verso l'esigenza del controllo dell'equilibrio finanziario nei termini della creazione di valore e della congruenza del sentiero di sviluppo con le risorse finanziarie disponibili. Queste tendenze hanno dunque un effetto importante sul concetto stesso di equilibrio finanziario che risulta più utile.

L'equilibrio finanziario non è più solo connesso al livello della leva finanziaria (con le connesse esigenze di gestione del capitale netto dell'impresa e del patrimonio personale dell'imprenditore) ed alla composizione delle fonti di finanziamento esterno, ma mette in gioco anche la stessa politica del capitale proprio. Le imprese dinamiche ed ambiziose sono sorrette da imprenditori che non considerano più le risorse personali come limite naturale alle dimensioni dell'impresa, ma sono sorrette da una funzione finanziaria che si assicura che il valore creato sia adeguato per la remunerazione dei vari finanziatori coinvolti, in capitale di debito e di rischio.

Risulta complessivamente riduttivo distinguere semplicemente le imprese tra quelle in equilibrio finanziario e quelle in disequilibrio finanziario. Al fine di ragionare nel modo più opportuno di equilibrio finanziario, occorre essere in grado di cogliere più precisamente i seguenti casi:

— imprese con elementi di crisi della gestione caratteristica che si riflettono sul profilo finanziario e patrimoniale;

— imprese con risultati medi che hanno necessità di controllo finanziario di routine;

— imprese di successo con qualche criticità di tipo finanziario;

— imprese di successo, ma non particolarmente ambiziose, gestite con disattenzione al profilo finanziario e senza rilevanti probabilità di ripercussione negativa di questo fatto;

— imprese ambiziose guidate sulla base di una attenta riflessione sul legame tra strategia e finanza.

5.7   Cause o conseguenze dei livelli di affidabilità

Si è proposta una messa a punto di due questioni metodologiche importanti: autofinanziamento e capitale circolante. Questi due punti, e alcuni elementi di contorno, sono importanti per rendere solida la sensibilità circa l'affidabilità di una impresa. Successivamente sono state proposte alcune linee di ragionamento che usualmente sono produttive e generative di giudizi fondati circa la situazione di una impresa.

Va ora precisato in quali termini le disfunzionalità della gestione finanziaria di una impresa sono causa o conseguenza di un abbassamento del livello di affidabilità. Il ragionamento ha evidentemente un rilievo nella fase in cui si richiede all'esperto di finanza di individuare le linee di intervento per superare un momento di difficoltà. Gli interventi sintomatici hanno un loro rilievo, nel breve periodo, ma gli interventi decisivi devono avvenire non sui sintomi ma sulle cause che, come si vede, spesso sono lontane dalle variabili manovrate dal direttore finanziario.

Il ragionamento qui abbozzato ha evidentemente un rilievo nella fase in cui l'esperto di finanza viene richiesto di individuare le linee di intervento per superare un momento di difficoltà. Gli interventi sintomatici hanno il loro rilievo, nel breve periodo, ma gli interventi decisivi devono avvenire non sui sintomi ma sulle cause che, come si vede, spesso sono lontane dalle variabili manovrate dal direttore finanziario.

Tabella 5.3: *Relazione tra problemi finanziari e problemi della gestione caratteristica.*

Equilibrio di tesoreria
un problema di tesoreria è sempre la conseguenza di un problema a monte; potrebbe trattarsi di una grave inidoneità della gestione finanziaria o di problemi di rilievo della gestione caratteristica
SINTOMO

Coerenza di struttura finanziaria
una composizione disfunzionale del passivo è indisponibilità di capitali relativi al soggetto economico; di regola dunque è motivo di abbassamento del livello di affidabilità
CAUSA

Evoluzione del capitale circolante
una evoluzione avversa del capitale circolante è sempre sintomo di problemi di ordine più generale e profondo
SINTOMO

Rendimento dell'attivo e costo delle risorse finanziarie
uno spread sfavorevole è sintomo di fenomeni radicati al di fuori della gestione finanziaria
SINTOMO

Livello di tensione finanziaria
una maggiore tensione finanziaria deriva solitamente da fenomeni radicati profondamente e non ha una precisa connessione con scelte finanziarie
SINTOMO

Relazione tra valore dell'attivo e valore del debito
una relazione inaccettabile tra valore dell'attivo e valore del debito consegue da scelte attinenti la gestione della leva finanziaria e dall'assunzione di un eccessivo livello di rischio finanziario
CAUSA

Relazione tra flusso di cassa e sviluppo
l'incapacità di finanziare correttamente lo sviluppo dell'impresa è una precisa responsabilità dell'area e finanziaria; una politica inidonea su questo fronte è causa di difficoltà
CAUSA

Relazione tra struttura finanziaria e valore dell'impresa
Una gestione finanziaria inidonea in questa direzione difficilmente produce uno scadimento del livello di affidabilità
CAUSA

Riferimenti bibliografici

V. Coda, *Aree critiche e rischio del finanziatore*, in Ricerche Economiche, 1, 1976.

C. Demattè, *Strategia e finanza: un legame sempre più stretto*, in Economia Management, n. 3, 1999

E. Pavarani, *L'equilibrio finanziario? Criteri e metodologie nella logica di Basilea 2*, Mc Graw Hill, 2006.

E. Pavarani - G. Tagliavini, *La pianificazione finanziaria*, Mc Graw Hill, 2006

Capitolo 6

Centrale dei rischi e merito di credito

di *Francesco Zen*

6.1 L'analisi andamentale degli affidamenti

L'analisi andamentale[1] è basata sull'osservazione del comportamento dell'impresa nel corso di un periodo di tempo. Ciò richiede la disponibilità di informazioni che consentano di cogliere con efficacia, tempestività e in via continuativa i contenuti correnti del suddetto comportamento. In questo senso, occorre definire a monte il significato di 'comportamento corrente d'impresa' in quanto esso può assumere configurazioni alquanto differenziate. È possibile distinguere infatti i comportamenti riguardanti le gestioni:

- dell'impresa;
- dei rapporti con il sistema bancario;
- dei rapporti con la singola banca affidante.

Nel primo caso, il comportamento fa riferimento alle modalità di gestione giorno per giorno dell'attività aziendale nel suo complesso, in particolare con riguardo al ciclo di acquisto, trasformazione e vendita, dello sviluppo di

---

[1]In questo capitolo si riassumono i contenuti delle disposizioni della Banca d'Italia in materia di Centrale dei Rischi (Circolare n. 139 dell'11 febbraio 1991, 14°, aggiornamento del 29 aprile 2011).

azioni tattiche e di eventuali modificazioni della strategia. Nel secondo caso, il comportamento esprime il rapporto complessivo con il sistema bancario in termini di modalità d'uso delle risorse finanziarie che gli intermediari decidono di concedere all'impresa. Nel terzo caso, il comportamento corrente rappresenta l'insieme delle operazioni che l'impresa sviluppa complessivamente nei confronti della singola banca affidante.

I tre aspetti suddetti, sebbene presentino forti connessioni, appaiono nettamente distinti con riferimento sia alle fonti informative che ai contenuti in senso stretto. La gestione dell'attività d'impresa può essere osservata quotidianamente solo attraverso un approccio da *insider*, caratteristica tuttavia che non connota il comportamento delle banche commerciali tradizionali. Peraltro, possono essere un utile supporto in questa direzione quelle informazioni esterne che offrono professionalmente indicazioni riguardo alla bontà dei crediti dell'impresa, agli insoluti, ai protesti o ancora alla presenza di elementi pregiudizievoli o al gravame di ipoteche sul patrimonio dell'impresa e degli imprenditori. Viceversa l'analisi del rapporto con la singola banca può essere direttamente effettuata dalla banca affidante attraverso tutte le evidenze contabili interne, oramai generalmente riassunte in programmi informatici di controllo del rischio di credito presenti in ogni banca. La gestione del rapporto con il sistema bancario nel suo complesso può invece essere osservata solo attraverso il supporto di strutture di *pooling* informativo che provvedono a sistematizzare in un quadro organico l'insieme delle posizioni che l'impresa assume nei confronti dell'intero gruppo di intermediari affidanti.

Nel sistema bancario italiano l'attività di raccolta delle informazioni è svolta a livello istituzionale dalla Centrale dei rischi. Il ruolo svolto da oltre cinquant'anni dalla Centrale della Banca d'Italia coinvolge sotto aspetti differenti il mercato del credito nel suo complesso in quanto si inserisce, sebbene con differente intensità, all'interno delle relazioni che si instaurano sia fra gli organi di vigilanza e gli intermediari finanziari sia fra gli intermediari finanziari stessi e la clientela affidata. Nel primo caso, la Centrale dei rischi esercita una funzione istituzionale di raccordo fra la Vigilanza e gli intermediari creditizi. Secondo quanto disposto dall'art. 53 T.U., la Banca d'Italia deve infatti emanare disposizioni che abbiano come oggetto il contenimento del rischio nelle sue diverse configurazioni. In questo senso, la presenza di un sistema di centralizzazione e di distribuzione dell'informativa sui rischi creditizi rappresenta un indispensabile strumento di sistema a tutela della stabilità del mercato e dei suoi operatori. Nel secondo caso, la Centrale dei rischi rappresenta un potente strumento informativo a disposizione degli intermediari creditizi che devono valutare l'affidabilità della propria clientela. Al riguardo, i dati prodotti dal sistema di centralizzazione dei rischi concorrono a definire, insieme agli altri elementi di natura fondamentale e andamentale, il patrimonio informativo necessario per sviluppare una corretta istruttoria di fido, formulare una decisione di finanziamento coerente con il profilo di rischio del cliente, monitorare il comportamento del cliente e l'evoluzione del suo profilo di rischiosità.

La rilevanza dei dati provenienti dalla Centrale dei rischi ai fini della gestione del credito da parte del singolo intermediario appare evidente con riferimento alla natura e alle caratteristiche delle informazioni prodotte. In particolare, tali informazioni presentano una forte efficacia sotto tre differenti aspetti:

- l'elevata fruibilità;

- la sistematicità;

- la prossimità temporale al cliente.

La *fruibilità* è collegata all'obbligo che gli intermediari hanno di partecipare al servizio di centralizzazione dei rischi. In questo senso, i doveri di vigilanza producono in realtà vantaggi significativi per l'intermediario segnalante in termini di disponibilità e di accessibilità continua nel tempo di una larga base informativa sulla clientela.

La *sistematicità* è dovuta alla natura di 'sistema' delle informazioni, vale a dire alla loro esaustività e alla loro completezza con riferimento ai rapporti creditizi intrattenuti dai clienti affidati con gli intermediari finanziari. Ciò significa che la lettura delle informazioni proposta dalla Centrale riconduce in uno schema di classificazione coerente e non parziale la globalità delle operazioni di credito che si sviluppano nel mercato con riferimento ad un singolo cliente.

La *prossimità temporale* al cliente è determinata dalla brevità dell'intervallo di tempo che intercorre fra l'accadimento di un fenomeno e la sua segnalazione. I dati provenienti dalla Centrale offrono in questo senso una visione andamentale del rapporto creditizio cioè di registrazione periodica e frequente dello sviluppo della relazione fra il cliente affidato e gli intermediari finanziari segnalanti. Questa caratteristica rappresenta peraltro un elemento distintivo dell'informativa di sistema in quanto le fonti informative sull'azienda di tipo fondamentale (dati macroeconomici, dati di settore, dati di bilancio) presentano un gap temporale piuttosto ampio tra l'evento, la rilevazione e la sua distribuzione informativa. Una riflessione approfondita sulle logiche di impiego dei dati della Centrale dei rischi a livello di valutazione del rischio di credito appare necessaria poi con riferimento a due aspetti distinti.

Da un lato, le caratteristiche delle informazioni di sistema generano ricadute significative sulla funzione di costo dell'intermediario. Il processo di riduzione del divario informativo fra creditore e debitore è infatti strettamente legato alle caratteristiche del processo produttivo e di trasformazione delle informazioni disponibili. È necessario pertanto procedere a un'attenta scelta di convenienza tra i benefici provenienti da una migliore conoscenza dell'affidato con i costi connessi con il miglioramento dell'informazione. In questo senso, la Centrale offrendo informazioni numerose, a basso costo e ripetute nel tempo costituisce un'ottima opportunità per l'intermediario per migliorare l'informazione.

Dall'altro lato, appare necessario definire con chiarezza il ruolo, i limiti e le modalità d'uso dell'informativa di sistema oltre al rapporto con le altre fonti di informazione. Ciò richiede quindi un progressivo affinamento dei processi di valutazione della clientela e un'opportuna differenziazione dei processi di acquisizione, trasformazione e impiego delle informazioni per segmenti di clientela: assumere decisioni di integrazione delle informazioni derivanti dalla Centrale e sostenere alti costi per aumentare l'informazione possono giustificarsi solo per quei segmenti di aziende che costituiscono, per l'intermediario, la clientela obiettivo, e che quindi presenta un elevato valore atteso.

6.2   La Centrale dei rischi

Il servizio di centralizzazione dei rischi creditizi è gestito dalla Banca d'Italia[2]. Si tratta di un sistema informativo sull'indebitamento della clientela in contropartita con le banche e gli intermediari vigilati dalla Banca d'Italia, il cui obiettivo è fornire agli intermediari che vi partecipano un'informativa utile e centralizzata, ancorché non esaustiva, per la valutazione del merito di credito della clientela e, in generale, per l'analisi e la gestione del rischio di credito.

L'obiettivo è di contribuire a migliorare la qualità degli impieghi degli intermediari vigilati e, in ultima analisi, ad accrescere la stabilità del sistema creditizio.

La logica alla base del servizio è rappresentata da uno scambio informativo *double way* ove gli intermediari comunicano alla Centrale informazioni sulla loro clientela e ricevono, con la medesima periodicità, informazioni sulla posizione debitoria verso il sistema creditizio della clientela medesima e dei soggetti ad essa collegati. Gli intermediari segnalanti ricevono, inoltre, informazioni aggregate riferite a categorie di clienti.

Gli intermediari possono inoltre interrogare la Centrale per chiedere informazioni su soggetti che essi non segnalano, a condizione che le richieste siano avanzate per finalità connesse con l'assunzione e la gestione del rischio di credito.

Deve rilevarsi, inoltre, che anche i soggetti segnalati nella anagrafe della Centrale dei rischi, cioè la clientela, possono conoscere le informazioni registrate a loro nome sia in termini globali, cioè nei confronti dell'intero sistema

---

[2]Il servizio di centralizzazione dei rischi creditizi è stato introdotto in Italia nel marzo del 1964. Attualmente è regolato dalla delibera del Comitato interministeriale per il credito e il risparmio (CICR) del 29 marzo 1994 (G.U. n. 91 del 20.04.1994) e dalle Istruzioni di Vigilanza (v. Banca d'Italia, Circolare n. 139 dell'11 febbraio 1991 - 14° aggiornamento del 29 aprile 2011).

finanziario, sia in termini parziali, cioè nei confronti del singolo istituto segnalante al quale hanno inoltrato la richiesta. La Banca d'Italia è inoltre tenuta, sempre su richiesta dell'interessato, a fornire il dettaglio delle segnalazioni di rischio prodotte dai singoli intermediari.

Al processo di centralizzazione dei rischi sono tenuti:

a le *banche* iscritte all'albo di cui all'art. 13 del Testo Unico (l'obbligo di partecipazione riguarda pertanto le banche italiane e le filiali di banche comunitarie ed extracomunitarie stabilite nel territorio nazionale[3];

b gli *intermediari finanziari* di cui all'art. 106 del T.U., iscritti nell'albo e/o nell'elenco speciale di cui agli articoli, rispettivamente 64 e 107 del medesimo T.U., i quali esercitano in via esclusiva o prevalente l'attività di finanziamento sotto qualsiasi froma[4];

c le *società per la cartolarizzazione dei crediti* (SPV) di cui alla legge n. 130 del 30 aprile 1999.

I criteri di individuazione degli intermediari partecipanti alla Centrale riguardano quindi profili di carattere soggettivo e oggettivo.

La struttura dello scambio di dati fra gli intermediari segnalanti e la Centrale è caratterizzata da specifici obblighi di comunicazione reciproca: da un lato, gli intermediari devono trasmettere le posizioni di rischio creditizio riferite ai soggetti affidati, alle forme di coobbligazione fra soggetti affidati (cointestazioni, società di fatto, società semplici, società in nome collettivo, società in accomandita semplice e società in accomandita per azioni, con riferimento ai soli soci accomandatari), ai soggetti collegati con rapporti di garanzia (coloro che offrono una garanzia personale all'intermediario segnalante, a copertura totale o è dell'affidamento accordato) e ai soggetti collegati da rapporti di cessione

---

[3]Le filiali estere di banche italiane segnalano solo le operazioni sviluppate nei confronti di soggetti residenti in Italia.

[4]Per *attività di finanziamento sotto qualsiasi forma* si intende la concessione di crediti ivi compresi il rilascio di garanzie sostitutive del credito e di impegni di firma. Tale attività ricomprende, tra l'altro, ogni tipo di finanziamento connesso con operazioni di: locazione finanziaria; acquisto crediti (factoring); credito al consumo, fatta eccezione per la forma tecnica della dilazione di pagamento; credito ipotecario; prestiti su pegno; rilascio di fideiussioni, avalli, aperture di credito documentarie, accettazioni, girate, nonché impegni a concedere credito. L'attività di finanziamento, comprensiva dei beni concessi in locazione finanziaria, si considera prevalente quando essa rappresenta oltre il 50 per cento degli elementi dell'attivo, inclusi gli impegni a erogare fondi e le garanzie rilasciate. Gli intermediari finanziari per i quali l'attività di credito al consumo rappresenta più del 50 per cento dell'attività di finanziamento sono esonerati dall'obbligo di partecipazione al servizio. Si ricorda, infine, che il D. Lgs. 13 agosto 2010, n. 141 ha ricondotto ad unità la figura dell'intermediario finanziario sottoponendolo indistintamente alla vigilanza della Banca d'Italia.

del credito[5]; dall'altro lato, la Centrale dei Rischi restituisce agli intermediari tre categorie di informazioni:

- il flusso di ritorno personalizzato;

- il flusso di ritorno statistico;

- le informazioni a richiesta le quali si distinguono in: servizio di prima informazione e servizio di informazione periodico.

Il *flusso di ritorno personalizzato* viene trasmesso a tutti gli intermediari segnalanti e riporta i dati anagrafici e la posizione globale di rischio[6] verso il sistema creditizio di ciascun cliente segnalato e dei soggetti ad esso legati in una delle forme di coobbligazione previste[7].

---

[5]La trasmissione suddetta deve essere effettuata mensilmente, il giorno 25 del mese successivo di rilevazione e riguarda l'intera esposizione nei confronti del singolo cliente se, alla data cui si riferisce la rilevazione, ricorre almeno una delle condizioni:

- la somma dell'accordato ovvero quello dell'utilizzato del totale dei crediti per cassa e di firma è di importo pari o superiore a 30mila/€;

- il valore delle garanzie ricevute complessivamente dall'intermediario è di importo pari o superiore a 30mila/€;

- il valore intrinseco delle operaizoni in derivati finanziari è pari o superiore a 30mila€;

- la posizione del cliente in sofferenza;

-l'importo delle operazioni effettuate per conto terzi è pari o superiore a 30mila/€;

- il valore nominale dei crediti acquisiti per operazioni di *factoring*, sconto di portafoglio *pro-soluto* e cessione di credito è pari o superiore a 30mila/€;

- sono stati passsati a perdita crediti in sofferenza di qualunque importo;

- il valore nominale dei crediti non in sofferenza ceduti a terzi dall'intermediario segnalante è pari o superiore a 30mila/€;

- sono stati ceduti a terzi dall'intermediario segnalante crediti in sofferenza di qualunque importo.

Ai fini del calcolo dei limiti di censimento gli intermediari - con riferimento al medesimo cliente - devono cumulare i rischi che fanno capo a tutte le filiali della rete nazionale ed estera.

[6]Per posizione globale di rischio deve intendersi l'esposizione complessiva di tutti gli intermediari segnalanti nei confronti del singolo affidato e dei collegati. Il flusso di ritorno evidenzia anche la posizione globale di rischio nei confronti degli intermediari finanziari e del gruppo creditizio di appartenenza dell'intermediario segnalante.

[7]Le coobbligazioni oggetto di rilevazione sono: le cointestazioni, le società di fatto, le società semplici, le società in nome collettivo e, limitatamente ai soci accomandatari, le società in accomandita semplice e per azioni. In tal modo è possibile collegare le posizioni di rischio che fanno capo a ciascuna coobbligazione a quelle di esclusiva pertinenza dei soggetti che ne fanno parte, consentendo un più ampio approfondimento del rischio che l'intermediario assume su una posizione in ragione non solo delle condizioni economiche di quest'ultima ma anche di quelle di soggetti terzi nei confronti dei quali essa evidenzia una qualche forma di impegno. Nel caso in cui il cliente segnalato sia una contestazione il flusso di ritorno fornisce anche la posizione globale di rischio delle altre cointestazioni di cui eventualmente facciano parte i sin-

Per ciascun nominativo segnalato, il flusso di ritorno contiene ulteriori informazioni ritenute utili per la valutazione e il controllo della rischiosità della clientela, concernenti, tra l'altro, l'ammontare degli sconfinamenti e dei margini disponibili calcolati per ciascuna categoria di rischio, il numero degli intermediari segnalanti e, in particolare, di quelli che segnalano il soggetto a sofferenza, il numero delle richieste di prima informazione pervenute negli ultimi sei mesi e motivate dall'avvio di un'istruttoria propedeutica all'instaurazione di un rapporto di natura creditizia.

Il flusso di ritorno statistico è trasmesso con cadenza mensile agli intermediari segnalanti e svolge una funzione di rappresentazione di sintesi della struttura del mercato creditizio. Esso contiene le distribuzioni statistiche elaborate sulla base delle segnalazioni di rischio trasmesse e articolate per: categorie di rischio, anagrafica dei clienti, attività economica, sede legale della clientela censita, caratteristiche degli enti segnalanti, classi di grandezza degli affidamenti. Inoltre, la Centrale trasmette a ciascun intermediario, con cadenza trimestrale, dati aggregati relativi alla propria clientela segnalata che possono essere utili per il calcolo dei tassi di decadimento dei finanziamenti per cassa. I dati sono articolati per attività economica, provincia della sede legale e classe di grandezza dell'affidamento. Infine, e come già indicato sopra, gli intermediari hanno facoltà di chiedere informazioni su soggetti che essi non segnalano, a condizione che le richieste siano avanzate per finalità connesse con l'assunzione e la gestione del rischio di credito e solo nei casi in cui concorrano a fornire utili elementi per la valutazione del merito di credito della clientela effettiva e potenziale.

In particolare, le richieste di informazioni possono riguardare:

- soggetti non ancora affidati, per i quali sia stato concretamente avviato un processo istruttorio propedeutico all'instaurazione di un rapporto di natura creditizia o comunque comportante l'assunzione di un rischio di credito (Servizio di prima informazione);

- soggetti già affidati, ma non segnalabili perché il rapporto di credito intrattenuto con l'intermediario è di importo inferiore ai vigenti limiti di censimento (Servizio di informazione periodico).

Dato il vincolo di riservatezza che assiste i dati della Centrale dei Rischi, agli intermediari è rimessa la responsabilità della valutazione dell'esistenza dei presupposti per l'accesso a tale tipo di informazione e l'obbligo di indicarne il motivo.

Tramite il Servizio di prima informazione, gli intermediari possono accedere alle informazioni di rischio relative alle ultime 24 ovvero 36 rilevazioni,

---

goli cointestari; mentre nell'ipotesi in cui sia segnalato quale garante o quale cedente crediti, il flusso di [8]ritorno fornisce i dati anagrafici e la posizione globale di rischio, rispettivamente, dei soggetti garantiti e dei soggetti ceduti.

avanzando richieste differenziate, in relazione al grado di dettaglio, in primo e secondo livello.

Le *richieste di primo livello* riguardano la posizione globale di rischio di un soggetto nei confronti di tutti gli intermediari, con specifica evidenza della posizione verso le banche e verso gli intermediari finanziari, e le informazioni anagrafiche dei soggetti coobbligati. Le *richieste di secondo livello* comprendono anche le posizioni di rischio coobbligate, le informazioni anagrafiche e la posizione globale di rischio dei soggetti garantiti e dei soggetti ceduti[9].

6.3 La classificazione dei rischi

L'obiettivo seguito dalla Vigilanza nella classificazione dei rischi è quello di utilizzare un approccio volto ad organizzare le operazioni creditizie sulla base del grado di rischio assunto dagli intermediari segnalanti. In particolare, le categorie di censimento utilizzate dalla Centrale dei Rischi permettono di classificare le operazioni secondo un criterio di rischiosità crescente, anche se l'adozione di questo criterio non solleva l'utilizzatore dell'informazione da una valutazione della rischiosità intrinseca di ogni operazione al di là del mero aspetto definitorio e classificatorio.

Lo schema di rilevazione prevede anzitutto il raggruppamento delle informazioni in cinque sezioni distinte:

a crediti per cassa;

b crediti di firma;

c garanzie ricevute;

d derivati finanziari;

e sezione informativa.

Ciascuna di esse risulta poi articolata al suo interno in specifiche categorie di censimento:

1. Crediti per cassa

    1.1 Rischi autoliquidanti

    1.2 Rischi a scadenza

    1.3 Rischi a revoca

    1.4 Finanziamenti a procedure concorsuali

---

[9]I *soggetti garantiti* sono coloro che beneficiano di una garanzia offerta dal soggetto per il quale si richiede il Servizio di prima informazione. I soggetti ceduti sono i debitori oggetto di cessione nell'ambito delle operazioni su crediti effettuate dal soggetto per il quale si richiede il Servizio di prima informazione.

1.5 Sofferenze

2. Crediti di firma

   2.1 Garanzie connesse con operazioni di natura commerciale

   2.2 Garanzie connesse con operazioni di natura finanziaria

3. Garanzie ricevute

4. Derivati finanziari

5. Sezione informativa

   5.1 Operazioni effettuate per conto di terzi

   5.2 Crediti per cassa: operazioni in 'pool' - azienda capofila

   5.3 Crediti per cassa: operazioni in 'pool' - altra azienda partecipante

   5.4 Crediti per cassa: operazioni in 'pool' - totale

   5.5 Crediti acquisiti da clientela diversa da intermediari - debitori ceduti

   5.6 Rischi autoliquidanti - crediti scaduti

   5.7 Sofferenze - crediti passati a perdita

   5.8 Crediti ceduti a terzi

I *rischi autoliquidanti* rappresentano le operazioni caratterizzate da una fonte di rimborso predeterminata. Si tratta di finanziamenti concessi per consentire alla clientela l'immediata disponibilità di crediti non ancora scaduti vantati nei confronti di terzi e per i quali l'intermediario segnalante ha il controllo sui flussi di cassa [10]. Di conseguenza, il rapporto coinvolge oltre all'intermediario e al cliente anche un terzo soggetto, debitore di quest'ultimo[11].

---

[10]Tale forma di controllo si realizza quando l'intermediario si rende cessionario del credito, ha un mandato irrevocabile all'incasso o i crediti sono domiciliati per il pagamento presso i propri sportelli.

[11]In particolare, devono essere segnalate le operazioni di: anticipo per operazioni di factoring; anticipo salvo buon fine; anticipo su fatture; altri anticipi su effetti e documenti rappresentativi di crediti commerciali; sconto di portafoglio commerciale e finanziario indiretto; anticipo all'esportazione; finanziamento a fronte di cessioni di credito effettuate ai sensi dell'art. 1260 c.c.; prestiti contro cessione di stipendio; operazioni di acquisto di crediti a titolo definitivo; prefinanziamenti di mutuo, anche se concessi dallo stesso intermediario che ha deliberato l'operazione di mutuo.

I *rischi a scadenza* comprendono le operazioni di finanziamento con scadenza fissata contrattualmente e prive di una fonte di rimborso predeterminata[12]. I *rischi a revoca* comprendono le aperture di credito in conto corrente concesse per elasticità di cassa - con o senza una scadenza prefissata - per le quali l'intermediario si sia riservato la facoltà di recedere indipendentemente dall'esistenza di una giusta causa. In essa vi rientrano anche i crediti scaduti e impagati derivanti da operazioni riconducibili tra i *rischi autoliquidanti*. I *finanziamenti a procedura concorsuale* e *altri finanziamenti particolari* comprendono i crediti assistiti da una specifica causa di prelazione, concessi a organi di procedura concorsuale. Tale evidenza consente di distinguere questi affidamenti da quelli in essere antecedentemente all'instaurarsi della procedura, i quali devono figurare tra le sofferenze[13]. Le *sofferenze* rappresentano l'intera esposizione per cassa nei confronti di soggetti in stato di insolvenza, anche se non accertato giudizialmente, o in situazioni sostanzialmente equiparabili, indipendentemente dalle eventuali previsioni di perdita formulate dalla banca. Si prescinde, pertanto, dall'esistenza di eventuali garanzie (reali o personali) poste a presidio dei crediti. Sono escluse le posizioni la cui situazione di anomalia sia riconducibile a profili attinenti al rischio-paese. È importante sottolineare che l'appostazione a sofferenza implica una valutazione da parte della banca della complessiva situazione finanziaria del cliente e non può scaturire automaticamente da un mero ritardo nel pagamento del debito. A questa tipologia di crediti vanno ricondotti anche i crediti ristrutturati vantati nei confronti di clientela a sofferenza. Indipendentemente dalle modalità di contabilizzazione adottate dagli intermediari, i crediti in sofferenza devono essere segnalati per un ammontare pari agli importi erogati inizialmente, al netto di eventuali rimborsi e al lordo delle svalutazioni e dei passaggi a perdita eventualmente effettuati; detto ammontare è comprensivo del capitale, degli interessi contabilizzati e delle spese sostenute per il recupero del credito[14]. Gli

---

[12]Nell'ambito di tale categoria, le principali operazioni che devono essere segnalate sono: anticipazioni attive; anticipi su crediti futuri connessi con operazioni di factoring; aperture di credito in c/c dalle quali l'intermediario può recedere prima della scadenza solo per giusta causa; leasing; mutui; sconto di portafoglio finanziario diretto; prestiti personali; prestiti subordinati, solo se stipulati sotto forma di contratto di finanziamento; pronti contro termine e riporti attivi; altre sovvenzioni attive.

[13]Devono inoltre essere convenzionalmente segnalati anche taluni affidamenti, concessi a soggetti in stato di insolvenza, per i quali sia stata specificamente consentita la segnalazione tra gli 'impieghi vivi'. Essi riguardano, in particolare, i crediti concessi a enti pubblici locali in stato di dissesto finanziario, qualora i crediti stessi attengano a una gestione distinta da quella soggetta a commissariamento.

[14]La segnalazione di una posizione di rischio tra le sofferenze non è più dovuta quando: viene a cessare lo stato di insolvenza o la situazione ad esso equiparabile; il credito viene rimborsato dal debitore o da terzi, anche a seguito di accordo transattivo liberatorio, di concordato preventivo o di concordato fallimentare; rimborsi

intermediari devono informare per iscritto il cliente e gli eventuali coobbligati (garanti, soci illimitatamente responsabili) la prima volta che lo segnalano a sofferenza.

I *crediti di firma* comprendono le accettazioni, gli impegni di pagamento, i crediti documentari, gli avalli, le fideiussioni e le altre garanzie rilasciate dagli intermediari, con le quali essi si impegnano a far fronte ad eventuali inadempimenti di obbligazioni assunte dalla clientela nei confronti di terzi. I crediti di firma sono ripartiti in due categorie a seconda che le garanzie assistano operazioni di natura commerciale o di natura finanziaria. Ove non risulti possibile operare la distinzione, il credito va attribuito per intero alla tipologia di operazioni alla cui copertura, secondo le valutazioni dell'intermediario, risulti in prevalenza destinata la garanzia.

Tra le garanzie connesse con operazioni di natura finanziaria, le fattispecie più frequenti riguardano le garanzie che assistono finanziamenti concessi al cliente da altri intermediari segnalanti e le garanzie derivanti da operazioni di cessione di credito *pro solvendo*. Non sono oggetto di segnalazione le garanzie rilasciate a fronte della precostituzione dei fondi da parte del garantito. Qualora la garanzia venga escussa con esito positivo, il credito di firma si trasforma immediatamente in un credito per cassa e Dovrà essere segnalato nella categoria di riferimento.

Le *garanzie ricevute* comprendono sia le garanzie reali sia quelle personali rilasciate agli intermediari allo scopo di rafforzare l'aspettativa di adempimento delle obbligazioni assunte dalla clientela. In particolare, devono essere segnalate le garanzie reali esterne, cioè le garanzie reali rilasciate da soggetti diversi dall'affidato (ad es. terzo datore di ipoteca); le garanzie personali di 'prima istanza' (le garanzie personali di 'seconda istanza' sono condizionate all'accertamento dell'inadempimento del debitore principale e degli eventuali garanti di prima istanza)[15].

---

parziali del credito comportano una corrispondente riduzione dell'importo segnalato; il credito viene ceduto a terzi; i competenti organi aziendali, con specifica delibera hanno preso definitivamente atto della irrecuperabilità dell'intero credito oppure rinunciato ad avviare o proseguire gli atti di recupero.

[15]Vanno segnalati inoltre: i contratti autonomi di garanzia; gli impegni assunti da consorzi o cooperative di garanzia nei confronti degli intermediari convenzionati a fronte dei finanziamenti concessi da questi ultimi alle imprese consorziate; le posizioni di pertinenza degli accollati, nei casi in cui il contratto di accollo di mutuo non preveda la loro contestuale liberazione; i patti di riacquisto stipulati nell'ambito di operazioni di locazione finanziaria qualora abbiano contenuto fideiussorio, cioè prevedano l'assunzione da parte del fornitore del bene locato del rischio di inadempimento dell'utilizzatore, indipendentemente dalla riconsegna e dalla stessa esistenza del bene locato.

La segnalazione deve essere effettuata a nome del soggetto che ha prestato la garanzia. In caso di inadempimento del soggetto garantito e di infruttuosa escussione

I *derivati finanziari* comprendono i contratti derivati negoziati sui mercati over the counter (c.d. OTC, ad es. *swaps, fra*, opzioni). In particolare, deve essere segnalato il differenziale positivo dell'operazione, cioè il credito vantato dall'intermediario nei confronti della controparte alla data di riferimento della segnalazione, al netto degli eventuali accordi di compensazione contrattuali stipulati tra le parti. Nei casi di contratti di opzione la segnalazione deve essere prodotta dall'intermediario acquirente dell'opzione (c.d. *holder*) a nome del venditore dell'opzione (c.d. *writer*)[16].

La *sezione informativa* rileva informazioni aggiuntive su operazioni oggetto di segnalazione nelle categorie viste precedentemente ovvero informazioni su particolari operazioni creditizie. Tra esse, particolare interesse assumono le informazioni riguardanti le operazioni effettuate per conto terzi: si tratta di finanziamenti erogati dall'intermediario su fondi pubblici la cui gestione è caratterizzata dalla circostanza che l'organo che delibera l'affidamento è esterno all'intermediario per cui quest'ultimo svolge un'attività di mero servizio (istruttorio, di erogazione, di riscossione e di riversamento per conto dell'ente interessato) dietro pagamento di una provvigione o di una commissione forfettaria. Qualora però l'intermediario assuma un rischio, totale o parziale, nello svolgimento di questo servizio, esso deve essere segnalato tra i crediti di firma nell'ambito della categoria garanzie connesse con operazioni di natura finanziaria[17].

---

della garanzia che assiste il finanziamento, la segnalazione della garanzia ricevuta deve comunque permanere in questa categoria di censimento fino a che esiste il rapporto garantito. Dovrà comunque essere segnalato l'esito negativo del processo di escussione. Nell'ipotesi in cui il rapporto garantito viene ad estinguersi ma l'intermediario vanti ancora un credito verso il garante, quest'ultimo dovrà essere segnalato tra i crediti per cassa. Le garanzie ricevute non devono essere più segnalate quando si estingue l'obbligazione del garante; la loro segnalazione cessa, inoltre, quando viene meno il rapporto garantito.

[16]Sono esclusi dalla rilevazione, oltre ai contratti derivati negoziati sui mercati ufficiali, i contratti derivati su tassi di cambio di durata originaria non superiore a 14 giorni e i derivati interni. Le garanzie rilasciate dall'intermediario alla Cassa Compensazione e Garanzia per il regolamento giornaliero delle operazioni negoziate sui mercati ufficiali non sono oggetto di rilevazione tra i crediti di firma. In caso di inadempimento del/i contraente/i all'obbligo di versamento dei margini (o di liquidazione delle posizioni) alla Cassa, l'intermediario che ha effettuato il regolamento giornaliero (o la liquidazione delle posizioni) deve segnalare il credito vantato tra i rischi a revoca. Diversamente, nelle operazioni negoziate sui mercati OTC, la segnalazione delle garanzie rilasciate dall'intermediario in favore del/i contraenti segue i criteri generali previsti per i crediti di firma.

[17]Confluiscono in questa categoria anche i finanziamenti erogati a valere su fondi di terzi in amministrazione per la quota non comportante l'assunzione di rischio da parte dell'intermediario segnalante.

Dopo aver rilevato le operazioni in ordine di rischiosità crescente è necessario attribuirvi il valore. Tale valorizzazione è effettuata attraverso due categorie di indicatori dedicati:

1. le *classi di dati* che hanno natura quantitativa;

2. le *variabili di classificazione* che hanno natura qualitativa e che svolgono una funzione descrittiva del rapporto creditizio.

6.3.1   Le classi di dati

I dati quantitativi sui fidi concessi a ciascun cliente che ogni intermediario è tenuto a segnalare sono:

- accordato;

- accordato operativo;

- utilizzato;

- saldo medio;

- valore della garanzia;

- importo garantito;

- valore intrinseco;

- altri importi.

Di norma è vietato operare compensazioni tra conti debitori e conti creditori per cui le segnalazioni si riferiscono esclusivamente ai debiti della clientela nei confronti degli intermediari.

Il *fido accordato* rappresenta il credito che gli organi competenti dell'intermediario segnalante hanno deciso di concedere al cliente, cioè il limite complessivo che la banca, dopo aver effettuato una valutazione dei rischi, è disposta a riconoscere. Condizione necessaria per la segnalazione è che l'affidamento tragga origine da una richiesta del cliente ovvero dall'adesione del medesimo a una proposta dell'intermediario. Il *fido accordato operativo* si differenzia dal precedente perché rappresenta l'ammontare utilizzabile dal cliente in base a un effettivo contratto, perfetto ed efficace, predisposto dalle parti.

Le due definizioni sono alquanto differenti e permettono di valorizzare con precisione due aspetti distinti e sequenziali dell'istruttoria dell'intermediario. L'accordato si riferisce a un concetto soggettivo che rappresenta l'*output* del processo di valutazione del merito creditizio del cliente in quanto esprime l'ammontare che l'intermediario è disposto potenzialmente a rischiare. L'accordato operativo fa invece riferimento a un concetto oggettivo, vale a dire all'importo effettivamente stabilito a livello contrattuale che rappresenta la somma che l'intermediario effettivamente rischia nei confronti del cliente.

La distinzione, efficace sotto il profilo concettuale, può prestarsi a parti-colari difficoltà a livello applicativo. In sostanza, infatti, appare difficile poter separare con sufficiente precisione la fase 'soggettiva' da quella 'contrattuale' in quanto la prima può essere facilmente alterata a livello di 'dichiarazione di intenti' e solo la seconda ha un riferimento sostanziale.

Entrambe le classi di dati devono essere valorizzate per i crediti per cassa e di firma e per le operazioni in *pool* rilevate nella sezione informativa.

Il dato relativo al fido utilizzato mette in luce il saldo contabile di fine mese, rettificato delle partite in sospeso o viaggianti ovunque contabilizzate e delle quali sia possibile individuare, entro i termini della segnalazione, il conto di destinazione finale. Questo valore nei crediti per cassa e nelle operazioni in pool rappresenta l'ammontare del credito erogato al cliente alla data di riferimento della segnalazione, mentre relativamente ai crediti di firma si tratta dell'ammontare delle garanzie effettivamente prestate alla medesima data.

L'indicazione del *saldo medio* è prevista solo per le aperture di credito in conto corrente a scadenza e per i rischi a revoca. Esso corrisponde alla media aritmetica dei saldi contabili giornalieri rilevati nel mese cui si riferisce la segnalazione.

Il *valore della garanzia* riguarda la sola categoria delle garanzie ricevute e indica, nelle garanzie di natura personale, il limite dell'impegno assunto dal garante con il contratto di garanzia, mentre nelle garanzie di natura reale, il valore del bene dato in garanzia.

Con riferimento all'*importo garantito*, esso deve essere indicato per tutti i crediti per cassa, con esclusione dei finanziamenti a procedura concorsuale, e per le garanzie ricevute. Per questi due valori, l'obiettivo della Centrale dei rischi è di mettere in evidenza quale parte della linea di credito risulta essere effettivamente coperta e, per questo motivo, anche il criterio da utilizzare per effettuare le segnalazioni risente di tale finalità.

Nei crediti per cassa l'importo garantito è pari al minore fra l'utilizzato e il valore del bene oggetto della garanzia. Se il fido è assistito da privilegio, l'importo garantito non deve essere per convenzione valorizzato, stante la diffi-coltà di determinare, nella maggior parte dei casi, l'effettivo controvalore della garanzia. Nelle garanzie ricevute, l'importo garantito è pari al minore fra il va-lore della garanzia e l'importo utilizzato dal cliente garantito. Ciò significa che se un affidato ha un fido utilizzato pari a 3 milioni e una garanzia di importo pari a 8 milioni, l'importo garantito da segnalare alla Centrale dei rischi è pari a 3 milioni, mentre se la garanzia fosse pari a 2 milioni sarebbe quest'ultimo il valore da segnalare.

Nella definizione dell'importo garantito, la Vigilanza ha adottato criteri ben precisi che sono in linea con le finalità informative di queste due classi, enfatizzando l'importanza che i valori delle garanzie e degli importi garan-titi siano rispondenti agli andamenti di mercato (ad es. per i titoli) ovvero fortemente prudenziali (per le altre garanzie reali):

– in caso di iscrizione ipotecaria, va considerato il minore tra il valore del-
l'iscrizione stessa e quello di stima o perizia del bene ipotecato. Per le
ipoteche di grado successivo al primo, il valore di stima o perizia del bene
considerato deve essere considerato al netto delle preesistenti iscrizioni
ipotecarie;

– in caso di pegno su titoli e su altri beni, va considerato il valore di mercato
oppure di stima o perizia degli stessi a seconda che si tratti o meno di
beni che dispongano di una quotazione.

Nella classe di dati *valore intrinseco* deve essere indicato il valore intrinseco
positivo delle esposizioni in derivati finanziari in essere alla data di riferimento
della segnalazione.

Infine, nella classe *altri importi* si valorizzano le categorie della sezione
informativa con esclusione dei crediti per cassa originati da operazioni in pool.

6.3.2 Le variabili di classificazione

L'introduzione delle variabili di classificazione accanto alla classe di dati ha
la funzione di offrire ulteriori elementi di corretta descrizione dei rischi censiti.
Si tratta, infatti, di descrittori di tipo qualitativo rivolti a caratterizzare più
dettagliatamente la natura delle operazioni che confluiscono complessivamente
nelle categorie di censimento al di là della loro evidenza numerica. Questa scelta segue il percorso di evoluzione del mercato del credito che appare sempre più
caratterizzato da operazioni, forme contrattuali e relazioni articolate e complesse la cui evidenza risulta del tutto opportuna per un'adeguata valutazione
della posizione globale di rischio dei soggetti censiti.

Le variabili di classificazione sono suddivise nelle seguenti categorie:

— **localizzazione del credito**: ove si indica il comune italiano o lo stato
estero in cui è ubicato lo sportello presso il quale il cliente è appoggiato. La
designazione dello sportello referente deve essere effettuata a livello di Stato.
In particolare, va indicata una sola localizzazione per tutti i rapporti intrattenuti con il cliente da dipendenze situate nello stesso Stato[18]. Qualora il
cliente intrattenga rapporti con più sportelli situati in Stati diversi, la relativa
segnalazione deve essere effettuata distintamente per ciascun Stato. La funzione principale di questa variabile è soprattutto quella di alimentare il motore
informativo del flusso di ritorno statistico della Centrale dei Rischi così da

---

[18]Limitatamente alla categoria di censimento *rischi auto liquidanti – crediti scaduti*, questa variabile di classificazione indica l'area geografica di residenza del debitore
ceduto. Essa può assumere i valori: nord-ovest, nord-est, centro, sud, isole e non
residente.

poter effettuare aggregazioni di sintesi fra l'ammontare dei finanziamenti e la distribuzione territoriale.

— **durata originaria**: questa informazione introduce un parametro temporale in quanto permette di ripartire le operazioni creditizie sulla base della durata fissata dall'originario contratto di affidamento ovvero rideterminata per effetto di accordi intervenuti successivamente fra le parti. Essa può assumere i valori fino ad un anno, da oltre un anno a 5 anni, oltre cinque anni. Nel periodo antecedente il perfezionamento del contratto di finanziamento la variabile deve essere valorizzata sulla base delle indicazioni desumibili dalla delibera di affidamento mentre successivamente, essa è riferita alla previsione contrattuale.

— **durata residua**: ove si indica il lasso di tempo intercorrente fra la data della rilevazione e il termine contrattuale di scadenza del finanziamento. Essa può assumere i valori fino ad un anno, oltre un anno, non rilevante. I valori fino ad un anno e oltre un anno devono essere determinati con riferimento alla scadenza di ciascun finanziamento, prescindendo dall'eventuale esistenza di piani di ammortamento.

— **divisa**: euro e altre valute: per le operazioni in valuta diverse dall'euro il valore corrispondente a altre valute deve essere indicato anche se non sussiste rischio di cambio a carico del cliente. Le segnalazioni avvengono tutte in euro e gli importi in valuta estera sono convertiti sulla base del tasso di cambio a pronti alla data di riferimento della segnalazione: quindi, l'indicazione della divisa non è volta a quantificare il rischio dell'intermediario quanto, piuttosto, la natura.

— **import - export**: ove si indica la finalizzazione d ell'operazione all'attività di esportazione o di importazione di beni e servizi eventualmente svolta dal cliente.

— **tipo di attività**: consente di evidenziare alcune specifiche operazioni all'interno di alcune categorie. In particolare:

– nell'ambito dei rischi autoliquidanti, le cessioni di credito e lo sconto di portafoglio commerciale e finanziario indiretto *pro soluto* e *pro solvendo*, gli anticipi su crediti ceduti per attività di *factoring*, gli anticipi s.b.f., su fatture e altri anticipi su effetti e documenti;

– nella categoria di censimento rischi a scadenza, le operazioni di *leasing* finanziario, le operazioni di impiego a valere su provvista in valuta diversa dall'euro assistite da garanzia pubblica sul rischio di cambio, gli anticipi su crediti futuri, le operazioni di pronti contro termine e di riporto attivo, le aperture di credito in c/c e i prestiti subordinati;

– nella categoria di censimento derivati finanziari, le diverse tipologie di derivati finanziari negoziati sui mercati over the counter (*swaps*, *fra*, opzioni, altri contratti derivati);

– nella categoria crediti acquisiti da clientela diversa da intermediari - debitori ceduti, la natura e la tipologia dell'operazione sottostante: cessioni di credito e sconto di portafoglio commerciale e finanziario indiretto o factoring, pro soluto o pro solvendo;

– infine, nella categoria crediti ceduti a terzi, le operazioni di cessione di crediti a società di cartolarizzazione o ad altri soggetti, queste ultime distinte a seconda che siano *pro soluto* o *pro solvendo*.

— **censito collegato**: che consente la rilevazione di forme di collegamento, diverse dalle coobbligazioni, fra il cliente segnalato. In particolare, la sua valorizzazione è prevista per: le garanzie ricevute, ove deve essere indicato il codice Centrale dei Rischi (CR) del soggetto a favore del quale viene prestata la garanzia; i crediti acquisiti da clientela diversa da intermediari - debitori ceduti, ove deve essere indicato il codice CR del soggetto cedente; i crediti ceduti a terzi ove deve essere indicato il codice CR del soggetto cessionario.

— **stato del rapporto**: particolare rilevanza sulla situazione dei crediti concessi assume l'informazione riveniente dalla variabile stato del rapporto. Nell'ambito infatti delle prime tre categorie dei crediti per cassa (rischi auto liquidanti, rischi a scadenza, rischi a revoca) devono essere segnalate le posizioni a incaglio, le linee di credito ristrutturate e gli inadempimenti (crediti scaduti e/o sconfinanti in via continuativa da oltre 90/180 giorni) persistenti.

Quanto a questa segnalazione:

– l'informativa relativa all'incaglio, in quanto relativa all'intera posizione del cliente, deve essere indicata su tutte le linee di credito;

– l'informazione relativa alla ristrutturazione del credito e agli inadempimenti persistenti, anche se riferita a crediti vantati nei confronti di clientela a incaglio, deve essere rilevata sulle singole linee di credito interessate. In caso di ristrutturazione non liquiditoria dell'intera esposizione verso clientela a incaglio, non devono essere più qualificate a incaglio le singole linee di credito interessate;

– la qualifica di 'ristrutturato' permane sulle singole linee di credito interessate sino alla loro estinzione salvo che, trascorsi almeno due anni dalla data di stipula dell'accordo di ristrutturazione, l'intermediario attesti, con motivata delibera dei competenti organi aziendali, il rientro *in bonis* del cliente ovvero l'avvenuto recupero delle condizioni di piena solvibilità e la mancanza di inadempimenti su tutte le linee di credito (ristrutturate e non). Al verificarsi della prima inadempienza sulla linea di credito ristrutturata, l'intermediario è tenuto a classificare l'intera posizione del cliente fra le sofferenze o gli incagli a seconda delle valutazioni sulle condizioni di solvibilità del debitore.

– per la la categoria di censimento garanzie ricevute, lo stato del rapporto indica l'eventuale infruttuosa attivazione della garanzia. In particolare, la garanzia è da ritenersi attivata con esito negativo una volta decorso il termine che, per contratto o secondo gli usi negoziali, l'intermediario riconosce al garante per far fronte agli impegni assunti. In tutti gli altri casi, la variabile assume il valore di garanzia non attivata.

– per la categoria crediti acquisiti da clientela diversa da intermediari - debitori ceduti e rischi auto liquidanti - crediti scaduti, la variabile distingue, rispettivamente, i crediti scaduti da quelli non ancora scaduti e quelli scaduti e pagati dai crediti scaduti e impagati. Un credito è da considerarsi scaduto quando è trascorso il termine previsto contrattualmente per il pagamento ovvero il termine più favorevole riconosciuto al debitore dell'intermediario.

— **tipo garanzia**: fornisce indicazioni in ordine alla tipologia di garanzie censite dalla Centrale. In particolare: con riferimento ai crediti per cassa, se gli stessi sono assistiti da garanzie reali che insistono su beni dell'affidato (garanzie interne) o di terzi (garanzie esterne), specificandone il tipo. Essa deve essere valorizzata anche nel caso in cui il credito garantito presenti un utilizzato pari a zero. Nel caso di crediti deliberati come garantiti e per i quali le garanzie vengono acquisite e perfezionate successivamente, fattispecie che accade assai di frequente, la variabile deve essere valorizzata solo a partire dal momento in cui le garanzie sono acquisite e perfezionate; nella categoria di censimento garanzie ricevute, le garanzie reali esterne, le garanzie personali di prima e di seconda istanza.

— **fenomeno correlato**: infine la variabile di classificazione fenomeno correlato deve essere valorizzata in presenza di operazioni di cessione di crediti a terzi da parte dell'intermediario segnalante. Essa fornisce indicazioni sulla natura dei crediti ceduti (crediti in sofferenza e non).

6.4   Rischio di credito e Centrale dei rischi

La rilevante base informativa offerta dai flussi di ritorno della Centrale dei rischi deve stimolare all'interno della singola banca un'attenta valutazione sulle sue modalità di utilizzo, coniugandole soprattutto con parametri di efficacia e di produttività. Nel primo caso, il servizio di centralizzazione delle informazioni sui rischi consente alla banca di accedere continuamente nel tempo a dati completi, sistematici e temporalmente prossimi all'evoluzione della vita aziendale dell'affidato. Nel secondo caso, il servizio di centralizzazione dei rischi rappresenta un onere per l'intermediario sotto il profilo delle risorse umane e dei sistemi informativi specificamente dedicati. Nasce così l'esigenza di produrre ritorni tangibili dall'investimento in termini di crescita del know-how di valutazione creditizia e, in senso lato, di miglioramento della qualità del portafoglio prestiti.

Le aree funzionali, organizzative e di competenza della banca potenzialmente interessate all'utilizzo della risorsa informativa generata dalla Centrale dei rischi sono numerose. Esse vanno dalla filiale che segue il rapporto con il cliente, alla funzione fidi nel suo complesso, all'area programmazione e controllo, alle strutture di *Credit Risk Management - (CRM)* e di *corporate banking*, all'ufficio legale. Le differenti aree sono peraltro interessate all'impiego delle informazioni della Centrale dei rischi in rapporto alle diverse fasi gestionali del 'ciclo del credito' le quali passano dall'apertura del rapporto fino a giungere eventualmente al recupero dei crediti deteriorati.

A livello metodologico, le finalità d'uso potenziali dell'informativa di sistema in rapporto alle diverse aree della banca/fasi del processo possono essere riferite alle seguenti categorie:

1. *valutazione* del merito creditizio della clientela;

2. *monitoraggio*: analisi dell'evoluzione della qualità del credito, con riferimento sia alle singole posizioni sia all'intero portafoglio della banca;

3. *fase previsionale*: costruzione di sistemi previsionali e di simulazione dedicati.

La *fase di valutazione* rappresenta la competenza fondamentale dell'area fidi della banca e, comunque, di qualsiasi area o funzione che deve formulare un giudizio sul merito creditizio dell'impresa cliente. Va sottolineato che in questa fase i flussi di ritorno della Centrale dei rischi, pur rivestendo una indubbia rilevanza, rappresentano solo una delle componenti necessarie in quanto devono essere opportunamente messi a sistema con le informazioni di bilancio e sull'ambiente competitivo di riferimento dell'azienda. Ne segue che valutazioni parziali e tendenzialmente limitate alle informazioni della Centrale dei rischi possono distorcere pesantemente l'apprezzamento del merito creditizio della clientela, portando l'intermediario ad assumere soprattutto un atteggiamento 'assicurativo' e 'imitativo', spesso di limitato impegno finanziario nei confronti del cliente.

La *fase di monitoraggio* può interessare trasversalmente le posizioni sia di *top management* (pianificazione e controllo, *CRM*, direzione centrale crediti, direzione commerciale) che di *middle management* e di supporto (filiali, gestori di relazione con le imprese, ufficio legale e contenzioso) della banca. In questo caso, la rilevanza dei flussi di ritorno è molto elevata in quanto essi rappresentano, unitamente alle evidenze rivenienti dall'analisi andamentale interna delle linee di credito, le principali informazioni in grado di evidenziare tempestivamente un degrado della relazione creditizia. Al riguardo, se l'efficacia informativa della Centrale dei rischi è indubbia, occorre ricordarne comunque la parzialità, cioè la mancata evidenza delle cause dell'evoluzione dei fenomeni creditizi le quali non possono non rinviare a una approfondita analisi degli equilibri economici, finanziari e patrimoniali dell'impresa oggetto di analisi. In questo senso, quindi, i dati della Centrale dei rischi danno origine a un fondamentale sistema di *early warning*, in grado di favorire indagini quanto più anticipate nel tempo delle condizioni di funzionamento di un'impresa e di dare in tal modo corso a manovre dirette a una maggiore salvaguardia delle proprie esposizioni.

Sulla base di tale logica, le informazioni della Centrale dei rischi risultano quindi essenziali nella predisposizione di sistemi previsionali (fase di *forecasting*) sullo stato di salute dell'impresa affidata. L'ampiezza e la sistematicità della base informativa di sistema nonché la periodicità delle rilevazioni a cadenza mensile consentono all'intermediario di alimentare, ad esempio, sistemi di *scoring* a base statistica da utilizzare sia nella fase di selezione che di monitoraggio. In questo senso, gli approcci adottabili sono numerosi e ampio impulso applicativo hanno avuto dalla normativa derivante da Basilea 2.

Approfondendo soprattutto le fasi di valutazione e di monitoraggio, particolarmente utile risulta evidenziare il possibile rapporto fra l'impiego dei flussi di ritorno della Centrale dei rischi e le analisi di affidamento basate sul bilancio d'esercizio e sulle informazioni qualitative esterne all'azienda. Si possono in questo senso generare sinergie immediate e significative per una corretta valutazione del merito creditizio del cliente e per una verifica puntuale dello stesso nel tempo.

Al riguardo, le aree di osservazione rilevanti e di collegamento significativo con le informazioni sull'impresa possono essere le seguenti:

- composizione qualitativa e quantitativa dell'indebitamento bancario;

- comportamento d'utilizzo delle fonti di finanziamento;

- caratteristiche delle garanzie prestate;

- assetto delle relazioni intersocietarie.

L'insieme delle aree suddette consente una valutazione mirata con riferimento sia ai dati assoluti che a quelli di tendenza e di sviluppo degli indicatori nel corso del tempo.

Con riferimento alla composizione qualitativa e quantitativa dell'indebitamento bancario, le informazioni provenienti dalla Centrale dei rischi consentono di approfondire le valutazioni relative alla composizione del debito, il cui importo è segnalato non solo con notevole ritardo dal bilancio d'esercizio ma anche con un limitato grado di dettaglio. I flussi di ritorno offrono infatti alla banca la possibilità di verificare con un *lag* temporale di circa 45-50 giorni l'importo del debito in essere e l'effettiva suddivisione per forme tecniche di utilizzo e per scadenze di riferimento. Ciò consente di conferire maggiore dinamicità agli indici di bilancio dedicati a monitorare le relazioni fondamentali dell'equilibrio finanziario e patrimoniale dell'impresa quali il leverage e il rapporto fra i finanziamenti a breve e i finanziamenti a più lungo termine.

Alla banca è quindi data la possibilità: in primo luogo, di monitorare costantemente le relazioni fra il rischio finanziario e il rischio operativo che deriva dalle scelte di business e dalla strategia d'impresa; in secondo luogo, di sfruttarne le ricadute sotto il profilo della verifica puntuale del grado di coerenza/efficacia delle linee di fido concesse (anche da parte degli altri intermediari) e dell'attivazione di eventuali iniziative di revisione del rapporto. Ulteriore spazio d'uso dei flussi di ritorno riguarda la possibilità di operare in termini di consulenza e di assistenza all'impresa proponendo servizi finanziari appropriati alle caratteristiche operative aziendali e alla composizione delle passività.

Con riferimento al comportamento di utilizzo delle fonti di finanziamento, la banca può approfondire le proprie analisi sotto tre differenti aspetti:

- la dinamica d'uso delle fonti di finanziamento (accordato/utilizzato, sconfinamenti, trasformazione dei crediti di firma in utilizzati, sofferenze)

- l'interpretazione delle 'segnalazioni' proveniente dagli altri intermediari;

- la creazione di sia di *warning ratios* che di *covenants* andamentali.

La valutazione della dinamica d'uso delle fonti di finanziamento consente di arricchire in modo determinante l'interpretazione degli indicatori di struttura patrimoniale dell'azienda. In questo senso, il rapporto accordato/utilizzato offre anzitutto un'indicazione sulla riserva di credito a disposizione e quindi sulla flessibilità finanziaria sulla quale può far conto l'azienda in relazione alla propria dinamica economica. Va da sé tuttavia che un maggior utilizzo, ancorché all'interno dell'accordato complessivo, dovrebbe comunque indurre la banca ad accertarne le ragioni così da anticipare eventuali dinamiche negative. Come noto, infatti, un maggior utilizzo potrebbe derivare anche da evoluzioni positive della gestione aziendale, offrendo in tal modo ulteriori occasioni di lavoro. In questo ambito, la banca deve prestare attenzione anche al comportamento delle altre banche affidanti. Lo stato di tensione finanziaria del cliente può infatti spingere taluni finanziatori ad adottare una strategia opportunista di razionamento del credito ovvero, addirittura, di chiusura del rapporto con il conseguente aggravamento della posizione sia del cliente che dei finanziatori rimasti. L'interpretazione del segnale proveniente dal comportamento degli altri affidanti è quindi un elemento imprescindibile di valutazione del cliente; esso comunque ancora una volta rinvia alle capacità di analisi interne di ciascun istituto e non certo a inefficienti scorciatoie di carattere imitativo che potrebbero condurre a forti penalizzazioni di tutti gli attori in gioco.

Un ulteriore arricchimento dell'analisi sulla solidità della struttura finanziaria del cliente può essere effettuato con l'osservazione dell'eventuale trasformazione dei crediti di firma in debiti per cassa nei confronti delle banche affidanti. Da tale osservazione, infatti, emerge con evidenza la capacità dell'impresa di adempiere alle obbligazioni assunte nei confronti di terzi, per cui l'eventuale ripetitività nel tempo del passaggio dei crediti di firma a esposizioni di cassa segnala la difficoltà dell'impresa nel gestire le passività finanziarie nei confronti di fornitori piuttosto che di altri soggetti diversi dalle banche.

In generale, la lettura delle informazioni provenienti dalla Centrale a integrazione degli altri dati disponibili per effettuare una corretta diagnosi del

comportamento finanziario dell'affidato può essere condotta fissando e forma-
lizzando una serie di *warning ratios* o livelli di attenzione successivi che la
banca può definire per attivare comportamenti coerenti ed efficaci nella gestione della linea di credito. Al riguardo, la formalizzazione di procedure e di
tecniche di analisi integrata - dati di bilancio e dati andamentali - consente
non solo di sviluppare progressivamente nell'organizzazione competenze di valutazione e controllo avanzate, ma anche di accrescere la qualità dell'intero
processo di gestione degli affidamenti. Si pensi in questo senso, per esempio,
alla possibile creazione di percorsi di controllo sulle linee di fido differenziati
in relazione a diversi parametri quali segmento di clientela servito, dimensione
del fido accordato, livello di rischio complessivo, ecc. Ulteriori ricadute possono
anche provenire dall'impiego dei dati andamentali per la fissazione di covenant
espliciti nei confronti del cliente, al fine sia di stabilizzare le logiche di utilizzo
dei fidi concessi sia di potenziare l'efficacia del monitoraggio da parte della
banca.

Con riferimento alle garanzie prestate, la Centrale dei rischi offre un quadro di lettura complesso che consente di analizzare la capacità del cliente di
produrre garanzie al sistema bancario e di ricevere garanzie da terzi. Al di là
della funzione d'uso che la garanzia svolge per la singola banca e del peso che
assume nell'ambito del processo di valutazione del merito creditizio, le informazioni di sistema consentono di concentrare l'attenzione su alcune relazioni
critiche di indispensabile lettura per il finanziatore.

In primo luogo, le classi di dati 'valore garanzia' e 'importo garantito'
consentono di effettuare una sistematica valutazione di capienza delle garanzie ricevute rispetto all'ammontare dei finanziamenti in essere e di valutare
la possibilità delle prime di poter essere estese a ulteriori forme di intervento
finanziario, favorendo in tal modo la flessibilità operativa dell'impresa. Con-
testualmente l'intermediario è in grado di valutare il livello di 'impegno' del
patrimonio reale dell'impresa e la necessità di ricorrere a forme di garanzia
diversa in caso di un eventuale ulteriore inserimento nella relazione di clientela.

In secondo luogo, la categoria di censimento 'garanzie ricevute' consente
di verificare il grado di copertura esterno del cliente, vale a dire la capacità di
disporre di garanzie date da terzi. L'indicatore in questione offre quindi indicazioni significative non solo in modo diretto, cioè sotto il profilo del calcolo della
copertura complessiva delle posizioni creditizie dell'affidato, ma anche in modo
indiretto in quanto esso rappresenta un'efficace proxy per la valutazione dello
standing e della *reputation* in senso lato del cliente in quanto offre una stima
della fiducia di cui esso gode nei confronti di altri soggetti. Un elemento da
valutare tuttavia con attenzione riguarda il fenomeno delle garanzie incrociate
sia a livello di gruppo formale che di più semplice collegamento.

In relazione all'assetto delle relazioni intersocietarie, i flussi di ritorno della
Centrale consentono di ricostruire, anche se in modo parziale, la presenza di

eventuali legami di gruppo fra uno o più affidati. Un utile indicatore in questo senso è quello derivante dalla segnalazione dei fidi 'plurimi', cioè dei fidi concessi, nell'ambito di un'unica delibera, a una pluralità di soggetti che non rispondono in solido fra di loro. A livello operativo, solitamente il fido plurimo si ha quando il finanziamento è negoziato direttamente dalla capogruppo a favore delle imprese appartenenti al gruppo, senza con ciò dare origine ad alcuna forma di responsabilità solidale.

Edito da EIF-e.Book (*www.eifebook.com*)
2ª edizione, Dicembre 2014, ristampa.
ISBN 978-88-96639-25-2
Stampato e distribuito da Lulu Enterprises, Inc. (*www.lulu.com*)
860 Aviation Parkway, Suite 300
Morrisville, NC 27560 - U.S.A.